Gefühle Vermessen

Diese Publikation wurde im Rahmen des Internationalen Kollegs für
Kulturtechnikforschung und Medienphilosophie der Bauhaus-Universität
Weimar realisiert und mit Mitteln des Bundesministeriums für Bildung
und Forschung gefördert.

Schriften des
Internationalen Kollegs für
Kulturtechnikforschung und
Medienphilosophie

Band 53

Eine Liste der bisher erschienenen Bände findet sich unter
www.ikkm-weimar.de/schriften

Gefühle Vermessen: Zur Genealogie des *Affective Computing*

Lisa Schreiber

meson press

Diese Publikation ist im Rahmen des Exzellenzclusters Bild Wissen Gestaltung der Humboldt-Universität zu Berlin und des Leibniz-Zentrums für Literatur- und Kulturforschung (ZfL) entstanden und wurde vom ZfL gefördert.

Bibliographische Information der Deutschen Nationalbibliothek
Die Deutsche Nationalbibliothek verzeichnet diese Veröffentlichung
in der Deutschen Nationalbibliographie; detaillierte bibliographische
Informationen sind im Internet unter *https://dnb.dnb.de* abrufbar.

Veröffentlicht 2025 von meson press, Lüneburg, Deutschland
www.meson.press

Designkonzept: Torsten Köchlin, Silke Krieg
Umschlaggestaltung: Moritz Wehrmann
Umschlagbilder: Ausdrucksfotografie aus der Sammlung *Pictures of Facial Affects* (Ekman und Friesen 1976), © Paul Ekman Group
Lektorat: Elisa Barth

ISBN (Print): 978-3-95796-228-7
ISBN (PDF):   978-3-95796-229-4
DOI: 10.14619/2287

Druck: Libri Plureos GmbH, Friedensallee 273, 22763 Hamburg, Deutschland

Die digitale Ausgabe dieses Buchs kann unter www.meson.press kostenlos heruntergeladen werden.

meson press eG, Salzstraße 1, 21335 Lüneburg, Deutschland
info@meson.press

Inhalt

AFFECTIVE COMPUTING

FACIAL ACTION CODING SYSTEM

MACHINE LEARNING

AUTISMUS-SPEKTRUM-STÖRUNG

INTERMEDIALITÄT

LABORFORSCHUNG

DOKUMENTARISCHE MEDIEN

Mit der Entwicklung selbstlernender Systeme wird seit einigen Jahren das *emotion detection* vorangetrieben, das suggeriert, Gefühle anhand der algorithmischen Auswertung von Mimikbildern zu erfassen. Die Gesichtsmuster werden mit dem *Facial Action Coding System* (FACS) decodiert, einem Klassifikationssystem für Emotionen auf Basis der fazialen Anatomie. Diesem Codierungssystem geht eine komplexe Vorgeschichte bildgebender Verfahren, erkenntnistheoretischer Voraussetzungen und ungelöster Probleme voraus, die trotz der Veränderungen der technisch-apparativen Grundlagen der Affektforschung bis heute erhalten geblieben sind. Neben einer Rekonstruktion der vielfältigen Ursprünge und blinden Flecken des Deutungsmusters setzt sich das Buch mit der ambivalenten Produktivität des Gefühlsparadigmas im *Affective Computing* auseinander. Anhand von zwei Fallbeispielen – der Diagnose depressiver Störungen mit *emotion detection* und der Therapie der Autismus-Spektrum-Störung mit *Emotion AI* – wird das Nachwirken der Vorgeschichte des FACS in der Psychologie und Therapie diskutiert.

Einleitung

Seit den 2010er Jahren wurden mit der Entwicklung selbstlernender
Systeme und neuer Sensortechnologien in der Künstlichen Intelligenz-
Forschung (KI-Forschung) nicht nur die automatische Gesichtserkennung,
sondern auch die Affekterkennung vorangetrieben.[1] In der Marktforschung,
IT-Industrie, Forschung, im Gesundheitssektor, in der Therapie oder
populären Anwendungen steigt seither die Nachfrage nach Verfahren, die
suggerieren, Gefühle anhand der automatischen Erfassung von körperlichen Ausdrucksformen objektiv, effizient und in Echtzeit zu registrieren.
Mittels Fotografien und Filmaufnahmen wird die Mimik aufgezeichnet, die
mit Methoden der automatischen Bilderkennung, mit einem Codierungssystem für Emotionen, dem sogenannten *Facial Action Coding System*
(FACS), und algorithmischen Verfahren decodiert wird (Cohn und De la
Torre 2015). Neben der automatischen Analyse der Mimik nutzt die KI-
Forschung Sensortechnologien, um physische Faktoren wie Puls, Hautleitwert oder Temperatur im Hinblick auf affektrelevante Zustände zu messen
(Picard 2015, 11). Das Interesse für menschliche Affekte in der KI spiegelt
sich auch in der Entwicklung neuer medialer Dispositive, die sich anstelle
einer distanzierten Beziehung zwischen Mensch und Computer durch eine
körpernahe Mediensituation auszeichnen. Dies äußert sich in der Zunahme
tragbarer Kommunikations- und sensorischer Messgeräte, sogenannte
wearables, die zur automatischen Erfassung physischer Faktoren in den
menschlichen Nahkörperbereich einziehen (Tuschling 2020, 377).

Entwickelt werden die Verfahren des *affect detection* und *emotion detection*[2]
in dem Forschungsfeld *Affective Computing*, das auch als *trading zone*
(Galison 1997, 781–844) zwischen Psychologie, Informatik, Elektrotechnik
und Wirtschaft bezeichnet wird, weil hier Konzepte, Theorien, Methoden
und Instrumentarien verschiedener Disziplinen ausgetauscht werden. Das
Affective Computing wurde in den 1990er Jahren von der Informatikerin und
Ingenieurin Rosalind Picard am Massachusetts Institute of Technology
(MIT) gegründet. Titelgebend ist der 1995 erschienene technische Bericht

1   Bereits in den 1970er Jahren wurde die Entwicklung der KI-Forschung von großer
Euphorie und einem Aufschwung der Branche begleitet, weshalb heute mit der
Entwicklung von Machine-Learning-Verfahren von einer zweiten Konjunktur der KI-
Forschung gesprochen wird (Sudmann 2018a, 9).

2   Die Fachliteratur unterscheidet zwischen der Methode des *affect detection*, das als
pragmatische Ausrichtung der Forschung ausschließlich faziale Muster registriert,
und *emotion detection*, das faziale Muster mit Emotionsbegriffen klassifiziert und
vermeintlich als ‚Emotionen' decodiert. Auskunft über die Methoden, Technologien,
Theorien und Anwendungsfelder des *Affective Computing* gibt das *The Oxford Handbook of Affective Computing* (2015) (Calvo et al. 2015).

von Picard (Picard 1995). Heute kursieren verschiedene Namen für das affektorientierte Forschungs- und Entwicklungsgebiet der KI-Forschung wie etwa *Intelligent Interaction, Affective Technologies, Emotion AI* oder *Cognitive Computing*. Die Grundprinzipien der genannten Bereiche gehen dabei alle auf die Konzeptionierung von Picard zurück, so Anna Tuschling. Zu diesen Prinzipien zählen erstens die Verbesserung der *Human-Machine-Interaction* (HMI) durch die Entwicklung ‚affektiver' Interfaces, womit z. B. die Ausstattung humanoider Roboter mit dem Ausdruck von Emotionen gemeint ist; zweitens die computergestützte Affekterkennung anhand der automatischen Decodierung physiologischer Erregungen in Echtzeit sowie drittens die Affektregulation und -kontrolle der Nutzer*innen in virtuellen Umgebungen (Tuschling 2020, 375). Einige Entwickler*innen streben dabei das Ziel an, Computer mit emotionalen Fähigkeiten auszustatten. Andere nutzen Indikatoren von Emotionen wie Gesichtsausdrücke und verwenden sie als Gestaltungselement auf Computerinterfaces, um damit ein positives Nutzer*innenerlebnis zu erzeugen und die Mensch-Maschine-Interaktion zu optimieren. Die erste Form wird als starke Form der KI, die zweite als leichte oder schwache bezeichnet (Floridi 2015, 205). Diese Unterscheidung wird im Zuge der wachsenden Faszination am Vorhaben des *Affective Computing* in Wissenschaft, Öffentlichkeit und Wirtschaft jedoch oft vergessen (Tuschling 2020, 376). Berauscht von den Phantasien der KI-Forschung, Computer mit menschenähnlichen Kompetenzen auszustatten, wird der pragmatische Ansatz der Forschung – mit Indikatoren von Emotionen lediglich die Kommunikation zwischen Mensch und Maschine zu verbessern – zur Nebensache.

Angewendet werden die Verfahren unter anderem im Marketing. Das bekannteste Beispiel ist das US-amerikanische Marktforschungs-unternehmen Affectiva. Das von Rana el Kaliouby and Rosalind Picard gegründete Softwareunternehmen wirbt damit, emotionale Reaktionen von Kund*innen auf Werbefilme zu evaluieren, um die Attraktivität der Angebote zu testen (Affectiva 2018a). Dafür wird die Mimik der Konsument*innen am heimischen Computer mit einer handelsüblichen Kamera während eines Werbefilms aufgezeichnet und mit Programmen zur automatischen Affekterkennung ausgewertet (Voigt 2015, 15). Auch Facebook nutzte, bevor das Unternehmen deshalb massiv kritisiert wurde, ein Emotionsanalyse-Tool, um emotional sensible Nutzer*innen zu identifizieren. Anhand der Echtzeitanalyse von Nachrichten, Bildern, Interaktionen und anderen Internetaktivitäten mittels algorithmischer Bilderkennung und Bilddaten der Plattform Instagram versuchte Facebook, gestresste und überforderte Jugendliche mit zielgerichteter Werbung zu erreichen (Dachwitz 2017). Ein großes Interesse an diesen Verfahren zeigt ebenfalls die Automobilindustrie. Um die Verkehrssicherheit zu erhöhen, entwickeln Ingenieur*innen intelligente Fahrerassistenzsysteme, die auf Grundlage von *emotion detection* operieren. Laut einer Affectiva-Werbung lassen sich anhand der automatischen Erfassung fazialer Muster emotionale Zustände erfassen und damit die Aufmerksamkeit der Fahrer*innen ermitteln (Affectiva 2018b). Besonders brisant ist auch die sicherheitspolitische Nutzung von *emotion detection* wie im Fall der Volksrepublik China. Bekannt ist, dass die chinesische Region Xinjiang zum Versuchsfeld für extreme Überwachungsmaßnahmen geworden ist, wo nun auch Emotionserkennungssysteme als Lügendetektoren zur Überwachung der uigurischen Minderheit in den chinesischen Polizeistationen zum Einsatz kommen (Reuter 2021). Aber auch die USA und Europa testen an ihren Grenzen Emotionserkennungsprogramme, die bisher jedoch noch nicht flächendeckend eingesetzt wurden. So wurden in dem mittlerweile abgeschlossenen Forschungsprogramm Intelligent Portable Border Control System (iBorderCtrl) im Kontext von Befragungen von Einreisenden in die EU mittels Gesichts- und Mimikerkennung die wahrheitsgemäße Beantwortung von Fragen überprüft. Auch wenn iBorderCtrl bisher (noch) nicht realisiert ist, so sind doch die Versprechen, die von den Verfahren ausgehen, Gegenstand der öffentlichen Diskussion (Stenner 2021).

Die Programme zur Emotionserkennung fungieren nicht nur als Marketinginstrument in der Wirtschaft oder als Lügendetektor in der Sicherheitspolitik. Als wissenschaftliche Instrumente haben die Verfahren Einzug gehalten in die Grundlagenforschung wie etwa in die Psychologie (Riva, Calvo und Lisetti 2015, 547–559). In den Laboren der empirischen Psychologie nutzen die Forscher*innen *emotion detection* als wissenschaftliche Instrumentarien zur automatischen Erfassung mimischer Muster, um die spezifischen fazialen Ausdrucksmuster für psychische Störungen zu bestimmen (Girard et al. 2013, 1–8). Als sogenannte *assistive technologies* dienen sie dazu, psychische Störungen (Depressionen, bipolare Störungen, Posttraumatische Belastungsstörungen etc.) anhand fazialer Ausdrucksmuster zu diagnostizieren (Joshi, Dhall, Goecke et al. 2013). Schließlich hat die Entwicklung von humanoiden Robotern, die mit einem menschenähnlichen Gesicht und Programmen zur automatischen Affekterfassung ausgestattet sind, sogenannte *Emotion AI*, auch den Pflegesektor erreicht. Im Zuge des zunehmenden Fachkräftemangels sollen Robotern Teilaufgaben in der Altenpflege wie das Austeilen der Medikamente oder Unterstützung beim Aufstehen übernehmen. Da die mechanischen Aufgaben in der Pflege allerdings nicht von der psychosozialen Begleitung zu trennen sind, werben die Anbieter von *Emotion AI*, dass ihre Roboter neben den funktionalen Fähigkeiten die Stimmung der Pflegebedürftigen berücksichtigen (Heller 2020). Beschleunigt wurde diese Entwicklung durch die Corona-Pandemie, die Seniorenheime im Jahr 2020 und 2021 in Risikozonen verwandelte, in denen der zwischenmenschliche Kontakt zur Gefahr für die Bewohner*innen wurde. Auch in der Autismustherapie interessieren sich immer mehr Therapeut*innen für humanoide Roboter mit einer menschenähnlichen Mimik. Da sich autistische Störungen u. a. in Beeinträchtigungen der Affektivität äußern, versichern die Entwickler*innen, dass sich Roboter als artifizielle Therapeuten eignen, um Kinder mit Autismus im Einüben affektiver Fähigkeiten zu unterstützen (Messinger et al. 2015, 516–536). Der Einzug der Verfahren in die Grundlagenforschung der Psychologie und die therapeutische Behandlung von autistischen Kindern zeigt, dass die Verfahren an der Diskussion um zentrale existentielle Fragen des Menschen – wie der Unterscheidung zwischen dem Normalen und dem Pathologischen oder der Stellung des Einzelnen in der Gesellschaft – beteiligt sind.

In diesem Zusammenhang ist zu beobachten, dass der Anspruch der *Affective-Computing*-Forschung (AC-Forschung), affektive Zustände mit algorithmischen Verfahren in Echtzeit zu erfassen, mit einer „Revolutionsrhetorik" korrespondiert, welche „die Rede von einer neuen revolutionären Phase der KI-Forschung" (Sudmann 2018b, 57) seit der Entwicklung maschineller Lernsysteme begleitet. Mit dieser neuen Phase ist der Übergang von Computern angesprochen, die programmiert werden, zu Computersystemen, deren Funktionieren auf dem ‚selbsttätigen' Training spezifischer Lernalgorithmen im Kontext von *Machine Learning* beruht (Domingos 2015, 6). Mit *Machine Learning* sind selbstlernende Verfahren gemeint, die Algorithmen auf Grundlage von Beispieldaten trainieren, um Muster und Relationen zu erkennen und daraus Regeln zu extrahieren. Die so entstandenen algorithmischen Formeln werden im Anschluss an die Lernphase auf unbekannte Daten angewendet, um spezifische Aufgaben wie z. B. automatische Mustererkennung zu erfüllen (Sudmann 2018b, 55–56). Die KI-Forschung unterscheidet hier in verschiedene konkurrierende Verfahren des maschinellen Lernens wie das sogenannte *supervised machine learning* oder das *unsupervised machine learning*. Ersteres bezeichnet ein überwachtes Lernverfahren, dem die händische Markierung von Bilddaten vorausgeht, welche die Grundlage für das Training von Algorithmen bildet. Letzteres, das auch *Deep Learning* genannt wird, operiert in Analogie zu neuronalen Mechanismen des Gehirns mit sogenannten künstlichen neuronalen Netzen (KNN). Die KNN klassifizieren Beispieldaten selbstständig ohne den Eingriff des Menschen (Sudmann 2018a, 10).[3] *Deep Learning* impliziert ein autonomes, vom Menschen unabhängiges Lernverfahren, das in der KI-Forschung in den letzten Jahren die Oberhand gewonnen hat. Weniger reflektiert wird, dass andere algorithmische Verfahren, die ebenfalls unter der Bezeichnung *Machine Learning* fungieren, nicht ohne die menschliche Beteiligung am Lernprozess auskommen. Dieser Unschärfen ungeachtet, hat sich im Fahrwasser der KNN von *Deep Learning* eine Technikeuphorie entwickelt, die von der Möglichkeit einer algorithmischen, menschenunabhängigen Erfassung aller möglicher Phänomene ausgeht (Engemann 2018, 251–252; Sudmann 2018b, 56).

Im Zuge dieser Technikeuphorie ist in den Hintergrund geraten, dass auch die Algorithmen, die faziale Muster anhand von Fotografien und Filmaufnahmen der Mimik erkennen und vermeintlich als ‚Emotionen' decodieren, nicht autonom arbeiten, sondern auf die händische Markierung der Bilddaten angewiesen sind. Dafür wird ein Deutungsmuster genutzt, das mit einem Gefühlsparadigma[4] operiert, das den Ausdruck der Gefühle auf ein idealtypisches, standardisiertes Schema reduziert und dessen lange Vorgeschichte und ungelösten Probleme vergessen sind. Mit diesem Deutungsmuster ist das FACS gemeint, das 1978 von den US-amerikanischen Psychologen Paul Ekman und Wallace V. Friesen als empirisches Codierungssystem des fazialen Ausdrucks entwickelt wurde (Ekman und Friesen 1978). Das FACS bildet eine Grundlage nach der Programme funktionieren, die Emotionen erkennen können. Allerdings sind die erkenntnistheoretischen Voraussetzungen des FACS selbst problematisch. Das Codierungssystem ist im ausgehenden 20. Jahrhundert im Zuge der Wende der empirischen Psychologie von qualitativen zu quantitativen Verfahren, „vom Deuten zum Messen" (Weigel 2015, 90) als ein ‚objektives' und exaktes Messverfahren für die psychologische Laborforschung entwickelt worden mit dem Ziel der Eliminierung subjektiver Faktoren der Interpretation. Es dient der Klassifizierung von fazialen Expressionen (*facial expressions*) als

---

3   Strenggenommen sind die Ansätze maschineller Lernverfahren und das Konzept der KNN nicht vollkommen neu, sondern korrespondieren mit den Annahmen der Turingmaschine, die der Mathematiker und Informatiker Alan Turing in den 1930er Jahren als Rechnermodell der theoretischen Informatik entwickelt hat. In seinen Experimenten habe sich Turing bereits an neuronalen Architekturen orientiert, so Dotzler, und damit das Paradigma neuronaler Netze von *Deep Learning* vorweggenommen. Auch die basalen Grundoperationen der Turingmaschine tauchen in der KI-Forschung wieder auf. Dazu zählt Dotzler die Aufgabe, die Stellungen von Schaltern zu lesen, die als „Operationen des Unterscheidens und Entscheidens" betrachtet werden können, die in der KI-Forschung neu skaliert und auf „Big-Data-Format" gebracht werden (Dotzler 2018, 47–49).

4   Vgl. zum Paradigmabegriff Kuhn (1973).

Basisemotionen wie Freude, Trauer, Angst, Ekel, Überraschung und Wut
auf Grundlage sogenannter Action-Unit-Codes (AU-Codes). Die AU-Codes
stehen für mimische Bewegungseinheiten, die sich an den Gesichtsmuskeln
orientieren (Ekman und Friesen 1978). Für die Forscher*innen aus der
Psychologie und Informatik vermittelt der faziale Ausdruck dabei nicht
nur Informationen über „emotion, intention, and physical state", sondern
auch über „psychological distress, and depression" (Cohn und De la Torre
2015, 131). Da die Algorithmen des digitalen FACS nicht nur auf Gesichtsfotografien, sondern auch anhand von Filmaufnahmen des Gesichts trainiert
werden, stellt sich das *Affective Computing* der spezifischen Temporalität
von affektiven fazialen Verläufen.

Der Interpretation der jeweiligen fazialen Expressionen liegt ein Affektverständnis zugrunde, das mimische Ausdrucksmuster als universale,
objektivierbare Manifestationen menschlicher Gefühle begreift, die sich
mit empirischen Verfahren messen und mit Hilfe des FACS decodieren
lassen (Weigel 2008, 26). Das Affektkonzept des FACS wird demnach von
einem empirischen Paradigma bestimmt. Dieses Paradigma hat eine lange
Tradition und geht auf die Experimentalwissenschaft und Medizin des 19.
Jahrhunderts zurück. In der Medizin werden physische Faktoren wie Puls,
Herzschlag, Hautleitwert, Temperatur usw. als Anzeichen betrachtet, die in
einer natürlichen, unvermittelten Verbindung mit körperlichen Zuständen
stehen und sich mit den Methoden der Experimentalwissenschaft messen
lassen (Weigel 2004, 170). Im Lichte dieses Paradigmas erscheinen auch
Gefühle als mit empirischen Verfahren messbare Phänomene, insofern sich
diese unvermittelt in messbaren fazialen Expressionen zeigen würden.[5]
Tatsächlich handelt es sich bei fazialen Expressionen jedoch um sogenannte Indikatoren, also um „vermittelte *Anzeichen*" (Weigel 2015, 142),
die das Ergebnis wissenschaftlicher, kultureller Konventionen sind und
„über deren Aussagewert und Deutungsmodell innerhalb eines Wissens-
systems gestritten werden kann." (ebd.) Faziale Expressionen werden im
Affektkonzept des FACS zugleich in einem visuellen Schema der Mimik zur
Darstellung gebracht, das u. a. auf die Kunst des 17. Jahrhunderts zurückgeht. Da das visuelle Schema der Mimik im Kontext der Entwicklung des
FACS mit AU-Codes und sechs Emotionsbegriffen klassifiziert wird, werden

---

5   Diese Annahmen korrespondieren mit dem Konzept des Index aus der Peirce'schen
    Zeichentheorie. Im Unterschied zum Symbol oder Ikon wird der Index als Anzeichen
    oder Hinweis begriffen, der in einer physischen Verbindung – einer natürlichen,
    kausalen, unwillkürlichen, willkürlichen oder hergestellten – zu jenen Objekten steht,
    auf die er hinweist (Weigel 2015, 141; Peirce 1998).

die mimischen Ausdrucksmuster auch als „codierte Indikatoren"[6] (164) bezeichnet. Damit sind jene Zeichen gemeint, die einerseits Ergebnis von Aushandlungsprozessen und medialer Vermittlung sind, und die andererseits Zahlencodes und Emotionsbegriffen zugeordnet werden, um sie im Kontext einer quantitativen Forschung nutzbar zu machen. Der Unterschied zwischen physischen Faktoren als direkte Anzeichen und Indikatoren als vermittelte Anzeichen wird jedoch häufig verwischt, sodass faziale Expressionen als direkte Artikulation der Gefühle begriffen werden.

Hierzu zählt auch die Verwechslung der biometrischen Gesichtserkennung, das sogenannte *face recognition*, mit der automatischen Affekterkennung. Beide Verfahren arbeiten mit Programmen des *face recognition*, die auf Grundlage von Farbwerten faziale Merkmale wie die Form der Augen, Nase, Mund und Kopfform in den Fotografien detektierten. Diese werden mit markanten Punkten, sogenannten Landmarken, markiert, um Gesichter anhand charakteristischer Merkmale zu vergleichen (Cohn und De la Torre 2015, 134–135). Trotz der Nähe unterscheidet sich die automatische Affekterkennung von der Gesichtserkennung. So registriert das *face recognition* faziale statische Merkmale und dient der Identifizierung von Personen in gouvernementalen, trivialkommunikativen, konspirativen oder alltäglichen Verwendungszusammenhängen (Richtmeyer 2014a, 7). Die Gesichtserkennung erfasst die morphologischen Merkmale des Gesichts, die in Datensätze umgewandelt werden. Je mehr Gesichtsfotografien vorhanden sind, umso besser können charakteristische Merkmale einer Person identifiziert werden. Der Datensatz wird dann mit anderen gespeicherten Daten von Gesichtsfotografien, die mit personenbezogenen Angaben verknüpft wurden, verglichen.[7] Die Identifizierung verläuft dabei nicht über den Ähnlichkeitsvergleich von Gesichtsbildern, sondern über den Abgleich von Datensätzen digital erfasster Gesichter.[8] „Identifizierbarkeit heißt daher",

---

6   Laut Sigrid Weigel steht das Konzept der fazialen Expressionen als ‚codierte Indikatoren' dem modernen Saussureschen Zeichenbegriff näher, bei dem das Zeichen in Analogie zur Sprache auf Konventionen beruht (Weigel 2015, 165; Saussure 2014).

7   Ulrich Richtmeyer hat gezeigt, dass die Verknüpfung von fazialen Merkmalen mit personenbezogenen Daten nicht frei von Störungen ist. Dazu zählen beispielsweise visuelle Unschärfen, die den Abgleich der Daten auf Grundlage visueller Ähnlichkeiten kolportieren. Die auf die Bildtechnologie zurückgehenden Unsicherheiten sind nicht nur für die biometrische Geschichterkennung charakteristisch, sondern sind laut Richtmeyer ebenfalls in den historischen Bildpraktiken der Kriminologie des 19. Jahrhunderts zu finden (Richtmeyer 2014b, 14–15).

8   Daten werden hier, wie in der Big-Data-Forschung üblich, als unbehandelte Objekte betrachtet, die aus der Perspektive der Natur- und Technikwissenschaft lediglich mit neutralen Technologien erhoben werden müssen. Tatsächlich sind Daten aber keine

so Roland Meyer in seinem Buch *Operative Porträts. Eine Bildgeschichte der Identifizierbarkeit von Lavater bis Facebook* (2019), „die Produktion von Unterscheidbarkeit vor dem Horizont massenhafter Vergleichbarkeit." (Meyer 2019, 14). Die Frage, was die algorithmische Gesichtserkennung ausmacht, lässt sich nach Ansicht von Meyer aber nicht auf das Funktionieren der digitalen Technologien reduzieren, sondern muss die „mediale Ökonomie der Bilder" berücksichtigen, deren Geschichte bis zu „den Anfängen technologischer Bildproduktion" (ebd.) zurückgeht. Dazu zählt er die Geschichte der erkennungsdienstlichen Fotografie, die anthropometrischen und daktyloskopischen Verfahren der Identifizierung und die Porträtfotografie in der zweiten Hälfte des 19. Jahrhunderts, die Auseinandersetzungen um den Begriff der Porträtähnlichkeit in der Kunst um 1900, aber auch die Fotografie der russischen Avantgarde oder die Kunstpraxis in Andy Warhols Factory (ebd., 15-16). Insbesondere im Unterschied zum 19. Jahrhundert beobachtet Meyer heute einen „Funktionswandel[] des Porträts vor dem Horizont massenhafter Verfügbarkeit und allgemeiner Vergleichbarkeit technischer Bilder" (ebd., 16). Während im 19. Jahrhundert die Gesamtwirkung des Porträts zum dargestellten Subjekt zählte, um Ähnlichkeiten festzustellen, analysiert die automatische Gesichtserkennung faziale Details und vergleicht sie mit anderen detaillierten Bilddaten, um Ähnlichkeiten auszumachen. Zudem sind die fotografischen Aufnahmen des Gesichts und ihre Daten in „Prozesse der Herstellung, Speicherung, Distribution und Auswertung" (ebd., 22) eingebunden. Der Verbund der Bilddaten untereinander und der Vergleich mit Daten aus anderen Einzelbildern bildet die Voraussetzung für die Identifizierung von Gesichtern, die nicht auf der Beobachtung von Ähnlichkeiten, sondern auch auf „dem Grad der Differenz zu anderen, früheren Bildern" (ebd.) beruht, so Meyer. Vor diesem Hintergrund entwickelt er das Konzept des ‚operativen Porträts', das charakteristisch für die automatische Auswertung von Gesichtsbildern im Kontext der Identifizierung von Gesichtern ist (ebd., 18).

Im Unterschied dazu verknüpft *emotion detection* mimische Muster mit Zahlencodes und Emotionsbegriffen, um Gefühle und andere affektrelevante Zustände zu identifizieren. Anders als *face recognition*, wo anhand von fazialen Merkmalen Gesichter und Identitäten identifiziert werden, behauptet *emotion detection*, anhand der automatischen Auswertung von

gegebenen, unbearbeiteten Phänomene, sondern das Produkt unterschiedlicher epistemischer, kultureller und sozialer Konstruktionsbedingungen, so Thomas Christian Bächle. Der Erhebung von Daten geht ein komplexer und heterogener „Prozess der Datafizierung" voraus, zu dem die Beobachtung, Interpretation, Zurichtung und Klassifizierung der Phänomene mit empirischen Methoden oder Verfahren der Bildgebung zählen (Bächle 2016, 111–125).

Gesichtsmustern psychische Konstitutionen zu registrieren. Dabei handelt es sich allerdings um eine komplexere Relation als zwischen dem Vergleich von biometrischen Daten mit personenbezogenen Daten. Denn die Beziehung zwischen Psyche und Körper, also die Frage, ob und wie sich psychische Zustände im körperlichen Ausdruck manifestieren, stellt ein nahezu unlösbares Problem dar. Darauf weist auch Hans Ulrich Gumbrecht in seinem Beitrag zur Geschichte des Begriffs ,Ausdruck' hin. Während Ausdruck einerseits einen kommunikativen Akt beschreibt, hat der Begriff andererseits auch eine „metaphorischen Bedeutung" (Gumbrecht 2000, 417), nämlich die Schwierigkeit, „einen gegebenen Bewußtseinsinhalt in einem bestimmten Medium zu objektivieren" (ebd.). Laut Gumbrecht wird die Schwierigkeit der Ausdrucksrelation mindestens seit dem 18. Jahrhundert als Problem diskutiert, was sich auch auf der begrifflichen Ebene äußert. So unterscheidet die philosophische Ästhetik des 18. Jahrhunderts in den vollständigen und den fragmentarischen Ausdruck, wobei letztgenannter Begriff alle problematischen Phänomene bezeichnet. Im 19. Jahrhundert zieht der Begriff in die Psychologie ein, die in den willkürlichen und unwillkürlichen Ausdruck unterscheidet (ebd.). Im Fokus steht die Frage, ob sich die ,Innensphäre' des Subjekts, die Gefühle, anhand äußerer körperlicher Muster objektivieren lasse. Dabei stellt die Psychologie das bloße Vorhandensein objektiver Ausdrucksartikulationen für Gefühle infrage. Eine Lösung für die komplizierte Relation zwischen ,Innen' und ,Außen' sieht sie in der Deutungsleistung der Beobachter*in. Nur durch Interpretation körperlicher Manifestationen lasse sich feststellen, ob die beobachteten Ausdrucksartikulationen dem Gefühlsgehalt entsprechen (ebd., 420).

Dieser kurze Abriss zur Geschichte des Ausdrucksbegriffs verdeutlicht, dass die Frage nach einer unmittelbaren Manifestation der Psyche im Körper bereits im 18. und 19. Jahrhundert als Schwierigkeit diskutiert wurde, der sich die Autor*innen in unterschiedlichen Kontexten immer wieder neu stellten (ebd., 429). Auch im Kontext der Entwicklung von Verfahren zur automatischen Affekterkennung ist das Ausdrucksproblem relevant. Hier firmiert die Herausforderung des Sich-Ausdrückens als Problem der subjektiven Interpretation des Ausdrucks. Die Gewissheit einer Übereinstimmung zwischen Ausdruck und Gefühl wird dabei an die Decodierungsleistung automatischer und vermeintlich objektiver Affekterkennungsverfahren überantwortet. Damit wird jedoch die Frage, ob es sich beim Ausdruck um eine direkte Manifestation des Gefühlsgehalts handelt, nicht eindeutig geklärt. Die epistemische Lücke zwischen der Psyche und ihrer körperlichen Artikulationen bleibt bestehen, was eines der zentralen erkenntnistheoretischen Probleme des Gefühlsparadigmas des FACS darstellt. Mit der erhöhten Aufmerksamkeit für die Programme der Gesichtserkennung werden die Verfahren der Affekterkennung allerdings zunehmend im Rahmen des Paradigmas der Gesichtserkennung diskutiert, wobei das Problem der Relation zwischen psychischen Phänomenen und ihrem körperlichen Ausdruck vergessen wird.

Die vielfältigen Ursprünge des *Affective Computing*

Die Entwicklungen im *Affective Computing* haben in den letzten Jahren die Aufmerksamkeit der Medienwissenschaft auf sich gezogen, die sich für die neue Technisierung der Affektivität durch „Affekt- und Psychotechnologien" (Angerer und Bösel 2015, 49) interessiert. Charakteristisch für die Verfahren der Affekterkennung sei, dass affektive Zustände nicht nur massenhaft erfasst, gespeichert, gemessen, kategorisiert und katalogisiert, sondern auch operationalisiert, simuliert und induziert werden (ebd.). Marie-Luise Angerers und Bernd Bösels Beschäftigung mit Affekt- und Psychotechnologien versteht sich in diesem Zusammenhang als Kritik an der „*affective surveillance* und Kontrolle" (ebd., 53–54) der Technologien. Mit Verweis auf Foucaults Machtanalyse erinnern sie zugleich an die „lustvolle Produktivität" (ebd., 56) der Verfahren. Gemeint ist die formende und produktive Seite dieser durch die Technologie vorangetriebenen Macht, die nicht nur repressiv wirkt, sondern Widerstände gegen die totale affektive Überwachung provoziert. Eine ähnliche Perspektive vertritt Angerer in ihrem Essay *Affektökologie* (2017). Hier nimmt sie eine kritische Analyse der Sammlung, Speicherung, Vermessung und Kategorisierung von Körperdaten mit der affekterkennenden Technologie vor. Laut Angerer verschalten die affektiven Selbst- und Psychotechnologien den Menschen mit „Umweltdaten" zu „intensiven Milieus" (ebd., 44) und machen ihn zum Objekt von Kontrolle, Regulierung und Berechnung. Die Technologien werden dabei als scheinbar harmlose Helfer entworfen, die in intime Bereiche des Lebens eindringen und „affektive[] Normierungen" (ebd., 50) vornehmen. Für Angerer mündet die kybernetische Konzeptionierung der Affekte in Verbindung mit neuen umwelttechnologischen Entwicklungen in einer „radikalen Verschiebung des Humanen" (ebd., 44) und einem neuen Konzept des Körpers als informationsverarbeitende Maschine (ebd., 43). Die psychokybernetische Verschaltung zwischen Mensch und Maschine stellt für Angerer jedoch ein Phantasma dar. Denn Affekte entziehen sich der Kategorisierung, Codierung oder Quantifizierung und lassen sich

„politisch nicht operabel" (ebd., 61) machen. Angerer weist stattdessen auf das antagonistische Potenzial der Affekte hin, die jenseits psycho-kybernetischer Kontrolle und Regulierung Momente des Zufalls, der Kontingenz, des Entzugs und des Widerstreits im Verhältnis zwischen Mensch und Technologie evozieren (ebd., 63–64).

Ein Großteil der medienwissenschaftlichen Untersuchungen zum *Affective Computing* beschäftigt sich zudem mit den historischen Voraussetzungen und medientechnologischen Bedingungen der computergestützten Affekterkennung (Tuschling 2014). Dazu zählt die Kybernetik (Tuschling 2020, 4), Psychokybernetik Mitte des 20. Jahrhunderts (Angerer und Bösel 2015, 50) und die Forschung der *Defense Advanced Research Projects Agency* (DARPA), eine Abteilung des US-Verteidigungsministeriums, die neue Technologien für die Streitkräfte entwickelt und Ekmans Forschung förderte (Tuschling 2014, 186). Die theoretische Grundlage für die computergestützte Affektforschung stellt für die Autor*innen die biologisch-kybernetische Affekttheorie des US-amerikanischen Psychologen und Philosophen Silvan S. Tomkins, Lehrer von Paul Ekman, dar (ebd., 180–181; Leys 2017, 22; Angerer 2017, 51; Angerer und Bösel 2015, 52). Die von Charles Darwin und der Kybernetik informierte Theorie fasst Affekte als Rückkopplung auf ein Signal, die ein evolutionär entwickeltes Affektprogramm im Gehirn auslösen, das spezifische faziale Muster sogenannter Primäremotionen generiert (Tomkins 1962; Tomkins 1963). Für Angerer und Bösel ist besonders die „Zentralstellung des Gesichts" (2015, 52) als Ausdruck der Affekte in Tomkins Theorie erwähnenswert. Tomkins Annahmen übernimmt Ekman in seiner Forschung, auf der die computergestützte Operationalisierung der Affekte von Picard und ihren Kolleg*innen aufbaut (ebd.). Das sogenannte „Tomkins-Ekman-Paradigma" (Angerer 2017, 51; Angerer und Bösel 2015, 52; Tuschling 2014, 186), das im Kontext der Computerentwicklung entstanden ist, bildet laut den Medienwissenschaftler*innen heute wiederum die erkenntnistheoretische Grundlage für die Entwicklung affektiver Computer (ebd., 189).

Zu den historischen Vorläufern der spezifischen Bildform fazialer Affekte, auf denen das *Affective Computing* gründet, zählen die experimental-fotografische Methode des französischen Neurologen Guillaume Duchenne de Boulogne, die Porträtmalerei, Totenmasken, Scherenschnitte oder Plastiken der Mimik des 18. und 19. Jahrhunderts und die Mimikfotografien von Ekman und Friesen, die in der experimentellen Psychologie den Proband*innen zur Stimulierung von Emotionen vorgelegt werden (ebd.; Tuschling 2020, 381). Nach Ansicht von Tuschling hat diese Vorgeschichte die „szientifische Affektbildlichkeit der technischen Ära vorbereitet" (ebd.),

wobei sich die Ästhetik dieser Affektform auch in die Werbung, Schau-
spielästhetik, Fernsehkultur und Wissenschaft übertragen hat (Tuschling
2014, 187). Affekte, so wie sie in der AC-Forschung verstanden werden, sind
nicht mit emotionalem Erleben gleichzusetzen, sondern laut Tuschling
vielmehr „Metaphern für wissenschaftlich-technische Artefakte (Bilder/
Daten)." (ebd., 373) Die Bildform der Affekte wird als Lösung für Probleme
der Mensch-Maschine-Interaktion betrachtet, auf deren Grundlage neue
Interaktionsmodi zwischen Mensch und Computer entwickelt werden. Als
visuelle Schnittstelle nehmen ‚Affekte' damit eine wichtige Rolle in der HMI
ein (Tuschling 2013b, 181). Daraus resultiere auch eine neue Aufgabe für die
Medienwissenschaft, und zwar das Auftauchen neuer Grenz- und Schnitt-
flächen und die Frage nach den Übergängen zwischen Mensch und Computer zu untersuchen (ebd., 182).

Die Medienwissenschaft hat sich also bereits mit einer Genealogie des
Affective Computing auseinandergesetzt. Mit der genealogischen Methode
sind im Anschluss an Foucault die Untersuchung der vielfältigen Ursprünge
und das historische ‚Gewordensein' der Phänomene (Foucault 1974) sowie
die aktuellen Möglichkeitsbedingungen gemeint, die sich in die Rückschau einschreiben, sie ermöglichen und begrenzen (Foucault 1994). Mit
Bezug auf Foucault wird hier den Untersuchungen von Angerer, Bösel und
Tuschling etwas hinzugefügt, indem der Blick auf die Vorgeschichte der
computergestützten Affektforschung geweitet wird. Dazu zählen die Untersuchung der Proportionsstudien der Künste aus dem 17. Jahrhundert, die
Rhetorik und Physiognomie des 18. Jahrhunderts, die empirischen Wissenschaften des 19. Jahrhunderts und die empirische Laborforschung von
Ekman und Friesen Mitte des 20. Jahrhunderts. Die Untersuchung richtet
ihren Fokus zugleich auf das Unkenntliche, Vergessene und Ungelöste
aus der Herkunft der Verfahren, was in der computergestützten Affektforschung überdauert hat. In diesem Licht stellt sich die Frage, wie das
Affective Computing mit den womöglich nicht lösbaren Dauerproblemen der
Affektforschung umgeht.

Affective Computing als Schwellenraum

Im *Affective Computing* werden Instrumentarien, Theorien und Methoden
aus Psychologie, Informatik und Elektrotechnik ausgetauscht, was zur Folge
hat, dass sich die heterogenen Kulturen und Traditionen des Wissens ver-
mischen. So übernimmt die KI-Forschung Methoden zur Gefühlscodierung
wie etwa das FACS aus der empirischen Psychologie und verbindet sie
mit Programmen zur digitalen Bildverarbeitung, Musterkennung und

selbstlernenden Algorithmen. Mit dem FACS wird ein Gefühlsparadigma übernommen, dessen Ursprünge mindestens bis ins 17. Jahrhundert zurückgehen. Der Begriff des Paradigmas wird hier im Anschluss an Thomas S. Kuhns Essay *Die Struktur wissenschaftlicher Revolution* (1973) verwendet. Kuhns Paradigmabegriff beschreibt eine disziplinenspezifische Matrix aus symbolischen Verallgemeinerungen, Modellen, Musterbeispielen und Standardlösungen, die eine bestimmte Forschungstradition hervorbringen (Kuhn 1973, 25). Im Kuhn'schen Sinne stellen paradigmatische Theorien und Methoden einen unhinterfragten Konsens dar, der bestimmt, welche Fragen entwickelt und welche Lösungsmöglichkeiten sich für den Umgang mit Problemen eignen. In diesem Zusammenhang interessiert Kuhn, unter welchen Umständen Paradigmen in die Krise geraten und von neuen Paradigmen abgelöst werden. Dazu könne das Auftauchen „plötzliche[r] und ungegliederte[r] Ereignisse" (ebd., 134) ebenso beitragen, wie der Moment, in dem übliche „Problemlösungstätigkeiten" (ebd., 87) als unwirksam verstanden werden. Paradigmen können sich laut Kuhn aber auch stabilisieren und festsetzen, nämlich wenn Forscher*innen sie als grundsätzlich funktionierenden Lösungsansatz begreifen und die Einführung neuer Methoden damit nicht notwendig erscheint:

> Solange die von einem Paradigma gelieferten Hilfsmittel sich als fähig erweisen, die von ihm definierten Probleme zu lösen, schreitet die Wissenschaft dann am schnellsten voran und dringt am tiefsten ein, wenn diese Hilfsmittel voll Überzeugung gebraucht werden. Der Grund ist klar. Wie bei der Fabrikation, so auch in der Wissenschaft – ein Wechsel der Ausrüstung ist eine Extravaganz, die auf die unbedingt notwendigen Fälle beschränkt bleiben soll. (Kuhn 1973, 89)

Im Unterschied zu Kuhn, der sich vorrangig für den Wechsel paradigmatischer Theorien und Methoden interessiert, wird hier der Blick auf die Beharrungskräfte gerichtet, die zur Beständigkeit des empirischen Gefühlsparadigmas beitragen. Denn auch wenn das Paradigma der empirischen Messung der Gefühle – wie noch ausführlicher zu zeigen sein wird – in einigen Disziplinen in die Krise geraten ist, bleibt die Überzeugung, es handele sich um einen wirksamen Ansatz der Affekterkennung, in anderen Bereichen wie der AC-Forschung weiterhin bestehen. Ausgehend von dieser Beobachtung wird hier nach jenen Kräften, Reparaturmaßnahmen, Aus- und Schleichwegen gefragt, die daran beteiligt sind, dass die AC-Forschung an dem zweifelhaften Gefühlsparadigma festhält.

Hervorzuheben ist, dass die AC-Forschung sich der langen Tradition des Gefühlsparadigmas nicht bewusst ist. Insbesondere aufgrund der

Versprechen algorithmischer Verfahren wird den heterogenen Herkünften des verwendeten Affektkonzepts wenig Beachtung geschenkt. Diese Perspektive ist für das naturwissenschaftliche Vorgehen nicht untypisch, das „zumeist ohne Historisierung auskommt und sich eher durch das Abstoßen von überkommenen Wissensbeständen regeneriert, ohne diese Abstoßungsprozesse einer expliziten Reflexion zu unterziehen." (Porath 2007, 452) Ausgehend von dieser Beobachtung wird das Forschungsgebiet *Affective Computing* als Schwellenraum begriffen, in dem nicht nur neue Technologien und Erkenntnisse entwickelt werden, sondern erkenntnistheoretische Transformations- und Abstoßungsprozesse stattfinden. Mit dieser Perspektive orientiert sich die vorliegende Studie an der sogenannten „Schwellenkunde" als „erkenntnistheoretische Untersuchungsweise" (Steizinger und Weigel 2015, 27), die – in Anlehnung an Walter Benjamins Interesse an den „Grenzbezirken" (Benjamin 1991, 374) des Wissens – besonders jene Phänomene, Konzepte und Begriffe in den Blick nimmt, die in divergierenden Kulturen des Wissens konzeptioniert und in andere Kontexte übertragen werden. Die Schwellenkunde hat es sich zur Aufgabe gemacht, verschiedene Standpunkte einzunehmen, um die Darstellung der Phänomene in den jeweiligen epistemischen Ordnungen zu untersuchen (Steizinger und Weigel 2015, 27). Sie interessiert sich dabei für die Gleichzeitigkeit heterogener Wissenskulturen, von Vorausgegangenem und seinem Nachwirken, aber auch für Transformationsprozesse und Konflikte an den Übergängen, an denen um Wissen gestritten, neues Wissen erzeugt oder Wissen vernachlässigt wird (ebd., 35).

Diese Aushandlungsprozesse finden in den hier zu untersuchenden Fallbeispielen in der Laborforschung statt. Im Forschungsfeld *Affective Computing* sind damit die Computerlabs gemeint, in denen *emotion detection* und *Emotion AI* konstruiert und Spielarten für die Anwendung in der Psychologie und Therapie erprobt werden. Besondere Aufmerksamkeit gilt den Medien und Praktiken der empirischen, computergestützten Laborforschung, womit die Untersuchung an das Interesse der Science and Technology Studies (STS) anschließt, die sich seit dem Ende der 1970er Jahre den Naturwissenschaften und der labortechnischen Wissenserzeugung zugewandt haben (Knorr Cetina 2016; Latour und Woolgar 1979). Im Unterschied zu einer „Theorie-Dominanz" (Rheinberger und Hagner 1993, 7) der klassischen Wissenschaftsgeschichte mit ihrem Fokus auf theoretische Paradigmenwechsel favorisiert die jüngere Wissenschaftsforschung der STS das konkrete Forschungshandeln und die experimentellen Praktiken der Wissensproduktion, die mit Methoden der ethnografischen Feldforschung analysiert werden (Latour und Woolgar 1979, 27–33; Knorr Cetina

2016, XIII). Mit ihrem Blick auf die Laboraktivitäten und die „Materialität
der Forschung" (Rheinberger und Hagner 1993, 9), d. h. Forschungsobjekte,
Experimentalanordnungen und Instrumentarien, interessieren sich die
Laborstudien für die Eigendynamik des Laborgeschehens, der eine Beteiligung an der Konzeptionierung epistemischer Gegenstände sowie an den
gesellschaftlichen und technologischen Entwicklungen zugeschrieben wird
(ebd., 7).

Das Augenmerk gilt hier besonders den Praktiken und Visualisierungs-
medien der Laborforschung, die in der Erforschung affektiver Phänomene
eine zentrale Rolle spielen. Zu diesen Medien zählen fotografische und
filmische Aufzeichnungen der Mimik sowie Programme zur digitalen
Bildauswertung. Wie für die Laborforschung typisch arbeitet auch die
experimentelle Affektforschung mit eigens hergestellten ‚Präparaten'
bzw. Visualisierungsformen, die gewährleisten, dass die Instrumentarien
und Methoden der Forschung ihren Forschungsgegenstand überhaupt
erst beobachten und nach den Regeln der Laborforschung untersuchen
können (Balke 2014, 114). Mit der Verwendung von Fotografien anstelle
von lebenden Gesichtern findet dabei eine „kalkulierte[] Maßstabsver-
änderung" (Balke 2012, 256) statt, die das Forschungsobjekt in eine für die
Laborforschung handhabbare Gestalt überführt. Die „Mobilität, Flachheit,
technische Reproduzierbarkeit und Überlagerbarkeit wissenschaftlicher
Bilder" (ebd.) soll ephemere, dem Auge nicht zugängliche Phänomene der
empirischen Forschung verfügbar machen. Die Art und Weise, wie die Forschungsgegenstände visuell in den Verfügungsbereich der Wissenschaft
geraten, orientiert sich dabei eher an den diskursiven Regeln, Instrumentarien, Methoden und Praktiken der Forschung, als an der Existenz des
Forschungsobjektes selbst. Trotz der auf einer instrumentellen Vermittlung
beruhenden Genese wissenschaftlicher Bilder werden diese in den Naturwissenschaften als unvermittelte Visualisierungen der Forschungsobjekte
behandelt (Heintz und Huber 2001, 12). Dabei tritt in den Hintergrund, dass
es sich bei einer Vielzahl wissenschaftlicher Bilder „um visuell realisierte
theoretische Modelle bzw. Datenverdichtungen" (ebd., 9) handelt. Zudem
verkennen die naturwissenschaftlichen Forscher*innen, dass in die
Produktion der Bilder ein Arsenal an „Apparaturen, Operationsschritten,
Entscheidungen und Eingriffen involviert" (ebd.) und die spezifische Bildform „raumzeitlichen Dynamiken" (Balke 2012, 254) unterworfen ist. Angesprochen ist damit die Abhängigkeit der Bildgenese von einem spezifischen
Zeitpunkt und Ort der Produktion (Museen, Laboratorien, Atlanten etc.),
die an der bildlichen Darstellung der Forschungsgegenstände teilhaben
(ebd., 257). Für die naturwissenschaftlichen Nutzer*innen bleibt zudem

unbemerkt, dass in die Genese wissenschaftlicher Bilder auch historische Wissensbestände eingegangen sind, die sich in den „bildgebenden Elemente[n]" (Weigel 2015, 11) (Deutungsmuster, Instrumente, Konventionen etc.) abgelagert haben.[9]

Während sich die empirische Psychologie seit den 1960er Jahren fotografischer Abbildungen idealtypischer mimischer Muster zur Erforschung der Gefühle bedient, arbeiten die Forscher*innen im *Affective Computing* mit computergestützten Programmen, die fotografische und filmische Aufnahmen des Gesichtsausdrucks mithilfe von Algorithmen digital auswerten. Mit Verweis auf die Automatismen selbstlernender Systeme und die Rechenkapazität der Computer wird die Technologie dem Menschen und den Methoden der sprachlichen Beschreibung der Gefühle als überlegen eingeschätzt. Insbesondere im Feld *Affective Computing* sind der Computer und maschinelle Lernverfahren zu dominierenden Leitmedien aufgestiegen, die den Diskurs um die automatische Affekterkennung bestimmen. Diese Perspektive berücksichtigt jedoch nicht die Teilhabe anderer Bildmedien wie Fotografien oder Filmaufnahmen am Trainingsprozess der Algorithmen, die sich ebenfalls auf die Wirksamkeit algorithmischer Verfahren auswirken. Denn besonders computergestützte Medien sind immer Mischformen verschiedenster Medien. So schreibt Friedrich Balke, dass „die Medienkonstellationen des 20. und erst recht des 21. Jahrhunderts [...] sich durch ihre wechselseitig induzierten ‚Zweckentfremdungen'" (Balke 2018, 190) auszeichnen. Balke führt mit Rekurs auf Marshall McLuhans *Understanding Media* (1964) aus, dass insbesondere dem Computer „die Funktion eines ‚Mediums aller Medien' zukommt, also eines Mediums, das unterschiedliche Medien rekonfiguriert und auf neue Weise miteinander interagieren lässt, statt sich als Supermedium an die Stelle zu setzen." (ebd.) Für sogenannte digitale Medien – aber auch für viele andere Medien – seien „mimetische Rückgriffe auf vorherige Medien" charakteristisch, „so dass auf verschiedenen Ebenen produktive ‚Rückverwandlungen' der neuen Medien beobachtbar werden" (ebd.). Ähnlich bemerkt Jens Schröter, dass es nicht einleuchtend ist, von einem Umbruch vom Analogen zum Digitalen seit der Entwicklung binärer Systeme im Zeitalter der Kybernetik Mitte des 20. Jahrhunderts zu sprechen. Analoge Medien werden nicht von digitalen Medien abgelöst, sondern erfahren mit der Erfindung computergestützter binärer Medien eine Transformation. Statt von einem Bruch oder Medienwechsel spricht Schröter daher von

---

9   Vgl. dazu das Konzept der „Bild*gebung*", mit dem auch weiter zurückreichende historische Konstellationen und vielfältige Ursprünge in Betracht gezogen werden, die an der Genese der Bilder beteiligt sind (Weigel 2015, 11; H.i.O.).

einem „digitale[n] Sampling" oder einer „digitale[n] Simulation" (Schröter 2004, 25) des Analogen. Digitale Medien, so Schröter, simulieren auf ihrer Oberfläche die Ästhetik analoger Medien, während sich die computergestützte Berechnung hinsichtlich ihrer materiellen Grundlagen auf analoge Elektrotechniken berufen (ebd.).

Vor diesem Hintergrund werden hier die blinden Flecke und ungelösten Probleme aus der Vorgeschichte und Entwicklung der Verfahren zur automatischen Affekterkennung untersucht. Gemeint sind damit jedoch nicht die Techniken, Infrastrukturen und Arbeitsschritte, die etwa zur Gewinnung der materiellen Ressourcen und der Inbetriebnahme der KI-Systeme erforderlich sind.[10] Angesprochen sind die vernachlässigten wissensgeschichtlichen Voraussetzungen, die an der Wirksamkeit der Verfahren Anteil haben und in den bildgebenden Elementen fortwirken; die unmittelbar der Entwicklung der Systeme vorausgehenden Laborpraktiken, die an der Gestaltung wissenschaftlicher Bilder beteiligt sind; der Umgang mit der Sprache in einem empirischen Diskurs, der von der Entwicklung sprachunabhängiger Systeme motiviert wird sowie technologische und ästhetische Aspekte ‚analoger' Medien, die für die Nutzer*innen unbemerkt am Prozessieren ‚digitaler' Verfahren mitwirken. Vor diesem Hintergrund wird sich hier nicht auf die Untersuchung der materiellen Grundlagen von *Affective Computing* beschränkt, zu denen maschinelle Lernverfahren und Ansätze der KNN zählen.[11] Das Ziel ist vielmehr ein medienkulturwissenschaftlicher Beitrag zur Erforschung von Verfahren zur Affekterkennung, der sich für das Zusammenspiel der bild- und sprachbasierten Medien der KI mit ihren wissensgeschichtlichen Voraussetzungen, den mimetischen Rückgriffen computergestützter Medien sowie der operativen Anwendung der Programme interessiert. Da die Verfahren der automatischen Affekterkennung zudem in anderen Kontexten wie der Psychologie und Therapie aufgenommen werden, wird zugleich untersucht, wie sie dort an der Konstitution der Gegenstände, Konzepte, Theorien oder Subjekte mitarbeiten. Ausgangspunkt ist die Annahme, dass mit den Technologien ein spezifisches Gefühlsparadigma übertragen wird, das die zu untersuchenden Gegenstände prägt, während die epistemischen

10   Diese Absicht verfolgen beispielsweise Kate Crawford und Vladan Joler, die am
      Beispiel von Amazons intelligentem Lautsprecher *Echo* des personalisierten
      Sprachassistenten *Alexa* das komplexe Netzwerk aus der Gewinnung materieller
      Ressourcen, menschlicher Arbeitskraft, Programmierung der Algorithmen,
      Infrastrukturen des Bergbaus, Logistik und Vertrieb der Systeme untersucht und in
      einer Visualisierung illustriert haben (Crawford und Joler 2018).
11   Mit den Epistemologien und Genealogien des maschinellen Lernens beschäftigt sich
      der Band von Engemann und Sudmann (2018).

Unsicherheiten dieses Paradigmas in der operativen Anwendung,[12] wie der Diagnose psychiatrischer Krankheitsbilder oder der Therapie affektiver Störungen, in den Hintergrund geraten.

Eine zentrale Hypothese der Arbeit ist, dass die Verfahren des *emotion detection* heute in zahlreichen Bereichen bestimmen, auf welche Weise Gefühle und andere psychische Zustände gedeutet, codiert oder gemessen werden. Einen wesentlichen Beitrag daran hat das Gefühlsparadigma des FACS. Das FACS bündelt auf verführerische Weise eine komplexe Vorgeschichte bildgebender Verfahren, die sich trotz drastischer Veränderungen in den technisch-apparativen Grundlagen der Affektforschung nicht verändern. Im Zuge der Ausbreitung der Verfahren zur automatischen Affekterkennung geht dieses Paradigma in vielfältige Kontexte ein, wo es Auswirkungen auf die entsprechenden Forschungsgegenstände hat.

Schauplätze der computergestützten Affekterkennung

Das Einführungskapitel widmet sich den blinden Flecken und ungelösten Problemen des Gefühlsparadigmas, das dem FACS zugrunde liegt. Dieses Vorhaben wurde zwar bereits an anderer Stelle im Bezug zur Vorgeschichte des Codierungssystems realisiert, wozu unter anderem die neuro-anatomische Forschung des französischen Neurologen Duchenne de Boulogne aus dem 19. Jahrhundert, die Physiognomie und Rhetorik des 18. Jahrhunderts sowie die Ausdruckslehren der Künste des 17. Jahrhunderts zählen (Weigel 2015, 87–124). Die Ausführung dieser Vorgeschichte ist für die Arbeit unverzichtbar, da diese geleitet ist von der Frage der Aktualität der historischen neurologisch-anatomischen, kunsttheoretischen und physiognomischen Ausdruckskunde. Die Rückschau wird ergänzt durch einen weiteren Rückgang in die Vorgeschichte, der sich auf die konkrete

12   Mit dem Blick auf die Operationen verbündet sich das Projekt mit der Kulturtechnikforschung. Im Unterschied zu einer älteren Medienwissenschaft, welche sich auf die Einzelmedien und ihre diskursiven Effekte fixiert, favorisiert die Kulturtechnikforschung die Untersuchung sogenannter Operationsketten und damit „handlungstheoretisch orientierte[r] Theorien der Technik wie etwa der Akteur-Netzwerk-Theorie" (Engell und Siegert 2010, 7). Kulturtechniken, so der Hintergrund, lassen sich nicht ohne die technischen Apparate denken, welche den operativen Kern der Kulturtechniken ausmachen. Die Spezifik von Kulturtechniken – wie in diesem Fall des Diagnostizierens und Therapierens/Trainierens – ergibt sich aus einem „Akteur-Netzwerk, das technische Objekte und die Handlungsketten einbegreift" (ebd.) und welches in dieser Verkopplung Rückwirkungen auf die Techniken, Begriffe, Apparate, gesellschaftliche Entwicklung oder das Wesen des Menschen hat (ebd.; Maye 2010, Siegert 2011).

Laborsituation der empirischen Psychologie von Ekman und Friesen aus den 1960er und 1970er Jahren konzentriert. In dieser Zeit entwickelten die Psychologen eine fotografische Bildersammlung der menschlichen Affekte mit dem Titel *Pictures of Facial Affects* (1976), die als Vorläufer des FACS bezeichnet werden kann. In dieser Laborpraxis ist ein spezifisches Verständnis der posierten Mimik als natürlicher Ausdruck entstanden, das auch für die computergestützte Affektforschung bestimmend ist. Im Zentrum des Kapitels steht das Wechselverhältnis zwischen Forschungs-objekt, Fotografie, Laborumgebung, Theorien des Ausdrucks und „episte-mischen Tugend[en]" (Daston und Galison 2007, 14) der Laborforschung, die an der Genese der *Pictures of Facial Affects* (1976) beteiligt waren.[13] Letztere sind weniger Bilder, in denen sich der Gefühlsausdruck unmittelbar selbst zeigt, sondern ‚Inskriptionen' (*inscriptions*) (Latour 1990, 44–45), in die sich die materiellen Vorrichtungen der Experimentalforschung eingeschrieben haben.

Mit dem zweiten Kapitel zur Entwicklung von *emotion detection* im *Affective Computing* unternimmt die Arbeit einen Standortwechsel. Im Zentrum steht die Untersuchung der verschiedenen Ansätze, Medien und episte-mischen Objekte, auf die sich die AC-Forschung bezieht. Zentral ist dabei die Unterscheidung zwischen den Verfahren, die medizinische Indikatoren für Emotionen mit Sensortechnologien erfassen und mit Telefonnutzer-daten korrelieren, und Verfahren der *facial expression emotion detection*, die zur automatischen Auswertung von Emotionen die Mimik registrieren und ‚decodieren'.[14] Vertreten wird die Hypothese, dass sich die Annahmen des empirischen Ansatzes auf die automatische Analyse des Mienen-spiels mit bildgestützten Verfahren übertragen haben. Mit der Dominanz naturwissenschaftlicher Erklärungsmodelle sowie der Fetischisierung der Methoden der Big-Data-Forschung gerät in den Schatten, dass die Nutzung von Bildmedien in der KI-Forschung von anderen Fragestellungen und ungelösten Problemen begleitet wird. Dies macht unter anderem der Rückgang in die divergierende Vorgeschichte von den Methoden der empirischen Erfassung physischer Faktoren einerseits und des *facial expression emotion detection* andererseits deutlich. Ausgehend davon

13   Vgl. dazu Vorarbeiten der Verfasserin zur Genese und Gestaltung der fotografischen Mimikbilder von Ekman und Friesen im Kontext der Laborpsychologie (Schreiber 2016a).

14   Am Beispiel der Datenbank des Marktforschungsunternehmens Affectiva hat die Verfasserin dieser Arbeit zusammen mit Carl Martin Grewe bereits einige Aspekte der digitalen Bildwerdung von Affekten, ihrer Sammlung in Datenbanken und algo-rithmischen Berechnung analysiert sowie Bezüge zur Vorgeschichte hergestellt (Grewe und Schreiber 2016).

werden in diesem Kapitel jedoch nicht nur die unterschiedlichen historischen Traditionen, sondern auch die Brüche der aktuellen Forschung mit ihren Vorläufern untersucht.

Kapitel drei und vier befassen sich schließlich mit der Applikation von *emotion detection* und *Emotion AI* in den Bereichen der computergestützten Depressionsforschung und Autismustherapie. Gegenstand der vorliegenden Untersuchung sind Pilotstudien aus dem Feld *Affective Computing*, HMI, der Robotikforschung etc., die anhand einschlägiger Fachpublikationen untersucht werden. Diese Publikationen behandeln Vorhaben, deren systematische Umsetzung in Krankenhäusern, Schulen, therapeutischen Programmen etc. noch aussteht. Da die Anwendung, Einrichtung und Bedienung der hier zu untersuchenden Verfahren der Affekterkennung und Roboterplattformen ausschließlich mit hochqualifizierten Akteur*innen mit Fachwissen aus dem Bereich humanoider Roboter und dem *Affective Computing* möglich ist, ist ihr Einsatz bislang auf Interaktionsstudien im Labor beschränkt (Dautenhahn et al. 2009, 391). Trotz ihres Übergangsstadiums zwischen Entwicklung und Anwendung sind die entsprechenden Projekte nicht als utopische Zukunftsentwürfe zu verstehen. Gewiss ist anzunehmen, dass sich die in der Entwicklung befindlichen Verfahren von ihrer zukünftigen Anwendung in den Institutionen unterscheiden. Dennoch manifestieren sich in den teilweise noch unrealisierten Vorhaben, um mit Foucault zu sprechen, „ebenso Realitäten (wenngleich anderer Art) wie die Institutionen, die [ihnen] Gestalt verleihen oder die Verhaltensweisen, die sich mehr oder weniger eng daran anlehnen." (Foucault 2005, 36)

Zu solchen Vorhaben zählt die in Kapitel drei zu untersuchende Entwicklung von Verfahren zur automatischen Affekterkennung als *assistive technologies* für die Psychologie, die für den Zweck entworfen werden, psychische Störungen anhand der automatischen Erfassung mimischer Muster zu diagnostizieren. Auch wenn sich die entsprechenden Verfahren im Teststadium befinden, stellt die spezifische Art ihrer Gestaltung eine der Technologie affine Definition realer Probleme dar. Dies betrifft die Darstellung depressiver Störungen als „large-scale international problem" (Marcus et al. 2012, 8), das als Risiko für den Einzelnen, für die Gesellschaft und das Gesundheitssystem gefasst wird (ebd.) und für dessen Lösbarkeit die AC-Forscher*innen die Verfahren des *emotion detection* in Anspruch nehmen. Aufgrund der vermeintlichen Empfindlichkeit der Technologien für subtile, minimale Ausdrucksmuster behaupten die Informatiker*innen und Psycholog*innen, Depressionen anhand der Mimik im Frühstadium zu erkennen, um die Erkrankung vor ihrem Ausbruch präventiv zu behandeln

(Girard et al. 2013, 1–8). Dafür müssen jedoch auch diejenigen fazialen Merkmale identifiziert werden, die als Anzeichen wahrscheinlicher psychischer Störungen gelten können. Diesem Vorhaben widmet sich ein Forschungsprojekt zwischen Informatik und Psychologie mittels der Nutzung von automatischen Verfahren der Affekterkennung, deren Annahmen in einer Linie mit den psychiatrischen Untersuchungen von Emil Kraepelin aus dem 19. Jahrhundert stehen. Hiervon ausgehend fragt das dritte Kapitel nach den Kontinuitäten und Brüchen mit der historischen Psychiatrieforschung sowie den Auswirkungen der Nutzung von *emotion detection* auf die psychologische Laborforschung, Diagnosepraktiken, psychiatrischen Krankheitsbilder, psychiatrischen Subjekte und Behandlungsmethoden.[15]

Das vierte Kapitel widmet sich schließlich der computergestützten Autismusforschung, für die humanoide Roboter mit einer künstlich simulierten Mimik, die auf Grundlage der Ausdrucksmuster des FACS modelliert wird, zum Training von Mimikwissen für Autist*innen programmiert werden (Robins et al. 2005). Forscher*innen sehen in der Entwicklung von *Emotion AI* und computergestützten Lernumgebungen eine große Chance für die Therapie autistischer Störungen, für die u. a. affektive Beeinträchtigungen und eine Vorliebe der Betroffenen für ein reizarmes Umfeld charakteristisch sind (Messinger et al. 2015; Kamp-Becker und Bölte 2011, 16). Aus Perspektive der AC-Forschung qualifizieren sich humanoide Roboter mit einer idealtypischen Mimik für die Therapie autistischer Störungen, würden doch die Gestalt und Handlungsmuster der Agenten mit der vermeintlichen Präferenz von Autist*innen für eine geregelte Umgebung zusammenfallen. In diesem Kontext betritt das visuelle Schema des FACS in einer neuen Rolle die Bühne, und zwar als Modell zur Simulation der Robotermimik, die damit auch im Kontext der Therapie zur Vorlage für die performative Einübung mimischer Ausdrucksmuster wird. Ausgehend von dieser Beobachtung wird gefragt, inwiefern mit der Indienstnahme humanoider Roboter nicht nur eine Anpassung der Krankheitsbilder an die erkenntnistheoretischen Voraussetzungen von *emotion detection* stattfindet, sondern wie im Hinblick auf bestimmte Normen psychischer Gesundheit gewünschte psychische Veränderungsprozesse vorangetrieben werden.

Die vorliegende medienkulturwissenschaftliche Arbeit beschäftigt sich mit der diskurs- und wissensgeschichtlichen Entwicklung von Verfahren zur

---

15 Die Verfasserin hat in einer Untersuchung zum Einsatz von *emotion detection* in der Psychologie gezeigt, dass mit der Nutzung der Verfahren in der Psychologie und Therapie die Konzepte von Privatheit und Intimität zwischen den Nutzenden und humanoiden Robotern neu verhandelt werden (Schreiber 2016b).

automatischen Affekterkennung im *Affective Computing*, das von natur-wissenschaftlichen Erklärungsmodellen bestimmt wird, dem aber den Akteur*innen ungekannte kulturelle Wissensbestände eingeschrieben sind. Die Untersuchung beabsichtigt daher die Wechselwirkungen der empirischen Forschung mit ihren kulturellen und medialen Implikationen zu erforschen, indem die historischen Kontinuitäten, aber auch die Brüche zur Vorgeschichte untersucht werden. Die Arbeit richtet den Blick auf einige der zahlreichen Ursprünge des Gefühlsparadigmas – im Sinne einer Ver-vielfältigung der Herkünfte, welche die Gleichzeitigkeit von Vergangenem und Gegenwärtigem nicht ausschließt. Zudem untersucht die Arbeit, wie die im Forschungskontext verwendeten Bildmedien (Fotografie, Film-aufnahmen, bildgebende Verfahren) Wissen über Affekte herstellen und verfügbar machen. Dabei wird das Funktionieren dieser Bildmedien nicht auf ihr Vermögen zur Speicherung und Übertragung reduziert. Im Zentrum der Untersuchung steht das widerständige Potenzial dokumentarischer Bildmedien (Balke und Fahle 2014), das tradierte Annahmen und wissenschaftliche Übereinkünfte irritiert oder an der Verschleierung blinder Flecken und vernachlässigter Wissensbestände mitwirkt. Davon ausgehend hegt die vorliegende Arbeit einen grundlegenden Zweifel am Anspruch der Technik- und Naturwissenschaften, die in den Entwicklungen der KI-Forschung einen technologischen Fortschritt gegenüber der kon-ventionellen Ausdrucksforschung sehen.

Dieses Buch ist im Kontext des Projektes „Epistemische Rückseite instru-menteller Bilder" (2013–2018) des Exzellenzclusters Bild Wissen Gestaltung der Humboldt-Universität zu Berlin, des Leibniz-Zentrum für Literatur- und Kulturforschung Berlin sowie des Zuse-Institute Berlin entstanden. Im Zentrum des interdisziplinären Projektes zwischen Gestaltung, Informatik, Kulturwissenschaft, Kunstgeschichte und Medienkulturwissenschaft standen instrumentelle Bilder (Zeichnungen, Fotografien, bildgebende Ver-fahren), die von Akteur*innen aus Psychologie und Medizin als hilfswissen-schaftliche Instrumentarien eingesetzt werden. Untersucht wurden die epistemischen und bildtheoretischen Voraussetzungen aus der Entwick-lung instrumenteller Bilder, deren Vorgeschichte und ungesicherte Kon-zepte in der Anwendung zunehmend in den Hintergrund getreten sind.

1

Zur Vorgeschichte des FACS

Das FACS wurde in den 1970er Jahren von den Psychologen Paul Ekman und Wallace V. Friesen als empirisches Verfahren zur Decodierung der Mimik auf Grundlage der fazialen Anatomie für die Emotionsforschung entwickelt (vgl. Abb. 1) (Ekman und Friesen 1978). Ekman, der seit 1957 am Langley Porter Psychiatric Institute der medizinischen Fakultät der University of California, San Francisco (USCF) forschte und 1972 zum Professor für Psychologie berufen wurde (Ekman 1987, 6, 25), interessiert sich seit Mitte des 20. Jahrhunderts für die Untersuchung nonverbaler Ausdrucksmuster als Manifestationen von Emotionen und anderen psychischen Konstitutionen. Im Unterschied zur Anthropologie und Ethnologie, die mit der Annahme der Verschiedenheit der Kulturen und der kulturellen Prägung des Ausdrucks die Ausdrucksforschung in der ersten Hälfte des 20. Jahrhunderts bestimmten (Meuter 2006, 11–12), folgten Ekman und sein Kollege Friesen der Universalismusthese von Darwin (Darwin 2000). Deren Annahme eines angeborenen, evolutionär entwickelten, universalen Ausdrucks galt es einer erneuten Analyse zu unterziehen (Ekman 2000, 420). Im Zuge der zunehmenden Verbreitung quantitativer Methoden in der empirischen Psychologie erhofften sich die Psychologen, die womöglich unlösbare Debatte um die kulturellen und biologischen Dimensionen des Ausdrucks endgültig zu entscheiden (ebd., 416). In ihren berühmt gewordenen Feldstudien in den USA, Südamerika, Japan und Papua-Neuguinea legten sie Porträtfotografien mit vorrangig mimischen Posen, die von US-amerikanischen Wissenschaftlern hergestellt worden waren,

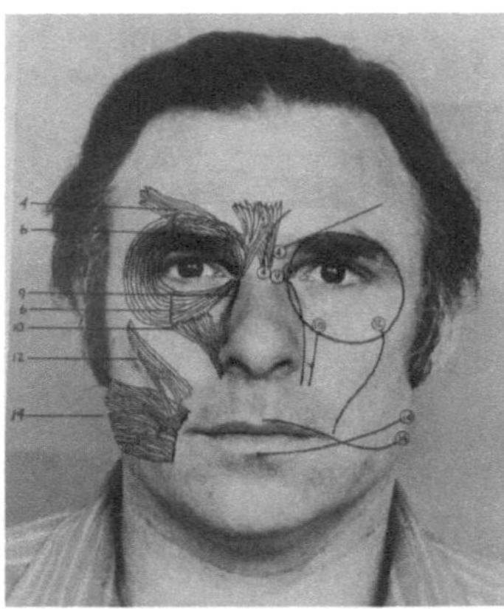

Abb. 1: Porträtfotografien von Paul Ekman, in der die Codierung der Mimik auf Basis der
fazialen Anatomie illustriert wird, 1987, Human Studies Film Archives, Smithsonian Museum
Support Center, Suitland, MD, © Paul Ekman Group.

Versuchspersonen aus anderen Kulturen vor, um die Frage nach der Universalität bzw. Kulturabhängigkeit des Ausdrucks zu lösen (Ekman 1977, 104; Ekman und Friesen 1968; Ekman 1971, 262). Heute ist Ekman seit seiner Emeritierung Geschäftsführer der Paul Ekman Group, die das FACS als Online-Trainings-Tool für wissenschaftliche und populärwissenschaftliche Zwecke sowie Fotografien von Gesichtsausdrücken als Stimuli-Bilder für die Psychologie verkauft (Ekman 1993). Damit orientiert sich die Verwaltung seiner Forschungsergebnisse nicht an wissenschaftlichen, sondern an ökonomischen Prinzipien wie etwa der Vermarktung der Produkte jenseits der Reflektion ihrer problematischen Voraussetzungen. Daneben wurde seine Forschung auch mit sicherheitspolitischen Interessen verbunden. Nach den Anschlägen auf das World Trade Center im Jahr 2011 war Ekman an der Entwicklung des Anti-Terror-Programms SPOT (Screening of Passengers by Observation Techniques) beteiligt, das Flughafenpersonal im FACS zur Observierung von verdächtigen Flughafenpassagieren schulte (Plamper 2012, 191–193; Haas 2010).

Dem FACS, das als wissenschaftliches Instrumentarium entwickelt wurde, geht das populärwissenschaftliche Handbuch *Unmasking the Face. A Guide to Recognizing Emotions from Facial Expressions* (1975) voraus, dessen Annahmen sich in das FACS übertragen haben (Weigel 2015, 90–91; Ekman und Friesen 2003). *Unmasking the Face* stellt eine Art „Hybridform aus Selbsthilfebuch, Bilderatlas der Gefühle und Kompilation wissenschaftlicher Theoreme zu fazialen Ausdrucksgebärden" (Weigel 2015,

91) dar, in dem wissenschaftliche Ansätze in eine populärwissenschaftliche Form überführt wurden. Blickt man auf die Vorgeschichte dieser bildgebenden Elemente aus der Wissens- und Bildgeschichte der Gefühle, so erhält man Aufschluss über die ungeklärten Aspekte und Widersprüche in Ekmans Affekttheorie (ebd., 87–97). Zu dieser Wissens- und Bildgeschichte zählen die Ausdrucksforschung der neurologischen Experimentalforschung von Duchenne de Boulogne aus dem 19. Jahrhundert, die Auseinandersetzung mit dem Ausdruck in der Physiognomie und Rhetorik des 18. Jahrhunderts sowie die Ausdruckslehren des Künstlers Charles Le Brun aus dem 17. Jahrhundert. Teil dieser Vorgeschichte ist allerdings auch Ekmans konkrete Laborforschung der 1960er und 70er Jahre. Hier entwickelte der Psychologe eine Sammlung von Affektfotografien als hilfswissenschaftliche Instrumentarien, denen problematische Annahmen zugrunde liegen. Diese Annahmen, so eine der zentralen Hypothesen des folgenden Kapitels, führen in den FACS-Deutungsmustern ein folgenreiches Nachleben[1].

Die Ursprünge des FACS in der Neurologie, Kunst, Rhetorik und Physiognomie

Mit der Klassifizierung der fazialen Anatomie mithilfe der Emotionsbegriffe der sechs Basisemotionen[2] korrespondiert die anatomische Codierung des FACS mit der neurowissenschaftlichen Forschung des französischen

---

1   Der Begriff des Nachlebens wird dem Kulturwissenschaftler Aby Warburg zugeschrieben, der mit seiner Methode der *Kulturwissenschaftlichen Bibliothek* einen Ansatz zur Untersuchung von Formen des Nach-, Weiter- und Überlebens von symbolischen Formen, Pathosformeln und Figuren aus vergangen Kulturen im Bildgedächtnis der Gegenwart entworfen hat (Treml 2007). Exemplarisch dafür steht seine Forschung zum Wiedererscheinen der Antike in der Renaissance. Sein Verständnis vom Nachleben der Vergangenheit in der Gegenwart ist dabei ‚bildlich' im Sinne eines Wiedererscheinens von Symbolen und Figuren zu verstehen, die sich in einem Bildgedächtnis eingetragen haben. Der Begriff ‚Nachleben' beschreibt eine ambivalente Denkfigur, die sich nicht auf konkrete Begriffe wie ‚Hinterlassen' beschränken lässt, sondern an „unterschiedliche Konzepte wie Weiterleben, Überleben, Wiederholung, Wiederherstellung, Erbe, Übertragung, Überlieferung" (Treml und Weidner 2007, 12) anknüpft. Der Begriff lenkt den Blick auf die „riskanten Akte der Verwandlung und Übertragung, des Transfers über verschiedene Grenzen hinweg" (ebd.), also auf das, was sich bei der Übertragung zwischen verschiedenen Kontexten ereignet, was erhalten bleibt, verloren geht oder transformiert wird.

2   Die Existenz von angeborenen Basisemotionen, deren Katalog laut Weigel auf Aristoteles zurückgeht (Weigel 2015, 91), ist in der Psychologie und den Neurowissenschaften umstritten. Sowohl Studien zum spontanen Gesichtsausdruck von Emotionen als auch die Suche nach neuronalen Modulen derselben in bestimmten Hirnregionen konnten die These der Grundemotionen nicht bestätigen (Reisenzein et al. 2013, 270).

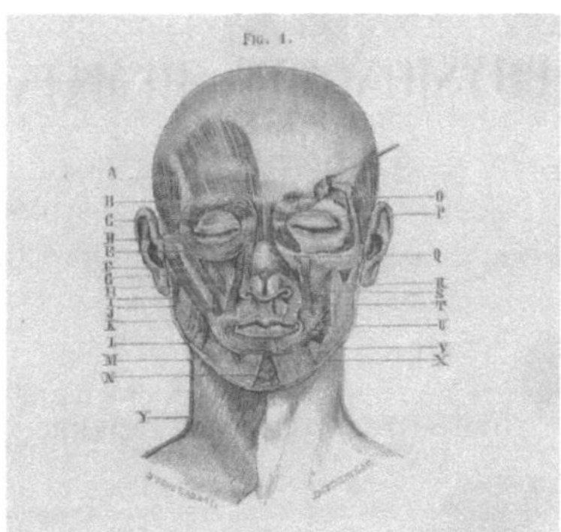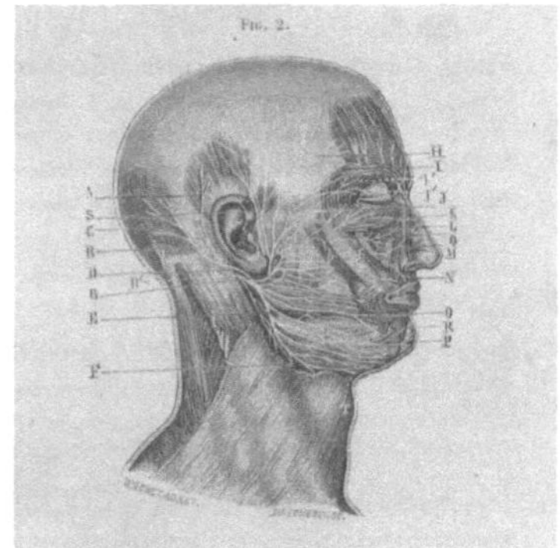

Abb. 2: Illustrationen der fazialen Anatomie in der Frontalperspektive und im Profil aus den *Mécanisme de la physionomie humaine, ou Analyse électro-physiologique de l'expression des passions appliquable à la pratique des arts plastiques* (Duchenne de Boulogne 1862/1876, 2–3).

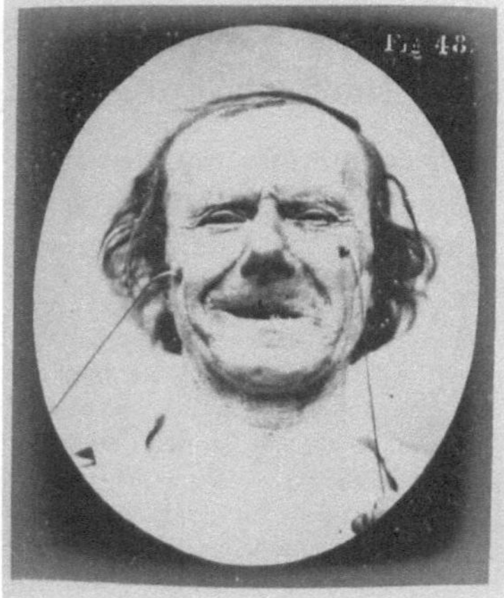

Abb. 3: Fotografien der elektrischen Stimulation der Gesichtsmuskulatur aus den *Méca-nisme de la physionomie humaine, ou Analyse électro-physiologique de l'expression des passions appliquable à la pratique des arts plastiques* (Duchenne de Boulogne 1862/1876, 52, 56).

Neurologen Guillaume Duchenne de Boulogne. Im Zuge des Aufstiegs empirischer Methoden wandte sich Duchenne de Boulogne im 19. Jahrhundert der experimentellen Erforschung des fazialen Ausdrucks zu. In seinem Werk *Mécanisme de la physionomie humaine, ou Analyse électro-physiologique de l'expression des passions appliquable à la pratique des arts*

Table synoptique

1. Muscles complètement expressifs

Frontal	Muscle de l'attention
Orbiculaire palpébral supérieur	Muscle de la réflexion
Sourcilier	Muscle de la douleur
Pyramidal du nez	Muscle de l'agression

2. Muscles incomplètement expressifs et expressifs complémentaires

Grand zygomatique	Muscle de la joie
Petit zygomatique	Muscle du pleurer modéré
Elévateur propre de la lèvre supérieur	Muscle du pleurer
Elévateur commun de l'aile du nez et de la lèvre supérieur	Muscle du pleurer à chaudes l'armes
Transverse du nez	Muscle de la lubricité
Buccinateur	Muscle de l'ironie

Tab. 1: *Table synoptique* als anatomische Codierung der Mimik (Duchenne de Boulogne 1862/1876, 42, zitiert nach Weigel 2015, 103).

plastiques (1862/1876) veröffentlichte er ein Codierungssystem der Gemüts-bewegungen, welches die faziale Muskulatur mit der Semantik eines Affektkatalogs verbindet, dessen Logik sich in der Verkopplung der fazialen Anatomie mit den Emotionsbegriffen im FACS wiederholt (Weigel 2015, 101) (Abb. 2). Duchenne de Boulogne entwickelte das anatomisch-semantische Klassifikationssystem in seinen berühmten elektro-physiologischen Experimenten, in denen er die Entstehung des Ausdrucks untersuchte. Dafür stimulierte der Neurologe die Gesichtsmuskeln seines Probanden mit Elektroden, um das flüchtige Mienenspiel für die fotografische Auf-zeichnung zu arretieren (vgl. Abb. 3). Anhand der Fotografien ordnete er den Fachbegriffen der Muskeln wie „grand zygomatic" metaphorische Beschreibungen der Affekte bzw. Emotionsbegriffe zu, z. B. „muscle de la joie" (Duchenne de Boulogne 1862/1876, 42), die er in seinem sogenannten *table synoptique* verzeichnete (vgl. Tab. 1) (ebd., 42–47; Weigel 2015, 102).

Problematisch an dieser Benennung ist ihr zirkulärer Charakter. So wurden die fazialen Muskeln nicht ergebnisoffen, sondern anhand eines bestehenden Katalogs an Emotionsbegriffen als Gemütsbewegung gedeutet, womit bereits bekannte Annahmen auf die Bilder projiziert wurden (Löffler 2004, 123). Zudem koppelte Duchenne de Boulogne mit der künstlichen elektro-physiologischen Stimulierung der Muskeln die Gefühlssphäre von der Muskelbewegung ab. Was er also erforschte, waren nicht wie beabsichtigt die menschlichen Gemütsbewegungen, sondern lediglich die sichtbaren Aktivitäten der Muskeln, stimuliert in einem künstlichen experimentellen Umfeld. Was der Neurologe laut Petra Löffler demnach anstelle der Erforschung des menschlichen Ausdrucks vor allem leistete, war die Fabrikation „wissenschaftlich exakte[r] Affektbild[er]" (ebd., 125), die den Gesetzen der Experimentalforschung folgen. In Duchenne de Boulognes Laborforschung äußern sich also charakteristische Herausforderungen der empirischen Affektforschung, die, wie im Folgenden noch genauer zu zeigen sein wird, Dauerprobleme in der laborbezogenen Ausdrucksforschung darstellen. Gemeint ist das Problem der Unkontrollierbarkeit unwillkürlicher Ausdrucksmodi sowie die Schwierigkeit, Spontanität und Natürlichkeit in einem künstlichen Setting zu untersuchen.

Neben den Problemen, die sich aus der praktischen Experimentalforschung ergeben, zeichnen sich in Duchenne de Boulognes Forschung weitere Widersprüche ab. Seine Untersuchungen sind von dem Anspruch einer sprachunabhängigen, ‚objektiven' Forschung motiviert, während er sich an einigen Stellen immer wieder auf sprachliche und subjektive Elemente bezieht. So wird seine Forschung einerseits von einem empirischen Paradigma geleitet, das sich auf den Einsatz experimenteller Methoden der Naturwissenschaft fixiert, während er mit dem angesprochenen *tableau synoptique* andererseits eine „physiognomische Orthographie" (Weigel 2015, 100) entwirft. Dabei begreift der Neurologe den fazialen Ausdruck als „Sprache der Leidenschaften" und verkoppelt „die anatomische Nomenklatur [...] mit der Semantik von Ausdrucksgebärden" (ebd., 102). Duchenne de Boulogne versteht Mimik damit nicht nur als Sprache, sondern beruft sich in seiner vermeintlich sprachunabhängigen Forschung dennoch auf sprachliche Beschreibungen. Schließlich ist auch die Auswahl der entsprechenden Affektbegriffe und Beschreibungen abhängig vom subjektiven Urteil des Wissenschaftlers, der das Gesicht anhand eines überlieferten Katalogs als „Tableau von physiologisch lokalisierten Gefühlszeichen" (ebd., 99) beschreibt. Problematisch ist, dass durch die Verkopplung von fazialer Anatomie mit Affektbeschreibungen gleichsam die Semantik des Gefühlskatalogs in die Muskulatur eingeschrieben wird. Der Effekt ist, dass die Muskelaktivität als unmittelbare Manifestation der Gefühle begriffen wird. Der Kurzschluss zwischen Muskelbewegung und Gefühl lässt sich auch als „Problem der Codierung" (ebd., 104) menschlicher Gefühle begreifen, insofern damit von der sichtbaren Erscheinung des Körpers unmittelbar auf das ‚innere' Erleben geschlossen und ein physiognomischer Diskurs bedient wird. Indem sich das Codierungssystem zudem auf die Benennung der fazialen Anatomie konzentriert, bleibt Duchenne de Boulognes Modell den „Differenzen zwischen flüchtigen, unmerklichen Spuren und eingeschriebenen, dauerhaften Linien oder sichtbaren Bewegungen" (ebd.) gegenüber gleichgültig. Diese Widersprüche haben sich laut Weigel in das FACS tradiert, das als anatomisches Codierungssystem Duchenne de Boulognes Repräsentationsmodell beerbt. Trotz dieser Vorgeschichte wird das FACS heute als ein objektives, von subjektiven und sprachlichen Aspekten unabhängiges Instrumentarium begriffen.

Auch Johann Caspar Lavaters Physiognomik markiert einen jener historischen Momente im 18. Jahrhundert, der zur Vorgeschichte des FACS zählt. Mit dem Fokus der Physiognomik auf die unbeweglichen Elemente des Gesichts, die als Anzeichen der Identifizierung des Charakters dienen, unterscheidet sich Lavaters Lehre von der zeitgenössischen Pathognomik Lichtenbergs (1778), der Lehre vom Affektausdruck, die sich für die beweglichen Gesichtsmerkmale interessiert. Dennoch ist Lavaters Bildpraxis als Vorläufer von Ekmans Forschung zu verstehen. In seinen *Physiognomischen Fragmenten, zur Beförderung der Menschenkenntniß und Menschenliebe* (1775-1778) legte Lavater eine umfangreiche Bildersammlung individueller Porträts an. Für das physiognomische Studium der Gesichter produzierte er Schattenrisse, die als „mechanisches Aufzeichnungsverfahren" (Meyer 2019, 53) mit „gewisse[n] protofotografische[n] Zügen" (ebd., 52) bezeichnet werden können (Abb. 4). Schattenrisse, welche mit einer Lichtprojektion durch eine Kerze anhand des Schattens eines Profils erzeugt werden und aus einer schwarzen Fläche auf weißem Grund bestehen, sind reduzierte Gesichtsbilder par excellence. Denn sie beschreiben lediglich die unbewegliche Kontur des Profils ohne Details, individuelle Merkmale oder Farbe. Trotz dieser Reduktion stellen die mechanisch erzeugten Bilder für Lavater im Gegensatz zu Zeichnungen oder Malerei einen Mehrwert dar, scheinen sie doch den Gegenstand naturgetreuer abzubilden (ebd., 53). Dabei bewertet der Physiognomiker gerade den Verlust an Informationen als positiv, insofern die reduzierte Silhouette den Vorteil einer genauen und klaren Darstellung bietet (54). Als „Grenzfall der Ähnlichkeit und geometrischem Gebilde zugleich, erlaubte die Silhouette die Verbindung von abbildenden und quantifizierenden Verfahren", so Meyer, und „reduzierte jedes Individuum auf eine stabile, rasch erfassbare und leicht vermessbare grafische Form." (ebd.). Für Meyer stellen die Schattenrisse Lavaters damit einen Einschnitt in der Geschichte der Gesichtsbilder dar. So hatte das neuzeitliche Individualporträt die Funktion, die ‚Ganzheit' des Individuums

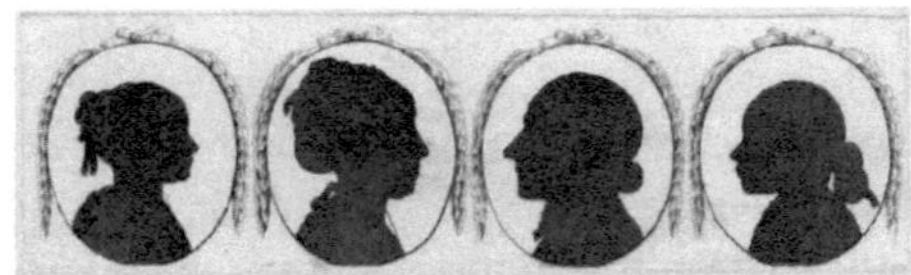

Abb. 4: Aus Johann Caspar Lavater: *Physiognomische Fragmente* (1778), Teil 4, S. 337: „Vater und Mutter, Sohn und Tochter" (337), von links nach rechts die Silhouetten von Anna Lavater, Anna Lavater-Schinz, Johann Caspar Lavater und Heinrich Lavater, Graphische Sammlung (GSB), Zentralbibliothek Zürich.

abzubilden, das durch das Bild in Dialog mit seinem Gegenüber tritt (Boehm 2003, 22, 38). Für die Porträts Lavaters sei anstelle von Detail und Ähnlichkeit hingegen die Reduktion des Gesichts auf die notwendigen Merkmale, die Zergliederung, Lesbarkeit, Eindeutigkeit und einseitige Beobachtung des Gesichts charakteristisch (Meyer 2019, 63). Auch wenn sich Ekman und Friesen nicht direkt auf Lavater beziehen, so lässt sich sein positiv bewerteter fazialer Schematismus der Schattenrisse doch auch zur Vorgeschichte des FACS zählen. Lavater bereitet mit seiner Praxis, die Bilder als Operationsflächen auffasst und den „Verlust des lebendigen Ausdruck als Zugewinn an Bestimmtheit" (ebd., 56) versteht, den Boden für Ekmans Ausdrucksforschung, in der idealtypische schematisierte Ausdrucksmuster als Vorteil für die psychologische Affektforschung verstanden werden.

Auch die Unterscheidung in universale und kulturelle, unwillkürliche und willkürliche, wahre und falsche Affektartikulation stellt einen charakteristischen Dualismus im Gefühlsparadigma des FACS dar, der sich mindestens bis ins 18. Jahrhundert zurückdatieren lässt. In Ekmans Konzept wird der universale Ausdruck als wahrhafter Ausdruck identifiziert, während kulturelle, mimische Konventionen als kontrollierte Affekte unter dem Verdacht der Täuschung oder des Betrugs stehen (Weigel 2015, 91–92; Ekman 2009). Insbesondere in Ekmans mittlerweile auch in der Populärkultur bekanntem Konzept der sogenannten Mikroexpressionen schlägt sich diese Unterscheidung nieder. Mikroexpressionen sind nach Ansicht des Psychologen nur für einen Sekundenbruchteil sichtbare, unkontrollierte Emotionsausdrücke, die zwischen dem kontrollierten Gesichtsausdruck aufblitzen. Sie geben, so Ekman, einen Blick hinter die Gefühlsmaske und verweisen im Deutungsmodell des Wissenschaftlers auf das wahrhaft erlebte Gefühl (Ekman und Friesen 2003, 31). Das Erkennen von Mikroexpressionen lässt sich laut Ekman zum einen durch Schulung erlernen. Zum anderen machen filmische Medien die „Mikromimik" (Weigel 2015, 95) mit der Technik der Zeitlupe sichtbar, wobei der ‚wahrhafte' Ausdruck dann mit dem FACS decodierbar wird (ebd.). Vor diesem Hintergrund wird das FACS nicht nur in der empirischen Psychologie genutzt, sondern kommt auch in populärwissenschaftlichen und sicherheitspolitischen Kontexten als Lügendetektor zum Tragen. Ein Beispiel dafür ist die US-amerikanischen Serie *Lie to me* (USA, 2009-2011), in welcher der Privatdetektiv Dr. Cal Lightmen anhand der Analyse von Mikroexpressionen seine Fälle löst.

Die Kopplung unkontrollierter körperlicher Ausdrucksmuster an ein Wahrheitsversprechen geht wiederum auf eine ältere physiognomische Vorstellung aus dem 18. Jahrhundert zurück. Im sogenannten „Zeitalter der Gefühle" (Weigel 2004, 164–167) ist mit dem Konzept der Empfindsamkeit ein neuer Gefühlsbegriff aufgetaucht, der von der Frage nach dem ‚echten' und ‚natürlichen' Ausdruck geleitet wurde und dem Modell einer Lesbarkeit körperlicher Affektartikulationen folgt (ebd., 166). Dabei wurden somatischen Affektmanifestationen wie mimischer Ausdruck oder stimmliche Laute im Gegensatz zur Sprache als echte und natürliche Ausdrucksformen begriffen. Diese Unterscheidung geht laut Hartmut Grimm auf die französische Nachahmungstheorie zurück, die eine Klassifizierung in ‚natürliche' und ‚willkürliche' Zeichen vornimmt. Während Dichtung und Rhetorik – also alle Künste, die im Zusammenhang mit sprachlichen Ausdrucksformen stehen – den willkürlichen Zeichen zugeordnet werden, zählen Musik, bildende Kunst, Tanz und Architektur zur „Klasse der natürlichen Zeichen" (Grimm 2000, 41). Die „arbiträr gesetzten Zeichen der Dichtung" werden als „historische Konventionen" (ebd.) gefasst. Zu den natürlichen Zeichen zählte man hingegen „alle gestischen, mimischen und lautlichen Ausdrucksbedingungen", die als „anthropologische Konstante menschlichen Ausdrucksverhaltens" (ebd.) galten. In dieser Unterscheidung manifestiert sich einerseits eine Skepsis gegenüber den sprachlichen Ausdrucksformen, während dem körperlichen Ausdruck andererseits eine unmittelbare Nähe zu den Gefühlen zugeschrieben wird (Weigel 2004, 166). Diese Skepsis ist in den empirischen Wissenschaften im 19. Jahrhundert präsent, in denen Messinstrumente entwickelt wurden, um Affekte anhand physiologischer Erregungen ‚objektiv' und ‚sprachunabhängig' zu erfassen (ebd.). In Ekman und Friesens Affektkonzept ist diese Vorstellung ebenso gegenwärtig, die in der Unterscheidung zwischen willkürlichen und unwillkürlichen, kulturellen und universalen Ausdrucksmustern wieder auftaucht. Im Konzept der Mikroexpressionen äußert sich diese Dichotomie in der Dimension der Zeit, „als Differenz zwischen kurz aufscheinender Echtheit und nachfolgender Täuschung" (ebd., 97), die als messbarer Unterschied zum Wahrheitskriterium geworden ist.

Über diese Referenz zu Duchenne de Boulognes Experimentalforschung
und dem Zeitalter der Empfindsamkeit hinaus hat Weigel in der Kunst
des 17. Jahrhunderts einen weiteren Ursprung des Ekman'schen Gefühlsparadigmas identifiziert. So bedient sich Ekmans Bilderatlas der Gefühle
eines fazialen Bildschemas, in dem das Gesicht standardisiert als Porträt
in der Frontalperspektive und isoliert vom Körper zur Darstellung kommt.
Dieses Schema hat sich mindestens seit der Physiognomik der Neuzeit als
Projektionsfläche bewährt, in die unterschiedliche Affekttheorien oder
Affektausdrucksmuster eingeschrieben werden können (Weigel 2015, 71,
117–124). Auch hier ist erneut der Physiognomiker Lavater zu nennen, der
eine Bildpraxis etabliert hat, in der Gesichtsbilder in der Frontalperspektive
auftauchen, die sich als „Operationsflächen" (Meyer 2019, 62) bezeichnen
lassen.[3] Die Porträtbilder dienten dabei nicht der Repräsentation, sondern
wurden mit dem Ziel der Lesbarkeit und Vergleichbarkeit entwickelt und
dafür immer wieder „kopiert, überarbeitet, grafisch reduziert, zergliedert
oder neu arrangiert" (ebd.). Das Schema des Gesichts im *en face* trifft
sich daher idealerweise mit den Prämissen der experimentellen Wissenschaften, die den Gesichtsausdruck erfassen, vermessen und mit einem
Messraster überziehen (Weigel 2015, 71, 117–124). Dieses Bildschema
stammt dabei aus der Kunst. Gemeint sind die berühmten Illustrationen
von Leidenschaften des französischen Künstlers und Rektors der Pariser
Kunstakademie Charles Le Brun (vgl. Abb. 5). Ende des 17. Jahrhunderts
entwarf Le Brun einen visuellen Bilderkatalog zur Darstellung der Leidenschaften. Hintergrund war die im 17. Jahrhundert in Frankreich angestrebte
Akademisierung der Kunst. Im Rahmen dessen wurde ein allgemeiner
Kanon mit Darstellungsregeln gefordert. Le Bruns Katalog sollte als
Anleitung für Künstler dienen (Kirchner 1991, 10–28). Dafür bezog er sich auf
René Descartes *Les Passion de l'âme* (1649) als wissenschaftliche Theorie für
die inneren, neurologischen Prozesse der Leidenschaften, deren Ausdruck
an der Körperoberfläche er illustrieren wollte (Montagu 1994, 7). Das auf
Descartes Theorie basierende Konzept von Gefühlen, das als Innen-Außen-
Modell die Entstehung von Gefühlen im Inneren des Körpers verortet,
während sie ihren sichtbaren und messbaren Ausdruck an der Körperoberfläche erhalten, ist auch heute noch gültig (Weigel 2015, 122). Le Bruns
Zeichnungen schematischer Gesichtsbilder, die von einem Messraster
überzogen sind, bilden idealtypische Muskelbewegungen in der Frontalperspektive und im Profil ab, die von individuellen Merkmalen wie Haaren,
Falten oder Schmuck entledigt wurden (Le Brun 1982). Die schematisierte

3   Neben der Frontalansicht hat Lavater das Profilbild des Gesichts zur physiogno-
     mischen Deutung des Gesichts eingeführt, das heute vor allem zur Schädelver-
     messung genutzt wird (Weigel 2015, 71, 117–124).

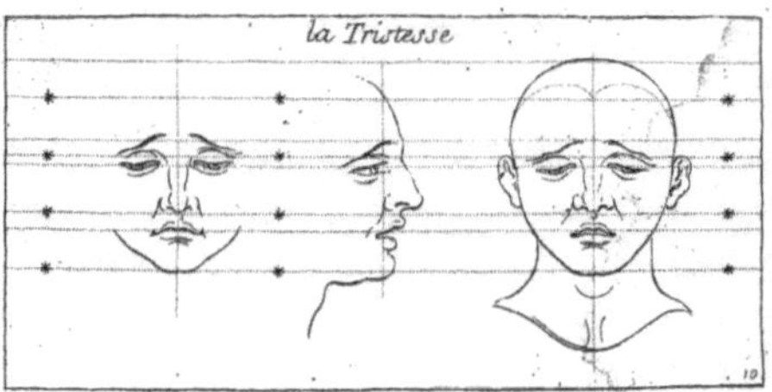

Abb. 5: Charles Le Brun: La Tristesse: deux têtes de face et une de profil, © RMN-Grand Palais (Musée du Louvre) / Madeleine Coursaget.

Frontalansicht steht in der Tradition der antiken Maske (Weigel 2015, 113). Die maskenhafte Darstellung des Gesichts in der Frontalperspektive zeigt ‚Typen', befreit von individuellen menschlichen Zügen. Sie unterscheiden sich von der Porträtmalerei der Renaissance, die laut Gottfried Boehm die Individualität der abgebildeten Person zum Ausdruck bringen wollte und dafür die Dreiviertelansicht entwickelte (Boehm 1985, 53–70). Die Darstellung des Gesichts im *en face*, wodurch sich die fazialen Merkmale vermessen und mit anderen Gesichtsbildern in der Frontalperspektive idealerweise vergleichen lassen, ist heute zum Modell für empirische Verfahren in der Forschung geworden. Indem jedoch der Vermessung und Vergleichbarkeit der Gesichtsbilder Vorrang gegeben wird vor den individuellen Ausdrucksformen der Affekte, werden das Subjektive und Individuelle regelhaft ausgeschlossen.

In Ekmans Affekttheorie und seinem Konzept der *facial expressions* wiederholt sich also die Wissens- und Bildgeschichte der Gefühle. Dazu zählt die Vorstellung von Duchenne de Boulogne aus dem 19. Jahrhundert, dass am Ausdruck der Gefühle vor allem physische, auf der fazialen Anatomie beruhende Bewegungseinheiten beteiligt sind, die als unwillkürliche Artikulation der Gefühle betrachtet werden. Zu dieser Geschichte zählt auch die Annahme, dass somatische Affektartikulationen im Unterschied zur Sprache eine wahrhaftige Ausdrucksform darstellen, was ein zentrales Motiv im 18. Jahrhundert, dem Zeitalter der Empfindsamkeit, war. Dass Gesichtsbildern wiederum nicht nur durch ihre Fülle und Ähnlichkeit mit dem Abgebildeten ein Mehrwert zugeschrieben wird, sondern dass gerade schematisierte faziale Darstellungen aufgrund ihrer Vergleichbarkeit, Eindeutigkeit und Messbarkeit von Vorteil erscheinen, hat seinen historischen Ausgangspunkt in Lavaters physiognomischer Bildpraxis. Und ähnlich wie in den Proportionsstudien von Le Brun aus dem 17. Jahrhundert betrachten Ekman und Friesen menschliche Affekte als visuelles Phänomen, das seinen primären Ausdruck in idealtypischen Gesichtsausdrücken hat und in der Frontalperspektive zur bildlichen Darstellung kommt.

Die Wiederholung historischer Vorstellungen betrifft jedoch auch die ungeklärten Aspekte und Probleme dieser Wissens- und Bildgeschichte der Gefühle. Dazu zählt der physiognomische Kurschluss zwischen fazialer Muskelaktivität und Gefühlslagen; die Abwertung der Sprache im Gegensatz zum Wahrheitsversprechen des körperlichen Ausdrucks; die Darstellung der menschlichen Affekte in idealtypischen Schemata und die Reduktion des Ausdrucks der Gefühle auf das Gesicht. Diese historischen Vorstellungen samt der ungeklärten Aspekte werden in der aktuellen AC-Forschung jedoch nicht reflektiert. Aufgrund des Fokus der Forschung auf die Anwendung der Verfahren sind die Probleme aus der Vorgeschichte nicht präsent. Zu dieser Vorgeschichte zählt allerdings nicht nur die lange Tradition der Bild- und Wissensgeschichte der Gefühle, sondern auch die Laborpraktiken von Ekman und Friesen Mitte des 20. Jahrhunderts. In diesem Kontext haben sich laborspezifische Annahmen hinsichtlich des Ausdrucks der Gefühle entwickelt, die sich in das Konzept des FACS eingetragen haben. Vom Wechselspiel zwischen Forschungsgegenstand und seinen Aufzeichnungsmedien im Labor von Ekman und Friesen handelt das folgende Kapitel.

Die fotografische Mimik des Laborgesichts

Gefühle als subjektive, nicht regelhafte Phänomene stellen für die experimentelle Emotionsforschung mit ihren empirischen, regelhaften Messmethoden ein Problem dar. Aufgrund der Schwierigkeit, Gefühle zu messen, hat sich die empirische Emotionsforschung auf ein Hilfsmittel geeinigt. Gemeint sind spezifische somatische Indikatoren, die als körperlicher Ausdruck der Gefühle gelten. Davon versprechen sich die Wissenschaftler*innen, dass Gefühle vermittelt über den messbaren körperlichen Ausdruck in den Bereich der empirischen Forschung gelangen. Mit diesen Indikatoren sind faziale Expressionen gemeint, die als primärer Ausdruck der Gefühle gelten. Doch auch diese körperlichen Anzeichen bergen Fallstricke. So kann aufgrund der Flüchtigkeit und Individualität des Mienenspiels nicht garantiert werden, dass die Methoden der Experimentalforschung zuverlässig auf die Ausdrucksbewegungen zugreifen. Damit faziale Expressionen im iterativen Forschungsprozess nach den Regeln des Labors beobachtbar werden, muss der Gesichtsausdruck in eine stabile und unveränderbare Form gebracht werden. Daher arbeiten die Forscher*innen anstelle der Untersuchung der lebendigen, bewegten

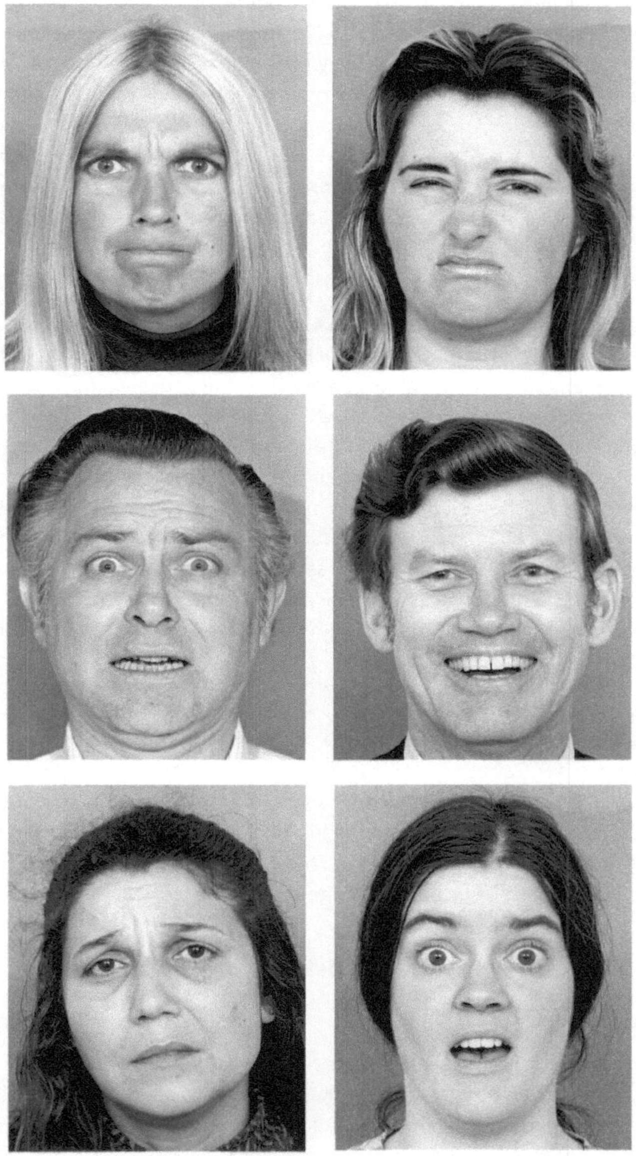

Abb. 6: Bildbeispiele der *Pictures of Facial Affect* mit den sechs Basisemotionen Wut, Ekel, Angst, Freude, Trauer und Überraschung (Ekman und Friesen 1976; Ekman und Friesen 2003), © Paul Ekman Group.

menschlichen Mimik seit fast hundert Jahren mit statischen Großaufnahmen von Gesichtsausdrücken (Wallbott 1990, 63). Anstelle der Beobachtung des lebendigen Gesichts werden Testpersonen Fotografien vom
Gesicht – sogenannte Stimuli – vorgelegt, um mittels vorgegebener Emotionsbegriffe den Emotionsausdruck in der Abbildung zu bestimmen (ebd.,
13, 47–49; Ekman, Friesen und Ellsworth 1972, 3–4). Mit diesem zirkulären
Prozess, in dem der Emotionsausdruck anhand von vorgegebenen
Begriffen und von statischen Abbildungen des Gesichts klassifiziert wird,
beabsichtigt die Emotionsforschung, dem menschlichen Ausdruck der
Gefühle auf die Spur zu kommen.

Während einige Psycholog*innen mit Fotografien arbeiten, die den ungestellten, spontanen Ausdruck außerhalb des Labors zeigen, hat sich
spätestens seit den 1970er Jahren ein Forschungsdesign durchgesetzt,
das mit Fotografien des menschlichen, posierten Ausdrucks arbeitet, die
unter Laborbedingungen hergestellt wurden. Besonders die Forschung von
Ekman und Friesen hat den Umgang der experimentellen Wissenschaften
mit fotografischen Bildverfahren im Labor der Psychologie nachhaltig
geprägt. Ihre Bildersammlung *Pictures of Facial Affect*, die aus einem Set
von 110 Fotografien bzw. Dias der sechs Basisemotionen besteht, ist mittlerweile in zahlreichen psychologischen und neurowissenschaftlichen
Studien der Emotionsforschung eingesetzt worden (Ekman und Friesen
1976; Leys 2017, 110) (vgl. Abb. 6).[4]

Ausgehend von der Beobachtung, dass anstelle lebendiger Gesichter Fotografien mimischer Posen in den Experimenten der Psychologie zur Untersuchung der Gefühle zum Einsatz kommen, soll im Folgenden die Genese
der Ausdrucksfotografien der Emotionsforschung untersucht werden. Die
erkenntnisleitende Fragestellung hierbei lautet: In welchem Verhältnis
stehen der Kontext der Laborforschung von Ekman und Friesen und die
Herstellung eines spezifischen Schema der Affekte?

Ekmans Laborversion des menschlichen Ausdrucks

Von den Forschungen von Ekman und Friesen haben insbesondere ihre
interkulturellen Studien aus den 1960er Jahren große Bekanntheit erlangt.
In diesen legten die beiden Psychologen den Mitgliedern der in Papua-
Neuguinea isoliert lebenden Fore Fotografien mit Großaufnahmen von
Gesichtern mit fazialen Ausdrucksposen vor. Die Ureinwohner*innen

4   Die Fotografien sind auf der Webseite der Paul Ekman Group erhältlich (Ekman 1993).

wurden gebeten, die Fotografien zu deuten. Bis auf den Unterschied zwischen Angst und Überraschung konnten die Einwohner*innen den Affektausdruck der Fotografien identifizieren. Zudem wurden sie aufgefordert, bestimmte Affektausdrücke zu posieren, die fotografisch aufgezeichnet wurden. Da der posierte Ausdruck der Testpersonen bereits vorhandenen Fotografien mit universalen Ausdrucksmustern entsprach, galt damit die Universalismusthese von Darwin mit quantitativen Methoden der empirischen Sozialforschung bestätigt (Ekman 1977, 104; Ekman 2000, 409, 420). Für ihre Feldforschung griffen die Psychologen auf Fotografien aus den Sammlungen verschiedener Ausdrucksforscher mit gestellten und ungestellten Bildern von Emotionsausdrücken zurück. Aus insgesamt 3.000 Fotografien von Harold Schlosberg, Nico Henri Frijda, Carroll Ellis Izard, Tapio Nummenmaa, Jean Frois-Wittmann, Silvan Tomkins sowie eigenen Fotografien wählten sie 30 Bilder mit vorrangig posiertem Ausdruck aus, die sie den Versuchspersonen zusammen mit einer Liste von Emotionsbegriffen zur Deutung vorlegten (Ekman 1971, 262; Ekman 2000, 421). Auch wenn sich die Mimikbilder im Experiment mit dem Volk der Fore als zuverlässig erwiesen hatten, so waren Ekman und Friesen mit der Gestaltung und dem Inhalt der Bilder langfristig nicht zufrieden: So schreibt Ekman in einem Brief an seinen Lehrer Silvan Tomkins:

> I [...] do believe, that there are many problems with the pictures. They sometimes show gestures or emblems, they play tricks to get at [sic!] emotions (Cal's [Carroll Ellis Izard] picture which uses a blur to convey fear) etc. the size, lighting, and detail varies, etc. Even your [Silvan Tomkins] pictures I believe have many difficulties, and are not as good as what can now be done. (Ekman 1976, 3)

Aus diesem Grund stellten die Psychologen eine eigene Sammlung mit Fotografien der posierten menschlichen Mimik her. Gemeint ist die Sammlung *Pictures of Facial Affects*, bestehend aus 110 Fotografien, die zunächst für die Forschung bestimmt sind und in reduzierter Version im populärwissenschaftlichen Handbuch *Unmasking the Face* (1975) zur Verfügung stehen.

Fotografien der posierten Mimik spielen also nicht nur in der interkulturellen Feldforschung, sondern auch im Labor der experimentellen Psychologie, die sich für die Klassifizierung fazialer Ausdrucksmuster und die biologischen und kulturellen Aspekte derselben interessiert, eine zentrale Rolle (Ekman, Ellsworth und Friesen 1972, 3). Das zeigt auch das Handbuch *Emotion in the Human Face: Guidelines for Research and an Integration of Finding* (1972), herausgegeben von Ekman, Friesen und

Phoebe Ellsworth. Neben den Forschungsrichtlinien gibt das Manual einen Überblick über die psychologische Fachliteratur, einschließlich der durchgeführten Experimente der Ausdrucksforschung von 1913 bis 1970. In diesem Zusammenhang wird auch der Einsatz verschiedener Bildmedien wie Film und Fotografien diskutiert, die das menschliche Gesicht ersetzen sollen, um grundlegenden Schwierigkeiten der Ausdrucksforschung zu begegnen. Gemeint sind die Flüchtigkeit, Komplexität und Mehrdeutigkeit des Ausdrucks, die als strukturelles Problem in der experimentellen Laborforschung betrachtet werden (ebd., 1–2, 44, 50): „[M]an's facial muscles are sufficiently complex to allow more than a thousand of different facial appearances; and the action of these muscles is so rapid, that these *could* all be shown in less than a few hours' a time." (ebd., 1)

Diese unwillkürlichen Anteile der Mimik stellen aber nicht nur für die empirische Emotionsforschung des 20. Jahrhunderts eine Herausforderung dar, sondern sind eine typische Schwierigkeit in all jenen Bereichen, die sich mit der Darstellung der Mimik im Bild befassen. Bereits die Porträtmaler der Renaissance sahen sich mit dem Problem der „Zwei- und Mehrdeutigkeit des Gesichtsausdrucks" (Weigel 2015, 75) konfrontiert. Insbesondere die Darstellung gegensätzlicher Affektausdrücke wie Weinen oder Lachen war ein Problem, insofern sich die abgebildete Mimik nur schwer von ihrem entgegengesetzten Ausdruck unterscheiden ließ.[5] Für dieses Problem hat die Kunst andere Darstellungsweisen und Ausdrucksformen als den mimischen Ausdruck entwickelt, um das Gefühlsleben der Porträtierten zur Anschauung zu bringen (ebd., 74). Auch Darwin hat in seiner Ausdrucksforschung auf ähnliche Unsicherheiten hinsichtlich der Eindeutigkeit des Ausdrucks aufmerksam gemacht, wenn er etwa im Kapitel über das Lachen die Verwechselbarkeit „zwischen dem von Tränen feuchten Gesichte einer Person nach einem Paroxysmus exzessiven Lachens und nach einem Anfalle bitteren Weinens" (Darwin 2000, 230) thematisiert. Der Blick zurück auf die Bemühungen der Renaissancekünstler und Darwins Bewusstsein für die Widersprüchlichkeit der Mimik erinnern daran, dass das Problem der Mehrdeutigkeit des Gesichtsausdrucks im Bild eine seit langem ungelöste Aufgabe ist. Im Labor von Ekman, Ellsworth und Friesen taucht sie als Störung des experimentellen Ablaufs auf, was der Logik naturwissenschaftlicher Forschung zufolge konzeptuell und empirisch zu bewältigen ist (Ekman, Ellsworth und Friesen 1972, 8). So unterscheiden die Psycholog*innen zwei verschiedene Kategorien der Mimik: faziale Expressionen, die präzise und gesicherte Informationen („accurate") über

---

5   Vgl. ausführlicher „Über den Gegensinn der Urworte der Ausdrucksgebärden"
     (Weigel 2015, 72–75) mit Bezug auf Alberti (2002, 133).

das emotionale Erleben geben, und solche, die uneindeutige oder sogar falsche Hinweise („incorrect") (ebd., 3) liefern. Indem sie für ihre Analyse nur jene mimischen Merkmale berücksichtigten, die vermeintlich eindeutige Informationen transportierten, entledigten sie sich jedoch der unwillkürlichen, vieldeutigen Ausdrucksmuster.

Neben der Mehrdeutigkeit des Ausdrucks sieht sich die psychologische Ausdrucksforschung mit einem weiteren Experimentalproblem konfrontiert. Dazu zählen unbeabsichtigte Gefühlsregungen jener Versuchspersonen, die Emotionen bzw. faziale Expressionen darstellen sollen:

> Some experiments have not used a permanent record, either motion or still, but instead have had the actor pose live in front of the audience of observers. There are a number of problems with this procedure. Replication with the same stimuli is not possible; control over the stimulus input to the observers is difficult; and at least one investigator noted that extraneous behaviors (e.g., blushing or refusing to pose ‚love') contributed to accuracy. (ebd., 50)

Einen Umgang mit diesem Risiko sehen die Psycholog*innen in der posierten Darstellung der Mimik und der Aufzeichnung derselben durch Film oder Fotografie. Mit der Verkopplung aus mimischer Pose und fotografischer Aufzeichnung wird das ephemere Mienenspiel damit in ein auf die Bedingungen der Laborforschung geeignetes Bild transformiert.

In dieser Vorgehensweise manifestiert sich ein Dilemma, das für die experimentelle Emotionsforschung charakteristisch ist. So ist der Ausdruck von Emotionen zwar Gegenstand der Untersuchung, zugleich verpflichten die wissenschaftlichen Richtlinien und das Ideal wissenschaftlicher Objektivität die Naturwissenschaften zu einer ‚neutralen', genauer gesagt ‚emotionsfreien' Forschungspraxis. Der Wissenschaftshistoriker Otniel Dror hat dieses Problem bereits in der physiologischen Emotionsforschung des 19. Jahrhunderts beobachtet und als „the paradox of the laboratory of emotions" (Dror 2001, 644) bezeichnet. Die Emotionsforschung, so Dror, verstoße mit ihrem Interesse für Emotionen gegen den Status des Labors als „emotion-free space", „a status that was existential for the very act of producing knowledge" (ebd.). Für Dror liegt der Konflikt in der doppelten Rolle der Emotionen als Forschungsobjekt wie auch als Aspekt kontrollierter Forschungspraxis. Dieser Konflikt betrifft auch das Forschungsvorhaben von Ekman und seinen Kolleg*innen. In ihrer Lösung des Dilemmas erhält das Kriterium exakter Forschung den Vorrang, wodurch letztlich der Gegenstand auf jene fazialen Erscheinungen eingegrenzt wird, die dem Regime der Experimentalforschung entsprechen.[6] Während die Komplexitätsreduktion im Labor von einigen Kritikern als notwendig bewertet wird, um die Experimentalforschung überhaupt erst möglich zu machen (Rheinberger und Hagner 1993, 20), so ist die experimentelle Psychologie dennoch durch einen grundlegenden Verlust jener Ausdrucksgebärden gekennzeichnet, die zufällig, spontan und aufgrund ihrer Unkontrollierbarkeit nicht ‚laborkompatibel' sind.

Während die Eliminierung unwillkürlicher Ausdrucksmodi aus dem Labor bei Ekman keine Debatte nach sich zieht, interessiert sich das Forschungsteam stattdessen für die Frage, welches Aufzeichnungsmedium, also Film oder Fotografie, geeignet sei. Tatsächlich wurden Filmaufnahmen vor allem zu Beginn der Forschung von Ekman und Friesen in den 1960er Jahren verwendet, die als wissenschaftliche Hilfsmittel zur ‚objektiven' Aufzeichnung somatischer Ausdrucksmuster betrachtet wurden und insbesondere in der Depressionsforschung zum Einsatz kamen (Ekman und Friesen 1969a). Im Kontext dieser Forschung entwarfen die Psychologen ein experimentelles Setting, in dem sie den Körperausdruck von 40 weiblichen Testpersonen in unterschiedlichen Stadien ihrer Behandlung während klinischer Interviews mit Videokameras aufzeichneten (ebd., 100). Dabei sahen sie sich jedoch mit dem Problem der Unterscheidung zwischen pathologischen und normalen Ausdrucksmustern konfrontiert. Zur Lösung orientierten sie sich an den Annahmen ihrer eigenen Affekttheorie und koppelten die Frage nach einem klassifizierbaren Unterschied zwischen Normalität und Pathologie an die Dichotomie zwischen unwillkürlichen und willkürlichen, ‚wahren' und ‚falschen' Ausdrucksmustern. In dieser Logik firmiert der willkürliche als pathologischer Ausdruck, der anhand des Filmmaterials von ‚unabhängigen' Beobachtern identifiziert werden sollte. Es galt, sogenannte „deception clues" (ebd., 88) als vermeintliche Anzeichen von Depressionen zu registrieren, die auf einen potentiellen Täuschungsvorgang der Testpersonen und damit auf eine psychische Störung hinweisen würden (ebd., 92).

So beschreiben die beiden Psychologen wie die Mimik einer Patientin, die von einem Beobachter anhand einer Filmaufnahme beurteilt wurde, den Eindruck eines „healthy, cooperative patient" (ebd., 101) hinterlassen

---

6   Die Experimentalforschung wird durch wissenschaftliche Standards und Regularien bestimmt, die auf eine kontrollierte Forschungsumgebung abzielen, was sowohl die zu untersuchenden Phänomene als auch die wissenschaftliche Tätigkeit selbst betrifft. Damit geht auch ein Machtgefälle einher, das sich in einem asymmetrischen Verhältnis zwischen den Testleiter*innen, welche den Forschungsablauf bestimmen, und den Proband*innen, welche implizit versuchen, den Erwartungen der Testleiter*innen zu entsprechen, äußert. Labore stellen also keine neutralen Räume dar, sondern zeugen von einer „authority of science" (Despret 2004, 84).

habe. Der restliche Körperausdruck hingegen gebe einen anderen Eindruck wieder: „In other research on this film we found many legs/feet movements which we consider to be flirtatious, autoerotic" (ebd.). Die Körperbewegungen der weiblichen Testperson deuteten die vorrangig männlichen Beobachter also als Flirtversuch und autoerotisches Verhalten. Mit dieser Perspektive stellen sie den weiblichen Körper vor allem als sexuellen Körper aus, während das beobachtete Verhalten der Teilnehmerinnen „appropriate to a woman much younger than the patient" (ebd.) sei. Damit interpretierten die Wissenschaftler das vermeintlich erotische Verhalten als Abweichung von einem angenommenen ‚normalen Sozialverhalten' und unterzogen es einer moralischen Bewertung. Das eigentlich zu Beginn beobachtete kooperative Verhalten der Teilnehmerin wird aufgrund einer beobachteten Uneinheitlichkeit des Gesamtkörperausdrucks als Täuschung und somit als Ausdruck einer Pathologie gefasst. Die Forschung der Psychologen ist damit von einem grundsätzlichen Widerspruch zwischen der Objektivitätsbehauptung ihrer Methoden in der Theorie und der Bezugnahme auf die subjektive Deutung der Filmbilder durch menschliche Beobachter*innen in der Forschungspraxis gekennzeichnet. Zugleich macht die Analyse der subjektiven Dimensionen des Forschungsprozesses die Kehrseite des objektiven Charakters filmischer Aufzeichnungsverfahren sichtbar. Zwar wird die Einführung filmischer Medien in der experimentellen Psychologie von dem Phantasma einer objektiven, betrachterunabhängigen Methode motiviert, tatsächlich zeigt jedoch das Beispiel, dass die Filmaufnahmen den Charakter einer Projektionsfläche angenommen haben. Sie sind zum Ort sozialer und kultureller Zuschreibungsprozesse einer männlichen Perspektive und moralischen Bewertung geworden.

Einige Jahre später betrachteten Ekman, Ellsworth und Friesen Filmaufnahmen der Mimik zwar immer noch als nützliches Instrument, denn die bewegten Filmbilder entsprechen der Dynamik fazialer Ausdrucksformen und scheinen geeignet, das Mienenspiel realitätsgetreu und optisch konsistent aufzuzeichnen (Ekman, Ellsworth und Friesen 1972, 49). Allerdings wurden nun auch die Nachteile der Filmnutzung stärker beachtet. Denn trotz der neu in die empirische Forschung eingeführten Videotechnik mit den technischen Möglichkeiten von Slow Motion, Repeat-Funktion und Zeitangabe (Ekman und Friesen 1969b) stellte die Filmnutzung die Laborforschung vor erhebliche Herausforderungen der Machbarkeit. Die Problematik bestand darin, dass die Filmbilder eine dem Ausdruck ähnliche Komplexität an Informationen liefern, deren Auswertung die zeitlichen und finanziellen Kapazitäten sprengten (Ekman, Ellsworth und Friesen 1972,

49). Im Unterschied zu Ekman, Ellsworth und Friesen favorisierten deshalb einige Psycholog*innen Fotografien des ‚spontanen' Ausdrucks. Insbesondere die Experimente von Carney Landis aus den 1920er Jahren sind bekannt dafür, Schnappschüsse der Mimik, die außerhalb des Laborkontexts aufgenommen wurden, einzusetzen, mit denen sie die Urteilsfähigkeit der Beobachter*innen testen wollten (Landis 1924; Landis 1929). Auch die Experimente von Norman L. Munn sind ein Beispiel für die Verwendung der Spontanfotografie. Munn nutzte in den 1940er Jahren Fotografien aus der Zeitschrift *Life* mit Aufnahmen spontaner Situationen aus dem Alltagskontext, die der Psychologe für die Laborforschung einsetzte (Munn 1940). Für Ekman, Ellsworth und Friesen jedoch erzeugen die Fotografien des ungestellten Ausdrucks in einem unkontrollierbaren Kontext außerhalb des Labors unlesbare Bilder einer mehrdeutigen Mimik, die als unbedeutende Fragmente der Wirklichkeit betrachtet, die Gesichtsbewegung in uncodierbare, „meaningless units" (Ekman, Ellsworth und Friesen 1972, 49) zerlegen.

Angesichts der forschungsökonomischen und epistemischen Herausforderungen des Films und der Spontanfotografie außerhalb des Labors entschieden sich Ekman, Ellsworth und Friesen für schwarz-weiß Fotografien der posierten Mimik. Für diesen Zweck instruierten sie Versuchspersonen, den fazialen Ausdruck in Szene zu setzen und für den Moment der fotografischen Aufzeichnung zu arretieren: „Nevertheless, the savings in cost and ease of use may justify the use of stills in studies of posed facial behavior, where the poser holds the pose for the camera" (ebd.). Die erkenntnistheoretischen Voraussetzungen, die diesem Vorgehen zur Ausdrucksdarstellung implizit sind, werden allerdings nicht einheitlich diskutiert bzw. ändern sich innerhalb von wenigen Jahren. So gehen die Psycholog*innen in dem wissenschaftlichen Handbuch *Emotion in the Human Face* (1972) noch unausgesprochen von einer natürlichen Begabung des Menschen aus, Emotionen im Gesicht zur posierten Darstellung zu bringen. Dies belegt eine Beschreibung, aus der hervorgeht, wie Ekman und seine Kolleg*innen die Testpersonen im Labor instruieren:

> We believe that when an investigator asks a subject to pose an emotion he implicitly requests that the person show an extreme, uncontrolled version of the emotion. When the investigator asks for a pose of anger the subject typically will imagine and try to show extreme anger, and will not attempt to deintensify, mask, or neutralize his facial appearance. (ebd., 106)

Hier wird deutlich, wie die Pose des Ausdrucks als universaler, natürlicher und unkontrollierter Affektausdruck begriffen wird, obwohl sie das

Ergebnis einer Anweisung unter den experimentellen Bedingungen der Laborforschung ist.

Diese Beschreibung unterscheidet sich von der Herstellung jener Ausdrucksfotografien, die nur wenige Jahre später in dem populärwissenschaftlichen Bilderatlas *Unmasking the Face* (1975) veröffentlicht wurden und die ebenfalls als universale Darstellungen der Mimik diskutiert werden. Der Bilderatlas, der als Handbuch zum Erlernen von fazialen Ausdrucksmustern für verschiedene Personengruppen entwickelt wurde, wird in der Medizin, Psychotherapie, im Personalmanagement und in der Kriminalistik eingesetzt. Das Buch erläutert die Funktionsweise und Bedeutung von Gefühlen und illustriert den sichtbaren Ausdruck mit fotografischen Affektbildern (Ekman und Friesen 2003, 3–4, 175–202). Tatsächlich ist der Bilderatlas, so Weigel, das Produkt einer schauspielerischen Darstellung der Mimik auf Grundlage historischer Wissensbestände in Kombination mit dem subjektiven Eingriff der Wissenschaftler*innen in den Herstellungsprozess der Bilder. So beruht die Herstellung der Fotografien nicht auf der Anweisung, Emotionen zur körperlichen Anschauung zu bringen, sondern auf einer mimischen Darbietung von Schauspieler*innen anhand einer Vorlage, die „eine Summe des naturwissenschaftlichen Wissens über Ausdrucksgebärden seit Darwin darstellt." (Weigel 2015, 92) Zu diesem Wissen zählt die Forschung über die Beteiligung der fazialen Anatomie am Gesichtsausdruck von Darwin, Duchenne de Boulogne, Hans Huber und Robert Plutchick. Die im Anschluss an diese Forschung erzeugten Bilder wurden mit Bezug auf die faziale Physiognomie in drei Partien unterteilt (Augenbrauen/Stirn; Augen; untere Gesichtshälfte), die in Fotomontagen wieder zusammengesetzt wurden (ebd., 94).

Während Ekman und seine Kolleg*innen somit noch zu Beginn der 1970er Jahre davon ausgingen, dass die Versuchspersonen intuitiv fähig sind, Emotionen in universalen Ausdrucksmustern in einer Pose zur Darstellung zu bringen, so stellt die mimische Darbietung einige Jahre später das Resultat einer Inszenierung dar, die, wie gerade gezeigt, auf Forschungen aus der Geschichte der Ausdruckskunde beruht. Trotz der widersprüchlichen Annahmen handelt es sich für die Psycholog*innen bei beiden Formen der mimischen Pose um eine vermeintlich universale, von kulturellen Dimensionen befreite Erscheinung des menschlichen Ausdrucks. Hintergrund ist, dass sich die Forscher*innen auf den ökonomischen Mehrwert der fotografischen Affektbilder der Pose – im Sinne einer vermeintlich eindeutigen Auswertung der Aufnahmen – berufen, womit die mimische Pose unter Inkaufnahme ihrer ungeklärten, widersprüchlichen Voraussetzungen in die Experimentalpraxis einzieht. Trotz massiver Kritik von Seiten anderer

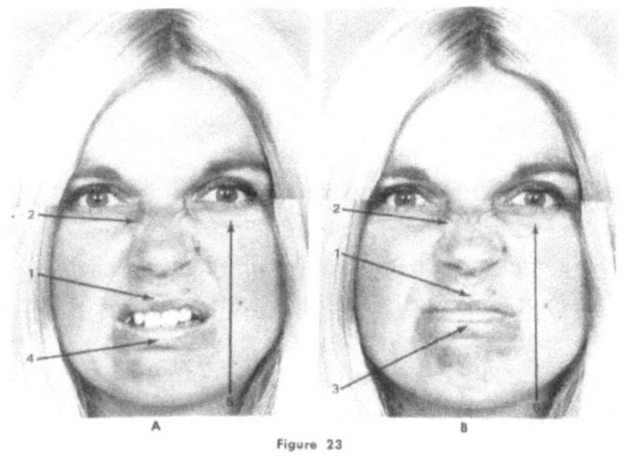

Abb. 7: Kompositfotografien für den Ausdruck Ekel (Ekman und Friesen 2003, 69), © Paul Ekman Group.

Kolleg*innen aus der Psychologie, welche die Inszenierung der Mimik als experimentelle Praktik ablehnen, wird die posierte Darstellung des Ausdrucks zum Kernelement von Ekmans Forschungspraxis.[7]

Der aktive Eingriff in die Forschungspraxis betrifft auch die ästhetische Gestaltung der Fotografien. Die Aufnahmen aus dem Handbuch *Unmasking the Face* (1975) von Ekman und Friesen stellen ein Beispiel dafür dar (Ekman und Friesen 2003, 1). Bei diesen Fotografien handelt es sich um sogenannte Kompositfotografien, d. h. aus mehreren Einzelbildern zusammengesetzte Fotomontagen. Die Psychologen zerlegten die Bilder von Gesichtsausdrücken in unterschiedliche Teile, um verschiedene Ausschnitte mimischer Ausdrücke miteinander zu kombinieren (ebd., 68–70) (vgl. Abb. 7). Kompositfotografien entspringen der modernen kriminalistischen Bildpraxis, in der sie in der zweiten Hälfte des 19. Jahrhunderts für erkennungsdienstliche Zwecke und zur Identifikation von Personen eingesetzt wurden (Richtmeyer 2014c, 398). Mit der Übernahme des kriminalistischen Bildes in die Psychologie wird nicht nur ein Bildformat, sondern auch das damit einhergehende Paradigma der Identifizierung übertragen. Die psychologischen Kompositbilder sind mit dem Zweck entworfen worden, den Unterschied zwischen ‚echten' und gestellten Emotionen anhand von Fotomontagen zu identifizieren. Die sichtbaren Schnitte der Montage verweisen zudem auf die Produktionstechniken der Affektbilder, die das Ergebnis einer Zusammensetzung heterogener Bilder und eines technischen Eingriffs

7   Vgl. zur Diskussion um die Pose in der empirischen Psychologie Ruth Leys (2010, 76).

in das Material sind (Stiegler 2009, 289). Zugleich sind die Fotografien mit Pfeilen und Einzeichnungen markiert, um den Blick der Betrachter*innen auf spezifische Bewegungsmuster zu lenken. Die Montage und die Markierungen zeugen von einer Bildpolitik, welche die Fotografien mit dem Gestus des Zeigens ausstatten. Obwohl die Bilder aus dem Atlas *Unmasking the Face* ihren konstruierten Charakter sichtbar ausstellen, wird die Objektivität der Fotografien nicht infrage gestellt. Dies hängt, so die These, von einem spezifischen Objektivitätsverständnis ab, das, wie nun gezeigt wird, dazu beigetragen hat, dass die eingreifende Praxis der Psychologen trotz ihrer fiktiven Elemente als objektive Forschung gewertet wurde.

Subjektivität und geschultes Urteil in der empirischen Psychologie

Die wissenschaftliche Praxis von Ekman in den 1960er Jahren wird von einer spezifischen, zeitgenössischen Vorstellung von Objektivität bestimmt, die für die Mitte des 20. Jahrhunderts charakteristisch ist. Laut Lorraine Daston und Peter Galison hat sich in dieser Zeit ein Objektivitätsparadigma durchgesetzt, das die Wissenschaftshistorikerin und der Wissenschaftshistoriker „geschultes Urteil" (Daston und Galison 2007, 327–383) nennen und von der sogenannten „mechanischen Objektivität" (ebd., 121–200) des 19. Jahrhunderts abgrenzen. Das Objektivitätskonzept des 19. Jahrhunderts war eng an die Herstellung und Nutzung mechanischer, sprachunabhängiger Bildverfahren – etwa der Fotografie in den Naturwissenschaften – gekoppelt (ebd., 327). Von der Fotografie versprachen sich die Naturwissenschaften die objektive Aufzeichnung des Untersuchungsobjekts unabhängig vom subjektiven Eingriff oder anderer interpretativer Elemente wie der sprachlichen Beschreibung (ebd., 121–200). Im Laufe des 20. Jahrhunderts wurde das Potenzial der Fotografie, die individuelle Erscheinung und Variantenvielfalt des Untersuchungsobjekts aufzuzeichnen und damit eine ‚realistische' Wirklichkeitswiedergabe zu erzeugen, in den exakten Wissenschaften zunehmend problematisiert (ebd., 327). Im Zentrum der Debatte um die Fotografie als objektives Instrumentarium der naturwissenschaftlichen Forschung stand das, was Friedrich Balke und Oliver Fahle die „Ambivalenz des Dokumentarischen" (Balke und Fahle 2014, 10–11) nennen. Gemeint ist das Changieren dokumentarischer Bilder zwischen „dem Versprechen auf […] eine authentische, evidente oder direkte Wirklichkeitswiedergabe auf der einen und einer oft nur schwer greifbaren Mitteilungs- oder Zeigeabsicht sowie den damit verbundenen Selektions-, Rahmungs- und Signiermechanismen" (ebd., 11) auf der anderen Seite.

Während die Naturwissenschaften Mitte des 20. Jahrhunderts einerseits große Hoffnungen in die ‚wirklichkeitsgetreue', ‚menschenunabhängige' Abbildung der Fotografie setzten, welche die Klassifizierung abgebildeter Phänome in normale und anormale Erscheinungen ermöglichen sollte, erzeugte der Realismus der Fotografie andererseits Abbilder individueller Untersuchungsobjekte. Damit machte der fotografische Realismus den Anspruch der Forschung zur Herausforderung.

Das Paradigma des ‚geschulten Urteils' entwickelte sich laut Daston und Galison als Reaktion auf die Auseinandersetzung mit dem Klassifizierungs-problem der Fotografie, die als ungewollten Nebeneffekt individuelle Abbildungen des dokumentierten Forschungsobjekts erzeugte (Daston und Galison 2007, 327). Vor dem Hintergrund dieser Problemlage galt es, die Darstellung der Forschungsobjekte nicht mehr dem mechanischen Vermögen der Fotografie zu überlassen. Stattdessen berief man sich auf die Urteilskraft und den gestaltenden Eingriff der Forscher*innen, die an der Herstellung der Bilder mitwirken sollten. Die Subjektivität, die einst als Störung der Objektivität bewertet wurde, wurde nun als Garantie verstanden, „aus den erhobenen Daten das Wesentliche und Interessante herauszufiltern und gleichzeitig alles Zufällige und Unnötige zum Verschwinden zu bringen." (Heintz und Huber 2001, 21) Damit rückte die menschliche Beobachtungsgabe ins Zentrum, die durch Schu-lungen an Universitäten mit dem Ziel gefördert wurde, Normen, Ähn-lichkeiten und Muster zu erkennen. Die ‚objektive' Darstellung sollte nicht allein den mechanischen Dimensionen der fotografischen Auf-zeichnungsverfahren überlassen, sondern gleichsam dem „erfahrenen und geübten Auge" (Daston und Galison 2007, 329) überantworten werden. Diese neue Strategie, welche die Erzeugung von Objektivität auf die Ebene der Betrachter*in verlagerte, wurde aber nicht nur auf das Bilderlesen, sondern auch auf das Bildermachen angewendet, so Daston und Galison. Die Forschung gestattete nun den expliziten Eingriff der Wissenschaftler*innen in die Herstellung und Gestaltung der Bilder, was eine „ausgewählte, geordnete und in gewissem Sinne auch ‚gestaltete' Wirklichkeit" (Heintz und Huber 2001, 20) hervorbrachte. Dazu zählen z. B. direkt ins Bild eingetragene Markierungen oder Zeichnungen (ebd., 21). Damit beabsichtigte man, einzelne Merkmale der aufgezeichneten Phänomene hervorzuheben, um die Klassifizierung der Forschungsgegen-stände zu ermöglichen (Daston und Galison 2007, 375). In dieser Weise wurde der mechanische und dokumentarische Charakter der Fotografie durch das modifizierte, interpretierte und mit verschiedenen Techniken kommentierte Bild ergänzt.

Die Aufwertung der menschlichen Wahrnehmung und Urteilskraft in der
exakten Forschung stand allerdings nicht nur in Zusammenhang mit den
vermeintlichen Defiziten der Fotografie, sondern auch mit den neuen
Herausforderungen durch die Erfindung des Computers (Heintz und Huber
2001, 21). Denn obwohl die Entwicklung neuer Informationstechnologien in
der zweiten Hälfte des 20. Jahrhunderts von Euphorie begleitet wurde, so
war die automatische Muster- und Gesichtserkennung doch noch gering
entwickelt. Im Zuge einer realistischen Betrachtung der Möglichkeiten
neuer Informationstechnologien schien das menschliche Vermögen, Regelmäßigkeiten und Muster in Bildern zu erkennen, den Computerfunktionen
überlegen zu sein. In Konsequenz dessen erfuhr die menschliche Wahrnehmung in der zeitgenössischen Experimentalforschung eine deutlich
positivere Betrachtung, womit auch der subjektive Eingriff der Wissenschaftler*innen in den Forschungsprozess weniger hinderlich, sondern
förderlich für den Erkenntnisprozess betrachtet wurde (ebd.). Mit der
Aufwertung menschlicher Fähigkeiten im Hinblick auf das Vermögen von
Computerprogrammen wurde der gestaltende Eingriff in die Forschungspraxis als notwendiger Bestandteil im Umgang mit der Komplexität der
Untersuchungsobjekte und der Herstellung wissenschaftlicher Objektivität
betrachtet.

Während Daston und Galison das Paradigma des interpretierten Bildes und
geschulten Urteils als wissenschaftliches Ideal der Naturwissenschaften
am Beispiel von Radiologie, Kernphysik, Medizin, Astronomie, Rassen-
kunde, Chirurgie und Psychodiagnostik diskutieren (Daston und Galison
2007, 327–383), so gilt ihre Analyse auch für die empirische Psychologie des
20. Jahrhunderts. Der Einzug von Ausdrucksbildern in das psychologische
Experimentallabor, an deren Herstellung die Wissenschaftler*innen
sowohl im Hinblick auf die Formierung des Forschungsgegenstandes
(Pose der Mimik) als auch in Bezug auf die Ästhetik der Bilder (Montage,
Markierungen) explizit beteiligt sind, ist ein anschauliches Beispiel dafür.

Die mimische Pose in der Laborpsychologie

Im Zuge der Neubewertung der menschlichen Intervention im Forschungsprozess und als Reaktion auf die Schwierigkeit, den spontanen Ausdruck
zu dokumentieren und zu klassifizieren, zieht Mitte des 20. Jahrhunderts
die Pose der Mimik im Verbund mit der Fotografie in das Labor von Ekman
und Friesen ein – nicht ohne eine bis heute andauernde Debatte nach
sich zu ziehen. Denn anders als Ekman erheben seine Kritiker*innen aus
der Psychologie ihre Stimme gegen die posierte Darbietung der Mimik als

unwissenschaftliche, nicht den Richtlinien der Laborforschung folgende Praktik. So begreifen Psychologen wie William A. Hunt und Carney Landis die Pose als „specialized, language-like set of conventions unrelated to real emotional behavior" (Ekman, Ellsworth und Friesen 1972, 105; Hunt 1941; Landis 1924). In Analogie zum Sprachparadigma fassen sie die Pose als ein auf Konventionen beruhendes, gesetztes Zeichensystem auf, das sich vom realistischen Ausdrucksverhalten unterscheide. Auch der Psychologe James A. Russel, der sich im Laufe der Jahre als vehementer Ekman-Kritiker hervorgetan hat, stellt Ekmans Universalismusthese infrage, da sie größtenteils auf Forschungen mit Fotografien der posierten Mimik basiert:[8] „The universality thesis is not, at least not directly about posed faces. Posed faces do not express the emotion of the poser, but what the poser chooses to pretend and in a manner likely to be understood by the observer." (Russel 1994, 114) Für Russel stellt die Pose keinen Ausdruck der Gefühle, sondern eine künstliche Darstellung dar, die Ausdruck der Antizipation der Decodierungsvorstellungen des Gegenübers ist. Die Pose sei das Resultat einer mehr oder weniger impliziten wechselseitigen Interaktion zwischen Schauspieler und Beobachter, die in der Pose zur körperlichen Anschauung komme (ebd.).

Anders als Hunt, Landis und Russel vertritt Ekman die Position, dass die Pose der Mimik ein Mittel zur performativen Hervorbringung des natürlichen, universalen Ausdrucks ist. Denn in seiner übertriebenen Darstellung werde der Ausdruck vermeintlich universal identifizierbar und decodierbar. Dennoch ist Ekmans Ansatz paradox, weil Natürlichkeit hier über künstliche Darstellungsmodi erzeugt wird. Ekman argumentiert, dass die Darstellung der Mimik in der Pose auf dem gleichen universalen Repertoire wie des ‚natürlichen', spontanen Ausdrucks beruhe. Zwar wendet der Psychologe ein, dass sich der gestellte vom spontanen Ausdruck in der Vielfalt der Ausdrucksmuster unterscheidet. Im Gegensatz zum spontanen Ausdruck sei die Pose der Mimik allerdings von kulturellen und maskierenden Dimensionen des Ausdrucks befreit, die charakteristisch für die soziale Interaktion sind (Ekman, Ellsworth und Friesen 1972, 106; Leys 2017, 96–97). Während die spontane Mimik in Abhängigkeit von der sozialen Interaktion evoziert und damit von kulturellen und sozialen Konventionen

---

8   Neben der Verwendung posierter Ausdrucksbilder kritisiert Russel Methoden wie das sogenannte Forced-Choice-Verfahren, Within-Subject-Design (eine Person absolviert nacheinander alle experimentellen Testläufe) oder das Fehlen kontextueller Informationen bei der Beurteilung der Bilder. Nach Ansicht von Russel lassen Ekmans Untersuchungen lediglich Schlussfolgerungen über die Kompetenz der Beurteiler*innen zu, prototypische Affektbilder im Labor zu analysieren, allerdings keine Beobachtungen über deren Fähigkeit in einer natürlichen Umgebung (Russel 1994).

verformt werde, stelle die Pose im Labor einen von kulturellen und sozialen Determinanten unabhängigen Ausdruck dar (Ekman, Ellsworth und Friesen 1972, 35, 106, 167; Leys 2010, 77). Angesichts dieser Argumentation will Ekman die Natürlichkeit und Authentizität der posierten Mimik als Effekt einer sozialen Isolation der Schauspieler*innen im Labor verstanden wissen, weshalb er die Pose auch als „an extreme, uncontrolled version of the emotion" (Ekman, Ellsworth und Friesen 1972, 106) bezeichnet. Vor diesem Hintergrund bringt Ruth Leys Ekmans Idee der Pose ironisch auf den Punkt: „In effect, Ekman weirdly claimed that *pose expressions in their very caricatural intensity are among the best examples we have of what we would look like if we were entirely alone.*" (Leys 2017, 97)

Die Kontroverse über Ekmans ‚Posenkonzept' in der experimentellen psychologischen Forschung wurde bereits von Leys ausführlich erörtert (ebd., 93–101). Als einer der wichtigsten Punkte dieser Diskussion ist festzuhalten, dass der Streit um die gestellte Mimik zwischen einer positiven Konnotation der Pose als Mittel zur Darstellung eines identifizierbaren Ausdrucks einerseits und einem negativen Verständnis andererseits verläuft, nach dem die mimische Pose als Verstellung des authentischen Ausdrucks begriffen wird. Auf die Gleichzeitigkeit von Zeigeabsicht und Verbergungseffekt der posierten Mimik in ihrer fotografischen Fixierung hat Hans Belting im Übrigen auch mit seinem Begriff des „Maskengesicht" (Belting 2013, 25) aufmerksam gemacht. Im Gegensatz zur künstlichen „Gesichtsmaske" (ebd.) beschreibt Belting mit diesem Begriff den Effekt der posierten Mimik, durch die Verstärkung spezifischer Gebärden oder die Anpassung der Mimik an kulturelle Codierungen ein maskenhaftes, d. h. ein „stabiles" Gesicht zu erzeugen, während andere faziale Merkmale dadurch verborgen werden: „Die Transformation des Gesichts zur Maske zwingt aber den Träger zur Reduktion des lebendigen ‚Mienenspiels', dessen Ausdruckswandel in der Maske zugunsten eines stabilen Ausdrucks unterdrückt wird." (Belting 2001, 37) So betrachtet ist die posierte Mimik durch eine „paradoxe Kontur" (Blümle 2014, 331) gekennzeichnet. Denn sie ist nicht nur Medium der Preisgabe und des Zeigens, sondern zugleich des Verhüllens und Verbergens (ebd.). Von einem ähnlichen Dualismus wird auch die Diskussion um die Pose in der Begriffsgeschichte begleitet. Hier stellt die Auseinandersetzung um Authentizität bzw. Künstlichkeit ein charakteristisches Motiv der Debatten um die Pose dar (Brandstetter, Brandl-Risi und Diekmann 2012, 12). Zwar gehe der Begriff der Pose auf den lateinischen Begriff der ‚Pause' und damit auf eine neutrale Bedeutung der Pose als Innehalten einer Bewegungssequenz zurück (ebd., 8). In anderen Kontexten wird die Pose jedoch einer Bewertung unterzogen. Die Pose sei, „gemäß der lexikalischen Definition eine bewusst eingenommene Stellung bzw. Haltung des Körpers, die – zumindest, wenn sie im Alltag in Erscheinung tritt – mit dem wertenden Attribut des ‚Gekünstelten‘, ‚Gezierten‘ verbunden wird." (Holschbach 2006, 41)

Das Dilemma der posierten Mimik, das in den Experimenten der Psychologie und in der theoretischen Auseinandersetzung mit der Maske zutage tritt, korrespondiert zugleich mit den Auseinandersetzungen um die Pose der Porträtierten in der Atelierfotografie in der zweiten Hälfte des 19. Jahrhunderts. Hier machten die langen Belichtungszeiten der mechanischen Aufzeichnungsapparaturen die Arretierung des Körpers für die Kamera unvermeidbar und lösten eine kritische Diskussion um die Inszenierung des Ausdrucks aus (ebd., 24). Die Theatralität der Atelierräume wie „drapierte Vorhänge, auswechselbare Prospekte, Attrappen und Inszenierungsformen" (ebd., 23) sowie die ästhetischen Anleihen bei der Porträtmalerei führten zu einem kritischen Porträtdiskurs, „der das Moment der Inszenierung eher als Ver-Stellung denn als Dar-Stellung der porträtierten Person" (ebd., 22) auffasste. Im Zentrum der historischen Debatte steht die Kritik, dass die Fotografie mit der Stillstellung des bewegten Lebens in der posierten Darstellung die Aufgabe des Porträts verfehlt, „das geistige Leben zum Ausdruck zu bringen." (ebd., 24) Die Posierung von Mimik und Körper wird hier nur solange akzeptiert, wie sie die Ähnlichkeit des Porträts mit den Porträtierten garantiert, ohne die Schwelle zur Theatralität zu überschreiten. Die Entscheidung darüber, ob die Pose noch natürlich oder schon ‚Theater‘ ist, liege dabei in den Augen der Fotograf*innen, die über „die Pose, die Lichtsetzung, die Kadrierung" (ebd., 32) bestimmen.

Eine ähnliche Rolle spielte die Inszenierung des Ausdrucks in der französischen Psychiatrie *Hôpital de la Salpêtrière* in Paris in den 1870er Jahren. Der Leiter der Salpêtrière, der französische Arzt Jean-Martin Charcot, betrachtete die Fotografie als experimentelles, museales und pädagogisches Verfahren zur Erforschung körperlicher Ausdrucksformen der Hysterie (Didi-Huberman 1997, 40), dessen Einführung in die französische Anstalt heute als „Urszene einer neuen Form der Sichtbarkeit in der Neurologie und Psychiatrie" (Holl 2006, 226) gesehen wird. Ähnlich wie andere Psychiater seiner Zeit sah sich Charcot mit einer „nosologischen Notlage" konfrontiert „was die *sichtbaren Zeichen* dieser oder jener Geisteskrankheit" (Didi-Huberman 1997, 54) anging. Im Zusammenspiel mit den fotografischen Verfahren verleitete die schwer zu lösende Frage nach dem sichtbaren Ausdruck von Geisteskrankheiten die Psychiater des 19. Jahrhunderts dazu, so George Didi-Huberman in seinem Buch *Die Erfindung der Hysterie* (1997), die „Verrückten ein wenig *posieren* zu lassen" (ebd.). Dazu nutzte Charcot die Technik der Hypnose und der Suggestion um, ähnlich wie Duchenne de Boulognes Methode der elektrischen Stimulierung der Muskeln, spezifische Ausdrucksmuster künstlich zu inszenieren und sie als hysterische Symptome zu klassifizieren (Foucault 2015, 452). So brachten die Patientinnen die vermeintlich hysterischen Ausdrucksformen in „plastischen Posen" (Didi-Huberman 1997, 131) und „expressive[n] Statue[n]" (Charcot 1886–1893) zur Stillstellung, womit das Krankheitsbild der Fotografie dienstbar wurde. Die aufwendige Inszenierung der Krankheit in den Vorlesungssälen der Salpêtrière unter dem Blickregime der Ärzte, Fotografen und des Publikums machte dabei vor der Kleidung der Patientinnen nicht Halt, die teilweise „Hüte mit sehr langen Federn trugen, so dass man an deren Zittern die spezifischen Merkmale des jeweiligen Tremors noch in den hinteren Reihen des Vorlesungssaals unterscheiden konnte" (Holl 2006, 224). Körperausdruck und Kostüme bildeten dabei ein grundlegendes „Element der medizinischen Indienstnahme visueller Bildgebungstechniken" (ebd., 223), die aufgrund der langen Belichtungszeiten fotografischer Verfahren auf die ausdrucksstarke Pose und die sichtbaren Zeichen der Hysterie angewiesen waren. Damit war die Fotografie an der Organisation der sichtbaren Erscheinung neurologischer Krankheiten in der Salpêtrière beteiligt (ebd., 225).

Der Zurschaustellung der Hysterie in ausdrucksstarken Posen für Fotografie und Publikum ging eine symbiotische Beziehung zwischen Arzt und Patientinnen voraus, die den Blick der Psychiater soweit antizipiert hatten, dass sie die von ihnen implizit erwarteten idealtypischen Posen für die Ärzte in Szene setzen. Im Austausch der Blicke hat sich laut Didi-Huberman das vom Arzt imaginierte Bild der Krankheit, das selbst wiederum durch die Ikonografie der Kunstgeschichte geprägt ist, auf die Patientinnen übertragen (Didi-Huberman 1997, 14). Motiviert durch die Hoffnung, den ärztlichen Erwartungen und Wünschen gerecht zu werden, brachten die Frauen die ärztlichen Vorstellungen von Hysterie zur körperlichen Anschauung. Die experimentelle Methode Charcots bezog sich auf das empathische und schauspielerische Talent der Internierten sowie das Wissen der Kunstgeschichte, um die vermeintliche Krankheit in einer unbeweglichen Haltung vor Publikum zur Darstellung zu bringen und fotografisch zu fixieren (ebd., 17). Die schauspielerische Darbietung stellt sich dabei als Akt der Inszenierung dar, was die Kliniken in „mediale[] Theater" (Holl 2006, 2019, 223) transformierte.[9] Auch hier löste die inszenierte Fotografie eine

9   Die Verbindung von Klinik und Theater stellt ein wiederkehrendes Motiv in der
     Geschichte der Psychiatrie dar. Theatrale Aspekte in der Psychiatrie äußern sich in
     der Inszenierung von Krankheitszuständen oder den Raumordnungen von Hörsälen,

Auseinandersetzung um einen „angemeßenen" oder „ehrlich[en]" (Charcot 1886-1893) Ausdruck aus, wobei die posierte Darstellung von Charcot selbst nicht als künstlicher Akt der Inszenierung bewertet wurde. Diese Annahme lässt sich zum einen auf den Diskurs der Empfindsamkeit im ausgehenden 19. Jahrhundert zurückführen. Hier wurde dem körperlichen Ausdruck im Gegensatz zur sprachlichen Aussage ein grundsätzlicher Wahrheitsgehalt unterstellt: „Jedermann lügt, doch üblicherweise ist es eines jeden Körper, der die Wahrheit verrät, der sie ‚einklagt', an der Nasenspitze, am Erröten der Wangen." (Didi-Huberman 1997, 88) Zugleich unterlag die Unterscheidung zwischen Wahrheit und Lüge und die Entlarvung der schauspielerischen Darstellung als künstliche Inszenierung der Urteilskraft des Arztes, der entschied, ob es sich um „Maskerade" oder um ein „‚echte[s]' organische[s] Symptom[]" (ebd.) handelt. In den Vorstellungen der Ärzte war Authentizität an das Kriterium der Deutlichkeit, der Dynamik und der Ganzheitlichkeit des Ausdrucks gekoppelt. Die Art und Weise, wie nicht nur das Gesicht, sondern „der ganze Körper in gewisser Weise spontan in Aktion geriet und durch die Geste den Gesichtsausdruck vervollständigte" (ebd.), wurde von den Ärzten als Beweis eines unverstellten Ausdrucks gedeutet.

Diese Medienkonstellationen machen deutlich, dass die hier besprochenen Ausdrucksfotografien auf die Stillstellung der Mimik angewiesen sind und damit unweigerlich verschiedenen Posen zeigen. Während die Interpretation der Körperhaltung in der Atelierfotografie dem Fotografen überlassen wird und in der französischen Psychiatrie auf der Antizipation der Vorstellungen des Arztes durch die Patientinnen beruht, so ist die Pose in der Laborforschung von Ekman und Friesen das Resultat einer direkten Anweisung der Testleiter. Erinnert sei hier an die Instruktion an die Versuchspersonen, ‚to pose an emotion', oder den fazialen Ausdruck anhand von Beschreibungen der Muskelbewegung, die auf der historischen Ausdruckskunde beruhen, in Szene zu setzen. Neben der individuell erzeugten Pose und der auf Anweisungen bzw. historischem Ausdruckswissen beruhenden intendierten Pose existiert allerdings noch eine dritte Form, und zwar die ‚unbewusste' Pose. So wurde an anderer Stelle bemerkt, dass allein die bloße Präsenz der Kamera im Alltag, Atelier oder im Labor ein unbeabsichtigtes „In-Stellung-Gehen vor der Kamera und für das Bild" (Brandstetter, Brandl-Risi und Diekmann 2012, 13) erzeuge. Von einem ähnlichen Phänomen spricht auch Roland Barthes in seinem Fotoessay *Die Helle Kammer* (1989), wenn er bemerkt, dass „[s]obald ich

die ähnlich wie im Theater aus einer Bühne und einem Theaterraum bestehend zum Ort für klinische Demonstrationen wurden (Herrn und Friedland 2014, 311).

nun das Objektiv auf mich gerichtet fühle, ist alles anders: ich nehme
eine ‚posierende' Haltung ein, schaffe mir auf der Stelle einen anderen
Körper, verwandle mich bereits im voraus zum Bild." (ebd., 19) Für Barthes
provoziert die bloße Gegenwart der Kamera eine posierte Haltung, die
eine „Umformung" (ebd.) des Körpers und eine Neukonstitution des Subjekts bewirkt. Seiner Ansicht nach beruht diese Transformation auf einer
vierfachen Imaginationsleistung: „Vor dem Objektiv bin ich zugleich der, für
den ich mich halte, der, für den ich gehalten werden möchte, der, für den
der Photograph mich hält, und der, dessen er sich bedient, um sein Können
vorzuzeigen." (ebd., 22) Folgt man dem Philosophen und Literaturkritiker,
so löst die Präsenz der Kamera einen mehr oder weniger bewussten
Prozess der Nachahmung aus, der auf Vorstellungen des Selbst oder der
Antizipation des Blickes von außen beruht, die zum Maßstab für die eigene
Haltung werden. In der daraus entstandenen Fotografie sind allerdings die
Voraussetzungen, die an der Entstehung der statischen Haltung beteiligt
sind, nicht mehr erkennbar. Gemeint ist das vielfältige Zusammenspiel von
mehr oder weniger bewussten Übernahmen kultureller Vorstellungen, anti-
zipierten Erwartungshaltungen und anderen Imaginationsleistungen.

Während in der Atelierfotografie und in der experimentellen Entwicklung
der *Pictures of Facial Affect* der gestellte Ausdruck verschiedene Vorstellungen des Subjekts mit dem Medium der Fotografie verknüpft, so
beruht der posierte Ausdruck, welcher der Herstellung der Fotografien aus
dem Manual *Unmasking the Face* vorausgeht, auf der Ausdrucksforschung
von Duchenne de Boulogne, Darwin und anderen. In der gegenwärtigen
experimentellen Forschung sind diese historischen Voraussetzungen
jedoch vergessen, während die spezifische Pose, die historische Ausdrucksforschung wiederholt, als Original behandelt wird. Zugleich steht infrage,
ob es sich bei der Pose in der empirischen Psychologie tatsächlich um eine
eindeutig identifizierbare Mimik handelt, wie Ekman behauptet. Denn die
Deutung von Mimikbildern unterschiedlicher Art hängt immer auch von
ihrer situativen Einbettung ab. Gezeigt haben dies die Filmtheoretiker und
Filmemacher Lew Kuleschow und Sergeij Eisenstein der 1920er und 1930er
Jahre mit ihrem berühmten ‚Kuleschow-Effekt'. Beide interessierten sich für
die affektive Wirkung des Films, die sie mittels der Montage der Filmbilder
erzeugen wollten. In ihren Montageexperimenten kombinierten sie Bilder
der ‚neutralen' Mimik mit Aufnahmen verschiedener Motive. Mal wurde
der ‚neutrale' Ausdruck eines Schauspielers etwa in Kombination mit einer
Kinderleiche in einem Sarg oder mit einem Suppenteller kontrastiert. Je
nachdem mit welchem Motiv das ‚neutrale' Gesicht zusammengeschnitten
wurde, wurde der Ausdruck anders emotional interpretiert. Mit dem

Experiment galt es zu zeigen, dass die Wahrnehmung eines Gesichtsausdrucks nicht nur von der Darstellungsleistung der Schauspieler*innen,
sondern auch von der Wahrnehmung im Kontext abhängig ist (Levaco 1974).

Neben der Behandlung des künstlich inszenierten Ausdrucks als einem
originären Mienenspiel und dem Phantasma einer eindeutig identifizierbaren Mimik in der Pose, ist die empirische Emotionspsychologie von
weiteren erkenntnistheoretischen blinden Flecken bestimmt, die aus dem
Einsatz fotografischer Medien resultieren. Zwar begreifen Ekman und
Friesen die Fotografie als objektive Forschungsmethode, der eine zentrale
Rolle im Erkenntnisprozess zugeschrieben wird. Dabei vergessen sie jedoch
die nicht intendierten medialen Effekte der Fotografie, die Einfluss auf die
Beurteilung des Forschungsobjektes haben.

Unbeabsichtigte Erregungsrequisiten

Einen bisher nicht beachteten Aspekt in der Forschung zu Ekmans Bild-
gebrauch stellt die Entscheidung für die Schwarz-Weiß-Fotografie dar,
die Ekman und sein Kollege anstelle der Farbfotografie favorisieren. Der
Blick auf die Schwarz-Weiß-Ästhetik der Bilder ist insofern relevant, als
den Grauwerten der Fotografie ein eigener Erkenntniswert zugeschrieben
wird. Insbesondere in der Architektur-, Kunst- und Kriegsfotografie kommt
dem Schwarz-Weiß ein epistemischer Mehrwert zu, wie er in dem Band
Schwarz-Weiß als Evidenz (2015) thematisiert wurde (Wagner und Lethen
2015). Auch wenn sich Ekman und Friesen nicht zu ihrer Entscheidung für
den Ausschluss der Farbe aus ihrem Bildmaterial äußern, so gibt es doch
einen einschlägigen zeitgenössischen Kontext für den Umgang mit farbigen
Abbildungen im Labor, wozu der zu jener Zeit aktuelle Diskurs der Farbenpsychologie zählt. In seinem Werk *Licht und Farbe. Ordnung und Funktion
der Farbwelt* (1961) diskutiert Eckart Heimendahl verschiedene wissenschaftliche Farbtheorien und die Frage nach einer objektivierbaren Form
der Farbe im Labor (Heimendahl 1961, 162). Für Heimendahl lässt sich die
Wirkung von Farbe auf die Betrachter*innen nicht verallgemeinern und
objektivieren, insofern sie abhängig ist vom Wechselspiel zwischen far-
bigem Objekt und den Beobachter*innen. Für ihn sind die Effekte, die Farbe
auf die Betrachter*innen hat, das Ergebnis einer subjektiven Disposition,
womit er die Objektivierbarkeit von Farbe in Abrede stellt. So schreibt
Heimendahl: „Weder die faktische Abstraktion der Farbe *vom* Gegenstand,
noch ihre Unterordnung *zum* [sic!] Gegenstand führt uns zum Wesen
der Farbe. Sondern nur die Wahrnehmung in der lebendigen *Spannung*
zwischen unserem und ihrem Dasein." (ebd., 165)

Maßgebend für diese Aussage ist die wahrnehmungsphysiologische Forschung des Psychologen Gustav Johannes von Allesch, der mit einer großangelegten Studie erheblichen Einfluss auf die Farbenpsychologie hatte (Allesch 1925, 176). Allesch untersuchte in den ersten Jahrzehnten des 20. Jahrhunderts die gefühlsmäßige Beurteilung von Farbe und kam zu der Auffassung, dass die affektive, unkontrollierbare Wirkung von Farbe abhängig sei vom Wechselspiel zwischen Objekt und Betrachter*in. Für den Psychologen ist Farbe ein „Wesen mit Ausdruck und Lebendigkeit" (Allesch 1925, 46), das er mit „höchsten Emotionswerten" (Wagner 2015, 143) ausstattet. Im Kontext wissenschaftlich objektiver Forschung wurde die Farbe damit jedoch als Störung für ein verbindliches, objektivierbares Urteil begriffen. Aufgrund der Annahme der unkontrollierbaren Wirkmächtigkeit der Farbe wurde sie im Labor tendenziell „als subjektive, veränderliche und daher für die Wissenschaft untaugliche Größe" (ebd., 133) verstanden. Diese Auffassung scheint auch in der empirischen Emotionsforschung von Ekman und Friesen präsent zu sein, die sich aus der Entscheidung gegen farbige Fotografien ablesen lässt.

Doch auch unter Berücksichtigung solcher Überlegungen ist die Entscheidung für das Schwarz-Weiß nicht nur als Versuch zu werten, die subjektive, gefühlsmäßige Wirkung der Farbe zu eliminieren. Schwarz-Weiß-Fotografien werden in anderen Kontexten im Gegensatz zum farbigen Bild spezifische erkenntnisfördernde Effekte zugeschrieben. Der Erkenntniswert der Schwarz-Weiß-Fotografie liege in ihrem Potential, anstelle der Materialität der Gegenstände die Formen und Muster der aufgezeichneten Objekte in den Vordergrund zu rücken (ebd., 140–144). Während Farbfotografien den Blick auf die materiellen Oberflächen der Gegenstände lenken, erzeuge das Schwarz-Weiß eine „optische Homogenisierung der Farben wie der Materialien durch ihre Übersetzung in Grauwerte" (ebd., 142). Im Gegensatz zur Farbfotografie sei das Schwarz-Weiß dafür prädestiniert, „lineare Muster und geometrische *patterns* hervorzuheben" (Haus 2015, 174) und im Fall von Bilderserien die Form der Bildelemente in einen strukturellen Vergleich zu bringen. In diesem Licht korrespondiert der epistemische Mehrwert der Schwarz-Weiß-Fotografie mit dem Vorhaben von Ekman und Friesen, Muster und Strukturen der fazialen Bewegung im Gegensatz zur Oberflächentextur des Gesichts zu fokussieren.

Trotz der Annahme, dass sich mit Schwarz-Weiß-Fotografien ein kontrolliertes, von potentiellen Irritationen für die Identifizierung befreites Bild der Mimik herstellen lasse, erzeugt das Schwarz-Weiß der Bilder einen von den Psychologen nicht kalkulierten Nebeneffekt. Die Vergessenheit für spezifische Bildeffekte betrifft insbesondere das Distanzpotential des Schwarz-Weiß, durch das die Betrachter*innen nicht nur emotional, sondern auch zeitlich auf Abstand zum Gegenstand gehalten werden. Helmut Lethen weist in Bezug auf die Kriegsfotografie des Ersten Weltkrieges auf die Immersionseffekte der Farbfotografie und das Distanzierungsmoment des Schwarz-Weiß hin: „Fotografierte Körper in Farbe ermöglichen engere Tuchfühlung, lassen die Vermittlung durch den technischen Apparat leichter vergessen. […] Schwarz-Weiß verbürgt Zeugenschaft und entlastet durch Distanz." (Lethen 2015, 14) Und auch Peter Geimer untersucht in Bezug auf Fotografien und Filmaufnahmen aus der Zeit der beiden Weltkriege das Schwarz-Weiß als Distanzierungsphänomen (Geimer 2015, 249). Die Schwarz-Weiß-Fotografie gehöre im Gegensatz zur Farbfotografie dem „Imaginationsraum des Historischen" (ebd., 246) an, so Geimer. Das Schwarz-Weiß baue mit seinem distanzierenden Effekt zwischen Betrachter*in und Bild einen zeitlichen Abstand auf und verleihe den Bildern eine „historische Aura" (ebd., 247). In ähnlicher Weise erzeugt auch das Schwarz-Weiß der *Pictures of Facial Affect* nicht nur einen emotionalen Abstand, der dem Objektivitätsanspruch der Laborforschung nach einer kontrollierbaren affektiven Wirkung der Bilder entgegenkommt. Die Fotografien, die auch heute noch in den Experimenten der Psychologie genutzt werden, erscheinen als Zeugen ihrer Entstehungszeit, als Quellen einer historischen Ausdruckskunde, was gleichsam die vermeintlich objektive und ahistorische Qualität der Fotografien irritiert.

Die Psychologen vernachlässigen jedoch nicht nur die unbeabsichtigte Wirkung des Schwarz-Weiß, sondern auch die mit der dokumentarischen Qualität der Fotografie einhergehenden Effekte. In der Entscheidung für fotografische Affektbilder bleibt unreflektiert, dass es sich bei der Fotografie um ein mechanisches Bildmedium mit einem mimetischen Wirklichkeitsbezug handelt, das nicht unterscheidet in aufzeichnungswürdige und nicht aufzeichnungswürdige Gegenstände. Dokumentarische Medien wie die Fotografie sind empfänglich auch für jene Gegenstände, die sich der bewussten Kontrolle entziehen, und die damit, in einem spezifischen Kontext, den eigentlichen Zweck der Bilder unterlaufen oder irritieren können (Balke und Fahle 2014, 12). Der Fotografie ist also nicht nur ein Wirklichkeitsbezug eigen, der sich unter bestimmten Bedingungen und mit verschiedenen Praktiken zur Beglaubigung und Bezeugung einer spezifischen Wahrheit einsetzen lässt. Sondern dieser Wirklichkeitsbezug kann sich auch in sein Gegenteil verkehren und zwar wenn mit der Aufzeichnung unbeabsichtigter Gegenstände das mit der fotografischen Aufnahme verfolgte Argument unterlaufen wird. Ein solches „ästhetische[s] Irritationspotential[]" (ebd.) dokumentarischer Medien wie der Fotografie

ist auch Ekmans Ausdrucksbildern eigen. Denn die fotografischen Mimikbilder sind zwar das Ergebnis einer aufwendigen Planung mit dem Ziel, ein
spezifisches Bild der Affekte als Vorlage zur Schulung des menschlichen
Blicks herzustellen, doch enthalten die Fotografien auch unintendierte
Elemente jenseits der expliziten Bildgestaltung, die als unbeabsichtigte
Erregungsrequisiten wirken. So stechen in der fotografischen Bildersammlung *Pictures of Facial Affect* neben der übertriebenen Mimik die Haare
und Frisuren der Fotografierten ins Auge. Der Blick auf die nachlässig
behandelte Haartracht ist deshalb relevant, weil sie, ähnlich der Mimik, ein
mächtiges Zeichensystem darstellt: „Haare sind psychische Antennen, sie
wurzeln unter der Kopfhaut und reichen als soziokulturell determinierte
Zeichen weit in die Gesellschaft hinein." (Könneker 1998, 22) Nicht nur das
Gesicht, sondern auch die Haare werden in unterschiedlichen Kontexten als
Ausdruckssystem begriffen. Dabei kommt den Haaren eine „unentwirrbare
Zwischenstellung" (Janecke 2004, 7) zu, denn sie sind sowohl körperliches
Element als auch Ergebnis kultureller Überformung (ebd., 17). Vor diesem
Hintergrund können Haare einerseits auf Gefühlslagen und Körper-
zustände verweisen, während sie andererseits in Frisuren gebändigt eng
an kulturelle Wertesysteme sowie Geschlechter- und Körperbilder einer
Epoche gebunden sind (Tiedemann 2007, 15).

In den Ausdrucksfotografien von Ekman und Friesen erzeugen die Frisuren
der Schauspieler*innen eine besondere Spannung. Wurden die Fotografien
als wertneutrale Bilder konzipiert, so äußern sich in den Frisuren der
Porträtierten bestimmte zeitgebundene Vorstellungen einer modischen
Haartracht. Die Schmalztolle der Männer, die in den 1950er und 70er
Jahren ihren Höhepunkt erreichte, oder der Mittelscheitel der Frauen,
charakteristisch für die 1970er Jahre, deuten darauf hin. Mit der Haarmode
tragen die Fotografien einen historischen Index, der die Bilder in einem
bestimmten Zeitraum verortet und auch die Wahrnehmung des fazialen
Ausdrucks betrifft. Denn Frisuren bzw. Haare sind nicht unabhängig vom
Gesicht zu betrachten. Sie „rahmen und schmücken das Gesicht, sind in
diesem Sinne qualifizierendes Beiwerk des Antlitzes." (Janecke 2004, 29)
Dabei erinnern die Frisuren der Fotografierten – ähnlich wie das Schwarz-
Weiß des Bildes – die Betrachter*innen an eine vergangene Zeit, welche die
Vorstellung des Affektausdrucks als historisch und kulturell unabhängige
Universalie ins Wanken bringt.

Neben der Bedeutung der Frisuren für die Wahrnehmung von Ekmans
Ausdrucksfotografien manifestiert sich insbesondere im Affektbild ‚Trauer'
aus der Sammlung *Pictures of Facial Affect* ein charakteristischer Effekt
fotografischer Medien (vgl. Abb. 8). Hierbei geht es um das Vermögen der

Fotografie, Bildwelten jenseits von Bewusstsein und Intention des Fotografen aufzuzeichnen. Für diese Eigenschaft der Fotografie hat Walter Benjamin in seinem Aufsatz *Kleine Geschichte der Photographie* (1931) in Anlehnung an die Psychoanalyse von Freud die Kategorie des „Optisch-Unbewußten" (Benjamin 1977, 371) eingeführt. Benjamin beschreibt mit diesem Begriff das Potential der Fotografie, minimale Spuren, Details oder wie er es nennt das „winzige Fünkchen Zufall" (ebd.) aufzuzeichnen, die sich der intendierten Aufzeichnung entziehen und die insbesondere in der fotografischen Vergrößerung sichtbar werden. So hat sich auch in eines der Ausdrucksbilder ein Detail eingeschlichen, das den Psychologen bei der Herstellung der Bilder vermutlich entgangen ist, das aber in den Bildern ein visuelles Nachleben führt. Es handelt sich hierbei um das ungeordnete, sich kräuselnde Haupthaar der Fotografierten aus der Ausdrucksfotografie ‚Trauer'. Während die Mimik und die Frisuren der anderen Porträtierten das Ergebnis des planenden Eingriffs des Fotografen sind, so scheint sich das gekräuselte Haar dem ordnenden Zugriff des Fotografen entzogen zu haben. Bemerkenswert ist dabei, dass das in Unordnung geratene Haar in anderen Zusammenhängen zur Projektionsfläche geworden ist. In der Ausdrucksforschung von Darwin wird das „Aufrichten der Haare" (Darwin 2000, 332) beispielsweise als Zeichen von Furcht interpretiert. Im Kontext der Psychiatrie des 19. Jahrhunderts hingegen ist „das borstige[] Sträuben des Haares" (ebd.) – so referiert es Darwin am Beispiel der Beobachtungen des englischen Psychiaters James Crichton-Browne – ein Zeichen für Tobsucht und Geisteskrankheit. Und mit Bezug auf den Psychiater John Charles Bucknill schreibt Darwin: „Dr. Bucknill sagt, daß ein Wahnsinniger ‚wahnsinnig bis in die Fingerspitzen ist'; er hätte noch hinzufügen können: und häufig bis in die Spitze jedes einzelnen Haares." (ebd., 333) Schließlich gehört das ‚gesträubte Haar' auch einem Arsenal an Darstellungsformen an, die Affekte wie Schrecken oder Trauer zum Ausdruck bringen. Bereits in den antiken Trauerritualen, in denen man in Totenfeiern und Klageliedern den Schmerz nach außen kommunizierte, hatte das aktive Haareraufen als Ausdruck der Trauer eine zentrale Bedeutung (Künzel 2004, 125).

Nun lässt sich nachträglich nicht klären, ob die in Unordnung geratenen Haare zur Bildgestaltung von Ekman und Friesen gehören oder nicht. Fest steht jedoch, dass das Ausdruckskonzept der Psychologen die Ausdruckshaftigkeit des Haares nicht berücksichtigt. Während ihr Klassifikationssystem mit einem kulturell codierten Zeichensystem operiert, das mimische Ausdrucksartikulationen fixiert, unterläuft die Fotografie die gegebene Codierung, indem sie im Sinne des Optisch-Unbewußten „Zugang zu einer Bedeutung jenseits von Bewußtsein oder Absicht" (Weigel 2004,

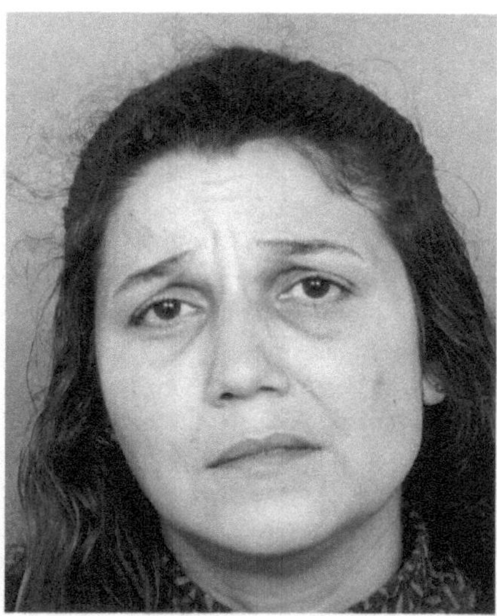

Abb. 8: Ausdrucksfotografie der Basisemotion ‚Trauer' aus der Bildersammlung *Pictures of Facial Affect* (Ekman und Friesen 1976), © Paul Ekman Group, LLC.

49) eröffnet. So deckt das Dokumentarische der Fotografie als nebensächlich behandelte Ausdrucksmodi wie etwa die Zeichenhaftigkeit des Haares auf. Je nach Kontext und Betrachter*in kann das gekräuselte Haar als Ausdruck einer psychischen Störung, Angst oder Trauer interpretiert werden. Wie auch immer es gedeutet wird, das Eigenleben des Haares stellt ein Symptom dar für all jene blinden Flecken, die in der Ausdruckstheorie von Ekman und Friesen nachlässig behandelt werden. Zum anderen erweisen sich die Bilder als etwas anderes als von den Psychologen angenommen. Die Ausdrucksfotografien sind weniger wissenschaftlich neutrale Bilder; sie führen tendenziell ein Eigenleben, was den Anspruch nach wissenschaftlicher Objektivität und kontrollierter Laborforschung unterläuft.

Die *Pictures of Facial Affect* als Inskriptionen

Die Problematik der Mimikfotografien, die Vorläufer des FACS sind, lässt sich wie folgt zusammenfassen: Der Entwicklung der Bildersammlung *Pictures of Facial Affect* für die empirische Emotionsforschung geht die Problematisierung spezifischer Dimensionen der menschlichen Mimik voraus, die in der Laborpsychologie als Experimentalproblem verstanden werden. Dabei handelt es sich um die Mehrdeutigkeit, Flüchtigkeit und

Unkontrollierbarkeit der Ausdrucksgebärden. Die Psycholog*innen bewerten diese Eigenschaften der Mimik unter den Bedingungen der empirischen Laborforschung durchweg negativ, da sie mit dem Regime des Labors, d. h. seinem Anspruch der kontrollierten Wiederholbarkeit der Experimente und der Erzeugung eindeutiger instrumenteller Bilder, im Konflikt stehen. Einen Ausweg aus dieser Problemlage stellt für die Forscher*innen die Entscheidung für ausschließlich klar definierte Ausdrucksmuster in Form mimischer Posen dar, die als regelhafter Ausdruck die unkontrollierbaren Momente aus der Laborforschung auszuschließen versprechen. Noch bevor also fotografische Aufzeichnungstechniken zur Fixierung des flüchtigen Ausdrucks greifen, werden die Forschungsobjekte in einer spezifischen Art und Weise inszeniert, um den Bedingungen des Labors entsprechend beobachtbar zu werden. Obwohl es sich bei der Darbietung der Mimik um eine Inszenierung und verkörperte Nachahmung historischen Ausdruckswissens handelt, begreift Ekman die Pose als originären Ausdruck und als Medium der Darstellung der natürlichen Mimik. Um diese idealtypische Darbietung des Mienenspiels in eine iterierbare Form zu überführen und für die Laborforschung erschließbar zu machen, werden die mimischen Posen schließlich fotografisch fixiert. Es versteht sich von selbst, dass damit ausschließlich Bilder idealtypischer Ausdrucksmuster jenseits der mimischen Vielfalt und Individualität als für das Labor geeignete Ausdrucksformen ausgewählt und für den Forschungsprozess infrage kommen.

Die daraus resultierenden Fotografien idealtypischer Ausdrucksmuster, dargestellt in der Frontalperspektive und von ihrer Farbigkeit befreit, werden trotz der wissentlichen, medialen und ästhetischen Zurechtmachung als authentische Abbildungen des realen Mienenspiels betrachtet. Diese Paradoxie ist charakteristisch für die Naturwissenschaften, in der die Konstruktionsprozesse der Forschung mehr oder weniger offenliegen und für die Herstellung der Bilder anerkannt sind, während die erzeugten Bilder des Forschungsgegenstandes als unvermittelte Repräsentation behandelt werden.[10] In dem Maße, in dem die Bilder im Labor operativ eingesetzt werden, treten ihre komplizierte Genese sowie die unbeabsichtigten Bildeffekte wie die Visualisierung vernachlässigter Affektspuren oder der historische Index der Bilder in den Hintergrund. Auch nachträglich eingerichtete Glaubwürdigkeitsmaßnahmen tragen dazu bei, dass die fotografischen Affektbilder als optisch konsistent mit dem Forschungsgegenstand betrachtet werden. Dazu zählen der Vergleich der dargestellten ‚Emotionen' mit der Selbsteinschätzung und den

10   Vgl. dazu das Konzept der ‚epistemischen Bilder' von Lorraine Daston (2015, 18).

physiologischen Erregungen der Fotografierten; die Beurteilung der Bilder durch Expert*innen und die visuelle Gegenüberstellung der Fotografien mit Filmaufnahmen anderer spontaner Ausdrucksmuster oder fotografischer Mimik-Atlanten (Ekman und Friesen 2003, 29–30). Mit der Einrichtung nachträglicher Validierungsmethoden ist der Anspruch verbunden, zu beweisen, dass die Bilder tatsächlich das anzeigen, was sie zu zeigen versprechen. Die Validierungsmethoden dienen der Beglaubigung, dass die Bilder keine wissenschaftliche Fiktion darstellen, sondern ‚reine‘ Repräsentationen realer Ausdrucksweisen sind. Diese Bewertung wird dadurch operativ bestätigt, dass die Bilder als wissenschaftliche Hilfsinstrumente in anderen Experimenten zum Einsatz kommen. So werden Ekmans FACS-Fotos in psychologischen und neurologischen Experimenten als sogenannte Stimuli-Bilder zur Untersuchung affektiver Fähigkeiten der Proband*innen eingesetzt.

Die Ausdrucksfotografien der *Pictures of Facial Affect* sind also keine ‚reinen‘ Visualisierungen der natürlichen menschlichen Mimik, sondern lassen sich im Sinne Latours als ‚Inskriptionen‘ (*inscriptions*) bezeichnen (Latour 1990, 44–45). Inskriptionen sind wissenschaftliche Repräsentationen, die an materielle Vorrichtungen gebunden sind und Anteil daran haben, dass Wissen nicht nur hervorgebracht, sondern auch in eine stabile und beobachtbare Form gebracht wird (Hagner 1997, 339–340). In den Bildern der Laborforschung zeigt sich die Sache also nicht von selbst, sondern ist das Ergebnis einer „komplexen Strategie zur Durchsetzung wissenschaftlicher Erkenntnisse" (ebd., 340). Zu dieser Strategie gehört, dass der Forschungsgegenstand mobil, unveränderlich, flach, skalierbar, reproduzierbar, anschlussfähig, überlagerbar, in Fachpublikationen einfügbar und in geometrische Formen transformierbar ist (Latour 1990, 44–46). Erst in dieser Form lassen sich Forschungsobjekte beobachten und in den wissenschaftlichen Diskurs integrieren. Die Entscheidung darüber, ob die Bilder richtig oder falsch sind, fällt dabei nicht allein anhand der Frage, ob sie in einem adäquaten Verhältnis zum aufgezeichneten Phänomen stehen. Von Bedeutung ist vielmehr, ob sie in den Laboren der experimentellen Wissenschaften operativ einsetzbar sind, ob sie sich von wissenschaftlichen Apparaten erfassen und messen lassen, ob sie in andere Kontexte transportierbar sind, ob sie mit anderen wissenschaftlichen Bildern und Theorien verglichen werden können, also kurz gesagt: ob sie im wörtlichen Sinne ‚handhabbar‘ sind und ob sie sich im Konkurrenzsystem der Wissenschaft behaupten können. Bei den Latour'schen Inskriptionen als „bildmediale Verfügbarmachung oder Vor-Stellung von Tatsachen und Ereignissen" (Balke 2014, 115–116) handelt es sich laut Balke also auch um eine Machttechnologie (ebd., 116). Die wissenschaftliche Praxis transformiert den Forschungsgegenstand in eine flache Oberfläche, in der er im panoptischen Sinne vollständig beobachtet, kontrolliert und dem Diskurs unterworfen werden kann: „There is nothing you can *dominate* as easily as a flat surface of a few square meters; there is nothing hidden or convoluted, no shadows, no ‚double entendre'." (Latour 1990, 45) In ihrer spezifischen Medialität als handliches, bequemes und anschlussfähiges Format tragen die Inskriptionen dazu bei, das Wissen strategisch zur Darstellung gebracht wird. Damit wird es vom Wissenschaftssystem nicht nur als wahr, richtig und objektiv anerkannt, sondern bestimmt auch den wissenschaftlichen Diskurs. Auch die Affektfotografien von Ekman und Friesen, die den Forschungsgegenstand an die vorherrschenden epistemischen und medialen Bedingungen anpassen, setzten sich am Ende durch, weil sie die Komplexität des Mienenspieles in einer handhabbaren und transportierbaren Form gegenständlich vor Augen bringen.

Vor diesem Hintergrund stellt das Labor von Ekman und Friesen den Ort dar, an dem sich „faziale Codes als Instrument experimenteller Forschung" (Weigel 2015, 75) etabliert haben, die in Form der *Pictures of Facial Affect* und den Action-Units-Codes des FACS noch in der aktuellen Experimentalforschung der Psychologie und Neurowissenschaften gegenwärtig sind (Leys 2017). In den fotografischen Ausdrucksbildern und den Deutungsmustern des FACS überdauert die positive Verfasstheit der Pose als bildgebendes Element zur Darstellung des universalen Ausdrucks, wobei ihre widersprüchlichen Voraussetzungen nebensächlich werden. Nicht zu vergessen ist, dass in der Emotionsforschung selbst immer wieder Kritik an den fotografierten Posen zu hören ist, die an die Stelle lebendiger Gesichter getreten sind. So schreibt die Psychologin und berühmte Ekman-Kritikerin Lisa Feldman Barrett: „It will not be possible to understand the brain basis of emotion perception in any ecologically valid way by presenting posed, stereotyped faces in isolation." (Feldman Barrett, Mesquita und Gendron 2011, 289). Allerdings ‚hinken' die Richtlinien und das System des Labors, das auf Standardisierung, Kontrolle des Experiments und Wiederholung angelegt ist, der in der Theorie formulierten Kritik hinterher (ebd.).

2

Die Entdeckung der Affekte in der KI-Forschung

Die Affective Computing Group wurde 1995 am MIT Media Lab des Massachusetts Institute of Technology (MIT) in Cambridge, Boston von der Informatikerin und Elektrotechnikerin Rosalind Picard gegründet. Picard widmete sich dem zu dieser Zeit neuartigen Vorhaben, Computertechnologien mit Programmen der Affekterkennung und -simulation auszustatten (Picard 1995, 1). Im Media Lab, das 1985 von dem Architekten Nicholas Negroponte und dem Elektroingenieur Jerome Wiesner ins Leben gerufen wurde, findet bis heute Grundlagenforschung und angewandte Forschung an der Schwelle zwischen Computerphysik, Ingenieurswissenschaft, Sprachwissenschaft und Gestaltung statt (Hassan 2003, 87). Das Media Lab gilt als wissenschaftlich-technologische Avantgarde der Hochtechnologiebranche und als Wiege futuristischer Informationstechnologien, die häufig Vorläufer späterer Standardprodukte sind.[1] Unter Negroponte wurde die Forschung von dem technikutopischen Vorhaben geleitet, die Grenze zwischen dem ‚Digitalen‘ und ‚Physischen‘ zu überwinden. Unter dem Stichwort *being digital* (Negroponte 1995) trieben der Architekt und seine Kolleg*innen Vorstellungen von einer vernetzten Umgebung voran, in der Mensch und Technologie in einer unmittelbaren, über die Technologie vermittelten effizienten Verbindung stehen. Damit verbanden die Forscher*innen zugleich gesamtgesellschaftliche Vorhaben

[1] Zu diesen Produkten zählen z. B. der Touchscreen, das GPS oder die E-Ink, eine Displaytechnologie, die es ermöglicht, Texte im E-Reader auch im Sonnenlicht zu lesen (Markoff 2011).

wie etwa die durch die Globalisierung und das Informationszeitalter entstandenen sozialen Ungleichheiten zwischen dem Globalen Süden und
Globalen Norden mithilfe neuer Informationstechnologien zu nivellieren.[2]
Gefördert wird das Media Lab von New Economy-Unternehmen, für die
das Prinzip der digitalen Vernetzung einen Markt darstellt. Vorhaben wie
die Optimierung von Unmittelbarkeit und Effizienz der Technologien entspringen damit nicht nur dem Ethos der Forschung, sondern gehorchen
gleichsam marktwirtschaftlichen Prämissen (Hassan 2003, 94).

Das Interesse der KI-Forschung an der Einbeziehung von ‚Emotionen' in
die Entwicklung intelligenter Computertechnologien, die Entscheidungen
treffen können, beruht auf der Beobachtung der Neurowissenschaften,
dass Emotionen bei rationalen Entscheidungsprozessen eine weitaus
wichtigere Rolle spielen als bisher angenommen. Dies ist zumindest der
Ausgangspunkt von Picard, die sich mit dem Ansatz, Affekte in der Konzeption intelligenter Computer und der Mensch-Maschine-Interaktion zu
berücksichtigen, von der Hirnforschung inspiriert wurde (Picard 1997, 2;
Picard 2015, 13-14), die seit den 1990er Jahren ein erhöhtes Interesse an der
Erforschung von Emotionen zeigen. Im Zuge der Entwicklung bildgebender
Technologien wie etwa der Positronen-Emissions-Tomographie (PET) oder
der funktionellen Magnetresonanztomographie (fMRT) gelang den Neurowissenschaften nicht nur der vermeintliche Blick ins Gehirn, sondern auch
die Beobachtung, dass der Cortex, eine Hirnregion, in der die Entstehung
rationaler Prozesse vermutet wird, mit dem limbischen System, das nach
Ansicht der Hirnforschung als Sitz von Gedächtnisleistung, Aufmerksamkeit und Emotionen gilt, räumlich näher steht, als bisher angenommen
(Weigel 2015, 75–76; Cytowic 1993; Damasio 1994; 1999; 2002). Die Neuro-
wissenschaft geht davon aus, dass vom limbischen System aus Emotionen
über die Nervenbahnen an die Muskelaktivität im Gesicht weitergegeben
werden. Daraus leiten die Hirnforscher*innen ab, dass sich Emotionen
anhand der Messung physiologischer Erregungen wie faziale Ausdrucksmuster ermitteln lassen. Aus der räumlichen Nähe der verschiedenen
Hirnregionen und der damit einhergehenden Verbundenheit zieht die
Hirnforschung die Schlussfolgerung, dass den affektiven Prozessen
eine weitaus größere Rolle an rationalen Entscheidungsprozessen zugeschrieben werden kann, als bisher angenommen (Weigel 2015, 77). Im
Zuge dieser neurologischen Entdeckung fand eine Aufwertung affektiver

---

2   Ein Beispiel dafür ist das Projekt ‚Digital Nations'. Mithilfe innovativen Designs und
    digitaler Technologien beabsichtigte man, einen sozialen Wandel in den Entwick-
    lungsländern einzuläuten. Dazu zählt z. B. die Herstellung des kostengünstigen
    100$-Laptops für Studierende (Hassan 2003, 89; Markoff 2011).

Prozesse statt, denen Anteil an rationalen Prozessen zugeschrieben wurde. Diese Aufwertung war auch für die KI-Forschung prägend und läutete eine radikale Korrektur in der Bewertung des Affektiven ein. Im Licht der neurowissenschaftlichen Forschungen wurden Emotionen nicht mehr als „irrational" und „unreasonable" (Picard 2015, 13) begriffen, sondern als „useful and even necessary" (ebd., 14) für die Weiterentwicklung der Technologie und die Lösung von Problemen, welche die KI-Forschung bisher aus einer „cortical-centric perspective" (ebd.) verfolgt hatte.

Im Anschluss an die neurowissenschaftliche Wende zu den Affekten entwickelt die KI-Forschung seit dem Ende des 20. Jahrhunderts Programme des *emotion detection* sowie zur Simulation affektiver Prozesse (*affect generation*) in sogenannten *embodied conversational agents* (ebd., 11). Anwendung finden die Verfahren im Bereich der Affekt-, Depressions- und Schmerzerkennung, der Verbesserung des Wohlbefindens oder der Unterstützung von Menschen mit Autismus, die in ihren affektiven Fähigkeiten beeinträchtigt sind (Affective Computing Group 2020a). Dabei bezieht sich die KI-Forschung auf verschiedene Indikatoren der Affekte, deren Verhältnis zur affektiven ‚Innensphäre' jedoch unterschiedlicher nicht sein kann. Besonders hervorzuheben ist der Unterschied zwischen physischen Faktoren und fazialen Ausdrucksmustern.[3] Zu den physischen Faktoren zählen Hautleitwert, Puls, Temperatur etc. Sie werden in der Medizin als Anzeichen betrachtet, die in einer direkten Relation zu körperlichen Zuständen stehen und mit empirischen Instrumentarien gemessen werden können. Die fazialen Ausdrucksmuster, die in den Deutungsmustern des FACS eine Bildform finden, stehen wiederum in einer komplexeren Relation zu affektrelevanten Phänomenen. Denn das visuelle Schema der Deutungsmuster des FACS ist, wie im ersten Kapitel dieser Arbeit gezeigt wurde, kulturell konstituiert und geht auf eine vielschichtige Tradition der Darstellung von Affekten zurück.

Die Tatsache, dass sich die KI-Forschung auf empirische Messmethoden beruft, durch welche Emotionen anhand von somatischen Erregungen empirisch messbar erscheinen, hat jedoch die Auseinandersetzung um die Verschiedenheit der somatischen Manifestationen, der erkenntnistheoretischen Voraussetzungen und der Medien der Emotionserkennung unkenntlich gemacht. Von dieser Beobachtung ausgehend widmet sich das folgende Kapitel dem Ansatz, die heterogenen Annahmen, Medien und

---

3   Neben dem Fokus auf physische Faktoren und faziale Expressionen als Indikatoren für affektrelevante Konstitutionen gilt die Aufmerksamkeit der KI-Forschung auch der Stimme und des Ausdrucks des gesamten Körpers, deren Untersuchung allerdings den Rahmen der vorliegenden Arbeit sprengen würde.

Formen der Emotionserkennung/ Simulation	Indikatoren	Medien	Anwendung	Akteur*innen
Emotion detection	Physische Faktoren (Herzschlag, Puls, Hautleiterwert, Temperatur); Telefonnutzerverhalten, Aufenthaltsort, Bewegungsmuster, Schlaf- und Konsumverhalten	Tragbare Armbänder mit Sensoren, Kommunikationstechnologien mit speziellen Monitoringprogrammen und GPS-Trackern, klinische Fragebögen	Gesundheitssektor, Forschung, Depressionserkennung, Autismusforschung	Rosalind Picard Affective Computing Group, MIT Media Lab, Boston, Massachusetts, USA Center for Digital Mental Health, University of Oregon, USA
Emotion detection	Faziale Ausdrucksmuster	Fotografie, Filmaufnahmen, computergestützte Bildverarbeitung	Automatische Erkennung von Emotionen, Schmerz, Depressionen, Stress, Schizophrenie, Angst, Drogenabhängigkeit; Autismusforschung; Erforschung interpersonaler Kommunikation; Grundlagenforschung der klinischen Psychiatrie; Marktforschung; Intelligente Fahrerassistenzsysteme	Jeffrey F. Cohn, Jeffrey M. Girard, Fernando De la Torre, Carnegian Mellon University Pittsburgh, USA Rana el Kaliouby, Affectiva, Boston, Massachusetts, USA
Emotion AI	Faziale Ausdrucksmuster	Simulation mimischer Muster in Robotergesichtern, animierten Bildern und anderen künstlichen Agenten	Human-Computer-Interaction; Gesundheitssektor; Therapie von Kindern mit Autismus; Datensammlung zur Optimierung der Algorithmen und Roboter	Timothy W. Bickmore, Khoury College of Computer Sciences, Northeastern University, Boston, Massachusetts Rosalind Picard Affective Computing Group, MIT Media Lab, Boston, Massachusetts Sandra Costa, R&D Centro Algoritmi, School of Engineering, University of Minho, Portugal Kerstin Dautenhahn Department of Electrical and Computer Engineering, University of Waterloo, Canada
Emotion AI	Farbige Lichteffekte	LED-Lampen	Affektive Mensch-Maschine-Interaktion	James E. Young University of Manitoba, Canada

Tab. 2. Übersicht über die zu untersuchenden Formen der Affekterkennung, Indikatoren, Medien, Anwendungsfelder und Akteur*innen.

Vorgeschichte voneinander zu unterscheiden. Für diesen Zweck liefert die Tabelle eine Übersicht über die zu untersuchenden Formen der Affekterkennung, Indikatoren, Medien, Anwendungsfelder und Akteur*innen.

Messen, Kommunizieren und Vergleichen affektiver Daten

Die Forschung der Affective Computing Group wird von dem Phantasma empirischer Messinstrumente angetrieben, affektive Phänomene wie Emotionen, Depressionen oder Schmerz ‚objektiv' und unabhängig von der Sprache anhand physischer Faktoren wie Temperatur, Hautleitwert oder Puls zu erfassen. Dabei interessiert sich die KI-Forschung nicht nur für die Gegenwart dieser Phänomene, sondern auch für deren Zukunft, die durch die Erfassung subtiler körperlicher Affekterregungen gestaltbar erscheint. Ziel ist es, so die Forschergruppe, „finding new ways to forecast and prevent depression before there are any clear outward signs." (Affective Computing Group 2020c). Für diesen Zweck operiert die KI-Forschung mit Sensortechnologien, die in tragbare Informationstechnologien wie Smartphones oder Armbanduhren integriert sind. Die Verfahren erlauben den Nutzenden, kontinuierlich somatische Indikatoren für Emotionen zu registrieren, die mit den Programmen der Applikation in verrechenbare Daten überführt und mit anderen Daten wie etwa zum Telefonnutzerverhalten, Aufenthaltsort, Bewegungsmustern oder Schlafverhalten korreliert werden (vgl. Abb. 9). Dabei ermöglichen die Tools auch das Teilen der Daten mit anderen Nutzer*innen, um die physiologischen Erregungen kollektiv auszuwerten. Laut den Entwickler*innen ist dieser Aspekt vor allem für Menschen mit Autismus interessant, die in der Interpretation der eigenen körperlichen Affektartikulationen oder denen des Gegenübers unterstützt werden (Picard 2015, 11). Die Forschung der Affective Computing Group wird also von dem Prinzip bestimmt, dass das Teilen der Daten die Voraussetzung für gelungene Kommunikation, Verständigung und Möglichkeit zur Verhaltensoptimierung darstellt: „Shared affective data can improve communication between people and lead to better understanding and sometimes to beneficial changes in behavior." (ebd., 12)

Mit der Entwicklung von tragbaren Informationstechnologien, mit denen sich selbstständig physiologische Erregungen erfassen und in Körperdaten transformieren lassen, trifft sich das Forschungsprogramm der Affective Computing Group mit den Vorstellungen der Quantified-Self-Bewegung, die im Jahr 2007 von den Journalisten Gary Wolf und Kevin Kelly ins Leben gerufen wurde. Die Begründer der Bewegung versprechen, dass jeder

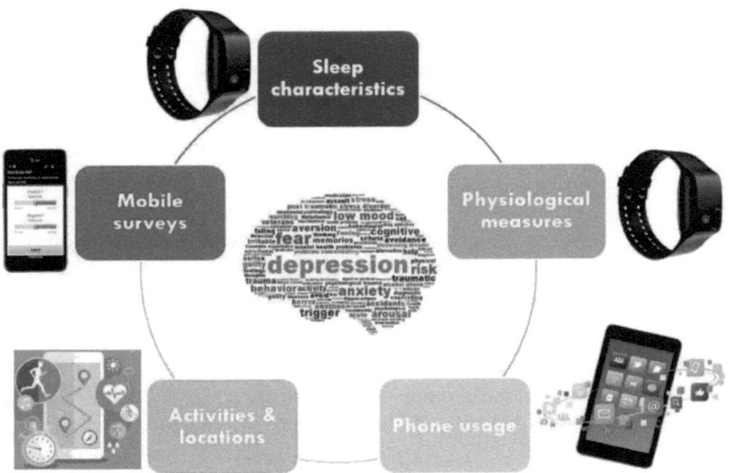

Abb. 9: *Wearables*, die physiologische Indikatoren für affektive Phänomene wie Depressionen, Angst etc. messen und mit anderen Daten vergleichen, © Szymon Fedor, vgl. Affective Computing Group (2020b).

Einzelne anhand der selbständigen Erhebung von persönlichen Daten über Schlafverhalten, sportliche Aktivitäten, Sexualität, Ernährung, Stimmung oder physische Faktoren, die mit mobilen Informationstechnologien aufgezeichnet werden, zu einem gesünderen Leben beitragen kann (Wolf 2010). Einen wichtigen Impuls erhält die Bewegung durch die Versprechen der Quantifizierung. So gehen die Entwickler*innen davon aus, dass zwischen der empirischen Erfassung somatischer Indikatoren und den daraus erhobenen Daten ein „verlässlicher Übersetzungscode" (Bernard 2017, 102) besteht. Im Kontext des *Self-Trackings* werden sie populärwissenschaftlich in verrechenbare, statistische Relationen übertragen, wobei ihre Auswertung von den Algorithmen der Applikation abhängt. Dessen ungeachtet sprechen die erfassten Daten für die Anhänger*innen der Self-Tracking-Bewegung „die Wahrheit über das Selbst, und der Kanal, der das dunkle, amorphe Innere eines ‚Körpergefühls' oder einer ‚Stimmung' ins Licht der Zahlen und Kurven überführt, ist frei von Störgeräuschen, Irrtümern und Fehllektüren" (ebd.). Ähnlich wie die AC-Forschung wird auch die Quantified-Self-Bewegung vom Vertrauen in die empirische Erfassung und Datafizierung körperlicher Merkmale und ihrer algorithmischen Berechnung motiviert; eine Methode, die den subjektiven Aussagen über das eigene Befinden als überlegen dargestellt wird (ebd., 99).

Kennzeichnend für die Selbstvermessungsbewegung ist, dass die Nutzenden die erfassten Daten in sozialen Netzwerken teilen, um sie mit den von anderen Anhänger*innen erhobenen Informationen zu vergleichen. Im Vordergrund des *Self-Trackings* steht „die Praxis des Veröffentlichens und Vergleichens innerhalb einer Gemeinschaft", um Normwerte zu erreichen und damit den Lebenswandel basierend auf der privaten Selbstvermessung „im Zeichen eines spielerischen Wettbewerbs" (Bernard 2017, 108) zu optimieren. Die für die digitale Kultur charakteristische „Ubiquität der Vernetzung" (ebd., 106) äußert sich nicht nur im Teilen und Vergleichen der Daten, sondern auch in deren Weiterleitung an Krankenkassen und Versicherungsagenturen. Dabei binden die Versicherungsgesellschaften die Mitgliedsbeiträge und Leistungen an die Ergebnisse der Selbstvermessungstechniken (ebd., 108–112). Daraus resultiert eine „Individualisierung von Versicherung und Gesundheitsvorsorge", in der Gesundheit als ein „präzise berechenbares, vom Individuum selbst zu regulierender Wert" (ebd., 112) begriffen wird, der sich durch die rechtzeitige Vorsorge und ausreichende Motivation des Subjekts optimieren lasse.

Während die Selbstvermessungstechnologien der Quantified-Self-Bewegung die Daten mit der Absicht teilen, die individuelle Lebensqualität zu optimieren, verfolgen Unternehmen wie Google das Ziel, die mit ihren Technologien gesammelten Daten an die Forschung zu übergeben. Das trifft auch auf die Apple Watch zu, dessen Daten in der Forschung dazu verwendet werden, auf Basis riesiger Datenmengen Algorithmen zur Diagnose von Krankheiten zu trainieren. Der Rhetorik von Google folgend, leisten die Nutzenden, so Anna-Verena Nosthoff und Felix Maschewski, mit ihrer Datenabgabe einen Beitrag zur „kollektiven Selbstsorge" (Nosthoff und Maschewski 2020), der über die individuelle Selbstoptimierung hinausgehe. Das „quantified Self" wird zum „quantified Collective" (Nosthoff und Maschewski 2019, 12). Dabei kooperiert das Silicon-Valley-Unternehmen jedoch nicht nur mit der Forschung, sondern auch mit staatlichen Gesundheitsprogrammen wie etwa dem Health Promotion Board (HPB) der Republik Singapur. So dürfen die Strafverfolgungsbehörden von Singapur auch auf Daten der Kontaktverfolgungsapp TraceTogether zugreifen, die entwickelt wurde, um Risikokontakte von Covid-19-Erkrankten zu erfassen (Dachwitz 2021a). Mit der Verbindung der Techniken des *Self-Trackings* mit Regierungsprogrammen erhält die Quantified-Self-Bewegung eine staatliche Reichweite, wobei IT-Unternehmen wie Google an „einer neuen Form datafizierter Biopolitik" (Nosthoff und Maschweski 2020) beteiligt werden.

Das *Self-Tracking* von Körperdaten steht in der Tradition der Entwicklung von physiologischen Messtechniken zur Erfassung von Lebensfunktionen in der Medizin, wozu die Apparate zur Messung von Pulsschlag, Blutdruck oder Bewegung des Brustkorbs zählen (Bernard 2017, 118). Mit der Einführung dieser Instrumentarien versprachen sich die Wissenschaftler einen von der Sprache unabhängigen Zugriff auf körperliche Affektartikulationen anhand der Messung und Sichtbarmachung neuro-physiologischer Aktivitäten (Weigel 2004, 166, 169). Im Kontext der Experimentalwissenschaften wurden affektrelevante Merkmale und andere lebensrelevante Zeichen anhand experimentell erzeugter „somatische[r] Reaktionen" (ebd.) erfasst. Sie wurden mit elektrischen Methoden stimuliert, mit empirischen Messinstrumenten gemessen, mit fotografischen Verfahren aufgezeichnet und so in eine archivierbare Form überführt (ebd., 170). Diesen Ansatz übernahm die sich Mitte des 19. Jahrhunderts entwickelnde Psychophysik. Deren Vertreter wie Wilhelm Wundt und Hugo Münsterberg bedienten sich in ihren Experimenten der Instrumentarien physiologischer und medizinischer Labore, um den Zusammenhang zwischen körperlichen Reflexen und physiologischen Erregungen mit der Psyche des Menschen zu untersuchen. Ähnlich wie in der Quantified-Self-Bewegung, in der medizinisches Wissen zur Optimierung des Selbst popularisiert und angewendet wird, wurden die Erkenntnisse der Psychophysik auch in andere Bereichen wie Wirtschaft, Pädagogik oder Strafjustiz überführt und dort nutzbar gemacht (Bernard 2017, 118). Vor diesem Hintergrund lässt sich schlussfolgern, dass sich das empirische Paradigma, also die empirische Messung körperlicher Artikulationen, im *Affective Computing* und in der Quantified-Self-Bewegung tradiert hat. Hier wird der Ansatz technologisch und populärwissenschaftlich angewendet, wobei das Ziel der Optimierung psychischer Konstitution anhand der empirischen Messung physischer Faktoren streitbar ist.

Für Bernard zählen zur Vorgeschichte der Quantified-Self-Bewegung allerdings auch die Praktiken der anthropologischen Lehren des 19. Jahrhunderts wie die Schädelkunde Paul Brocas, die kriminalanthropologischen Bestimmungen Cesare Lombrosos und das System der kriminalistischen Anthropometrie von Francis Galton und Alphones Bertillon (Bernard 2017, 114–131). Diese Vermessungstechniken zeichnen die Messwerte körperlicher Merkmale nicht einfach nur auf und beobachten das Individuum, sondern stellen die erfassten Körperdaten – ähnlich wie im Kontext des *Self-Tracking* – in vergleichbaren Datensätzen und Archiven zusammen. So auch Bertillon, der im Zuge der Professionalisierung der Polizeiarbeit ein Klassifikationssystem entwickelte, das ein fotografisches Porträt mit der individuellen, anthropometrischen Beschreibung derselben Person kombinierte und ihr eine Karteikarte zuordnete, die archiviert wurde (Sekula 1986, 18). Galton hingegen, der die Frage nach einer typischen, biologisch ererbten Erscheinung des Verbrechers bearbeitete, setzte aus zahlreichen Fotografien ein idealistisches Kompositbild zusammen, um die gemeinsamen Merkmale der Abgebildeten sichtbar zu machen (ebd., 19). Während Bertillon die Absicht hatte, den Einzelnen mithilfe der im Fotoarchiv vorhandenen Porträtfotografien und einzelner Merkmale wie Ohren etc. zu identifizieren, versuchte sich Galton an einer Typisierung des Verbrechers anhand physiognomischer Merkmale (ebd., 27). Mit diesen Vorläufern in der anthropologischen Lehre und den kriminalanthropologischen Bestimmungen des 19. Jahrhunderts, die von rassistischen, sexistischen und diskriminierenden Positionen bestimmt werden, tritt die Selbstvermessungsbewegung, so Bernard, jedoch ein schwieriges Erbe an (ebd., 136). Dennoch lässt sich die Bewegung der Selbstvermesser*innen und damit auch das *Self-Tracking* im *Affective Computing* nicht auf eine Aktualisierung historischer kriminologischer Verfahren mit digitalen Technologien reduzieren. Denn die Selbstvermessungstechnologien zählen zum Bereich der kollektiven und individuellen Selbstsorge, die mittels Selbstüberwachung einerseits die Optimierung der Gesundheit, die Weiterentwicklung der Forschung und neue Freiheiten versprechen, während sich die Nutzer*innen andererseits an die Prämissen der Technologien anpassen müssen.

Eine Parallele zwischen Picards Selbstvermessungstechnologien und der Quantified-Self-Bewegung liegt zudem in der Praxis des Veröffentlichens und Teilens affektiver Daten, wie Hautleitwert oder Pulsschlag. Anders als in der Selbstvermessungsbewegung geht es jedoch nicht um eine spielerische Konkurrenz mit anderen Nutzer*innen und das Erreichen einer Gesundheitsnorm. Insbesondere bei Menschen mit Autismus erscheint die Möglichkeit, affektive Daten weiterzuleiten, als nützlich. Ausgangspunkt ist, dass den Betroffenen affektive Beeinträchtigungen zugeschrieben werden, womit vor allem das Deuten der Mimik Anderer und das Verstehen der eigenen körperlichen Affekterregungen gemeint sind. Mit der Technologie lassen sich physiologische Erregungen aufzeichnen und als Daten mit anderen User*innen teilen. Gemeinsam kann dann die Situation analysiert, der Grund für das Auftauchen bestimmter physiologischer Erregungen definiert und in Zusammenhang mit Gefühlen gestellt werden (Picard 2015, 11). Die schwierige Relation zwischen Gefühl und Ausdruck sowie das Problem der Interpretation körperlicher Ausdrucksartikulationen – wie in der Einleitung dieser Arbeit erläutert – soll hier mittels digital vernetzter

Kollektive gelöst werden. Die Interpretation des Ausdrucks wird als Aufgabe einer kollektiven Leistung begriffen, die über die mediale Vernetzung der einzelnen Subjekte durch die Technologie zustande kommt. Darin liegt jedoch ein grundlegender Widerspruch der AC-Forschung. Denn während die kollektive Deutung der Nutzenden einerseits als Voraussetzung für das Verständnis von Ausdrucksmustern gefasst wird, beruhen die Versprechen der AC-Forschung andererseits auf der Überlegenheit der Technologie gegenüber dem Menschen.

Das FACS und seine digitalen Varianten

Von dem Ansatz, Emotionen anhand physischer Faktoren zu erfassen, unterscheiden sich jene Applikationen und Forschungsprojekte, die sich zur automatischen Emotionserkennung auf faziale Expressionen als Indikatoren für affektive Phänomene beziehen und sich zur Decodierung der Mimik der Deutungsmuster des FACS bedienen. Das bekannteste Beispiel in diesem Bereich ist das Marktforschungsunternehmen Affectiva, eine Ausgründung der Affective Computing Group des MIT, das mit automatischen Aufmerksamkeits- und Emotionsanalysen auf Basis von Gesichtsmustern arbeitet (Affectiva 2018c). Auf Grundlage von Big-Data-Anwendungen hat Affectiva das Analyseprogramm Affdex entwickelt, mit dem in groß angelegten internetbasierten Studien die emotionale Reaktion potenzieller Kund*innen auf Werbevideos untersucht wird. Das Programm Affdex zeichnet dafür die Mimik der Konsument*innen beim Anschauen eines TV-Spots am Computer mit einer Videokamera auf. Die Bilddaten werden mit dem FACS ausgewertet und anschließend in der Datenbank gespeichert. Aufgrund seiner riesigen Datenmenge ist Affectiva mittlerweile eines der bekanntesten Unternehmen im Bereich kommerziell genutzter Software zur Emotionserkennung. Affectiva hat nach derzeitigem Stand mehr als 5,3 Millionen Bilder von Gesichtern aus 75 Ländern gespeichert, womit die Datenbank nach Selbstauskunft des Unternehmens die größte ihrer Art ist. Von der Menge der gesammelten Bilddaten, die anhand der Betrachtung von Werbevideos erhoben wurden, geht das Versprechen einer hohen Sensitivität des Algorithmus für vielfältige Affektartikulationen aus. Da die Videoclips der Werbeindustrie, welche die Kund*innen anschauen, jedoch mit der Absicht entwickelt wurden, ein positives Gefühl zu erzeugen, erfasst der Algorithmus von Affdex mit großer Wahrscheinlichkeit vor allem positiv konnotierte Ausdrucksmuster und ist dementsprechend weniger empfindlich gegenüber negativen Affektartikulationen.

Ein Beispiel für die Entwicklung und Nutzung von *facial expression emotion detection* in der Forschung sind die Forschungsprojekte von Jeffrey F. Cohn, Professor für Psychologie, Psychiatrie und Intelligente Systeme an der University of Pittsburgh und Honorarprofessor für Informatik am Robotics Institute der Carnegian Mellon University Pittsburgh. Cohn entwickelt Verfahren zur Affekterkennung für die experimentelle Emotionsforschung und Psychologie. Dabei scheint sich in der Informatik ein Bewusstsein für die komplizierte Relation zwischen Gefühl und Körperausdruck eingestellt zu haben. So konstatieren Cohn und sein Kollege Fernando De la Torre, dass die Annahme, „the face provides a direct ‚read-out' of emotion" (Cohn und De la Torre 2015, 132), problematisch ist, da die Beurteilung des Gesichtsausdrucks in Abhängigkeit vom Kontext steht, in dem sich das Subjekt befindet. Damit werden zwei Problemfelder der Ausdrucksforschung angesprochen, nämlich die epistemische Lücke zwischen Gefühlssphäre und Ausdruck sowie die Interpretation fazialer Ausdrucksmuster. Die Lösung sehen die Informatiker in der Abwendung von der subjektiven Beobachtung und der Einführung vermeintlich objektiver Codierungssysteme wie das FACS (ebd.), womit jedoch die Frage, ob das Gesicht ein direkter Ausdruck von Emotionen ist, ungelöst bleibt.

Häufig wird davon auszugegangen, dass die Verfahren des *facial expression emotion detection*, die mit den AU-Codes des FACS operieren, eine reine Digitalisierung der entsprechenden Deutungsmuster darstellen. Tatsächlich handelt es sich bei der Digitalisierung des Ekman'schen Codierungssystems um einen vielschrittigen Übersetzungsprozess, an dessen Ende verschiedene digitale Varianten des Klassifikationssystems stehen.
So ist der erste Schritt in der Entwicklung von Algorithmen der automatischen Affekterkennung die Isolierung und Extrahierung fazialer Muster anhand von Fotografien oder Filmaufnahmen des Gesichts und deren Klassifizierung mit AU-Codes des FACS. Dafür verwenden die Informatiker ein *Active Appearance Model* (AAM), das als Verfahren der Bildverarbeitung die Gestalt transformierbarer Objekte erfasst (Cootes, Edwards und Taylor 1998). In diesem Fall handelt es sich um ein dynamisches, rasterartiges Formmodell der Mimik, das aus mehreren, über Punkte miteinander verbundenen Dreiecksgittern besteht, die wie ein bewegliches Netz über das Gesicht gespannt werden. Um faziale Muster zu registrieren, werden circa 70 Landmarken auf Grundlage von Farbwerten entlang der Form der Augenbrauen, Augen, Nase, Mund und Kopfform angebracht, auf die das Gitter abgebildet wird (vgl. Abb. 10).

Das AAM stellt kein rein geometrisches Modell dar, sondern beinhaltet Bewegungsbeschreibungen fazialer Muster, die dazu dienen, die mit

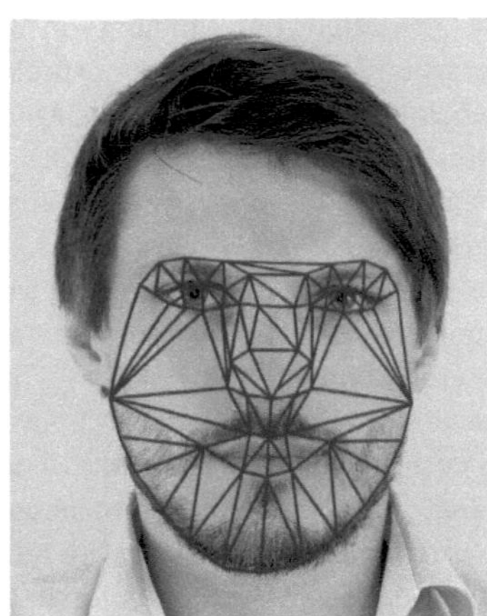

Abb. 10: Beispielbild für ein Active Appearance Model, © Moritz Wehrmann.

dem Gitter erfassten fazialen Strukturen als Codes bzw. Emotionen zu decodieren. Für diese Absicht muss das Raster zunächst in einem mehrstufigen maschinellen Lernverfahren anhand von bewegten Bildern der Mimik trainiert werden, um Regelmäßigkeiten zwischen einem Bildelemente und einem AU-Code bzw. einem Emotionsbegriff zu erkennen (Tian, Kanade und Cohn 2011, 489). Dafür nutzen die Informatiker*innen Filmaufnahmen der Mimik aus bereits vorhandenen Bilddatenbanken. Dazu gehört auch das häufig im internationalen Forschungskontext zum Training lernender Algorithmen eingesetzte *Extended Cohn-Kanade Dataset (CK+)*, das Aufzeichnungen ‚spontaner‘ und posierter Gesichtsausdrücke beinhaltet (Lucey, Cohn, Kanade et al. 2010) (vgl. Abb. 11). Der Herstellung der Datenbankbilder geht die Darstellung der Mimik am Modell der Deutungsmuster des FACS voraus, wobei die entstandenen Filmsequenzen wiederum mit den AU-Codes des FACS klassifiziert werden. Im Anschluss an dieses zirkuläre Verfahren werden schließlich nur diejenigen Filmbilder für die Datenbank ausgewählt, deren mimische Form den visuellen Deutungsmustern des FACS entspricht (ebd., 94). Um dem Vorwurf zu entgehen, ausschließlich Filmsequenzen von Posen der Mimik aufzuzeichnen, haben die Forscher zusätzlich Filmaufnahmen vom im Laborkontext erzeugten ‚spontanen‘ Gesichtsausdrücken integriert (ebd., 96). Die Spontanität des im Labor aufgezeichneten Ausdrucks ist allerdings fragwürdig, berücksichtigt man, dass das Laborumfeld eine kontrollierte Umgebung darstellt, in der ausschließlich den Bedingungen des Labors entsprechende mimische Affekterregungen untersucht werden.

In dieser Vorgehensweise manifestiert sich allerdings ein Widerspruch. Denn von der Nutzung riesiger Datenbanken und Methoden des maschinellen Lernens geht das Versprechen aus, jede individuelle Bewegung im Gesicht eindeutig zu erfassen, zu berechnen und zu decodieren. Die den maschinellen Verfahren zugrunde liegenden Bilder der Mimik beruhen allerdings auf verschiedenen Methoden der Standardisierung, die sich über den Ausschluss individueller Abweichungen konstituieren. Dazu zählen die standardisierte Darstellung des Gesichts in einem typischen Bildschema und die Codierung der Affektbilder mit Hilfe des FACS, das individuellen fazialen Merkmalen gegenüber blind ist. Problematisch ist auch, dass das *Affective Computing* versucht, sich der Zeitlichkeit der Mimik und den affektiven Verläufen anhand von Bewegtbildern des Gesichts anzunehmen, dabei aber mit Programmen arbeitet, die auf typologischen statischen Schemata des Gesichts operieren. Vor dem Hintergrund dieses Spannungsverhältnisses verwundert nicht, dass die Verfahren in der Praxis vor technischen Schwierigkeiten stehen. Denn gerade die Unterscheidung von sehr ähnlichen Gesichtsausdrücken wie Ekel und Schmerz erfolgt über die Dynamik und Abfolge der Action-Unit-Codes, was für die Programme eine große Herausforderung darstellt (Stenner 2021). Die Temporalität der Mimik hat im Kontext von *Affective Computing* damit eine doppelte Rolle. Während sie zum einen als neuer Forschungsgegenstand gilt, der mit digitalen Verfahren automatisch erfasst werden soll, ist sie zum anderen Problem und Herausforderung der Programme zugleich.

Zu bedenken ist zudem, dass die mit maschinellen Lernverfahren trainierten Algorithmen eine Black Box darstellen. Deshalb lässt sich nachträglich nicht mehr nachvollziehen, welche Muster und Regelmäßigkeiten der Algorithmus tatsächlich trainiert hat. So können sich in die automatische Mustererkennung für die Entwickler*innen unbemerkt systematische Fehler einschleichen. Spezifische Lichtverhältnisse, Rotationen des Kopfes oder andere Bildstörungen wie Unschärfen können visuelle Phänomene erzeugen, die nicht dem Schema fazialer Ausdrucksmuster entsprechen, die jedoch von der automatischen Mustererkennung aufgrund ihrer Ähnlichkeit zu den FACS- Deutungsmustern als mimischer Ausdruck identifiziert werden.[4] Der Künstlerin Hito Steyerl zufolge ist dieses Problem charakteristisch für die automatische Mustererkennung, die Regelmäßigkeiten nämlich auch in unregelmäßigen, zufälligen Formen

---

4   An dieser Stelle danke ich Carl Martin Grewe, der mich auf die möglichen
      Fehlcodierungen der automatischen Mustererkennung aufmerksam gemacht hat.
      Vgl. zu den Problemen des AAM auch, Cohn und De la Torre (2015, 135).

identifizieren kann. In Anlehnung an die menschliche ‚Fehlwahrnehmung‘ der sogenannten Apophänie, z. B. Gesichter in Wolken zu sehen, bezeichnet die Künstlerin die maschinelle ‚Wahrnehmungsstörung‘ als „maschinisierte Apophänie" (Steyerl 2018a, 317).[5] Diese Form der „Über-Identifizierung" (ebd., 316) erzeuge laut Steyerl „schmutzige Daten" (ebd., 312), die sich unbemerkt im Algorithmus ablagern und das Operieren der Algorithmen mitbestimmen. In Anbetracht dieser Überlegungen ist hervorzuheben, dass sich auch die algorithmische Affekterkennung auf zufällige Bildelemente als fazialer Affektausdruck beziehen kann, die nicht mit den vorgegebenen Deutungsmustern korrespondieren, die dennoch von den Algorithmen gelernt werden und damit die Wirksamkeit von *emotion detection* mitbestimmen. Da die AC-Forschung aber den Versprechen der autonom ablaufenden Lernprozesse den Vorrang gibt, werden zwangsläufig die negativen Effekte der Automatisierung wie unerkannte Bildstörungen und ungenaue Mustererkennung der Algorithmen in Kauf genommen.

Doch kehren wir noch einmal zurück zur Digitalisierung der FACS-Deutungsmuster. Im Anschluss an das maschinelle Lerntraining des AAM wird das zu analysierende Gesicht mit dem Raster des AAM überzogen, das die gelernten Bewegungsbeschreibungen aus der Datenbank in einer Formel kondensiert beinhaltet. Dabei wird das Gesicht an das Formmodell angepasst, d. h. die faziale Gestalt wird an der Frontalperspektive des Rastermodells ausgerichtet, um es in eine mess- und vergleichbare Form zu bringen (Cohn und De la Torre 2015, 134–135). Mit der Anpassung des Gesichts wird der Informationsgehalt des mimischen Ausdrucks auf die Form des Rasters reduziert. Dies wird daran deutlich, dass die gerasterte Fläche an den Augenbrauen endet, womit der Ausdrucksgehalt des Gesichts auf die Fläche bis zur Stirn beschränkt und das Gesicht in zwei Teile ‚geteilt‘ wird. In dem darauffolgenden Schritt werden die beweglichen Merkmale des Gesichts mit dem Formmodell erfasst. Dafür wird die Differenz zwischen der Ausgangsform des Rastermodells und seiner dynamisierten Form, die durch die Bewegung der Mimik zustande kommt, gemessen, wobei sich aus der Differenz die messbaren fazialen Expressionen ergeben (ebd., 135).

Die Gestalt des dynamischen Rastermodells steht in der Tradition wissenschaftlicher Darstellungen von Gesichtern im Kontext der exakten Wissenschaften und in der Geschichte der physiognomischen Ausdruckslehre. In diesen Feldern erscheint die Frontalansicht des Gesichts besonders

---

5   Der Begriff der Apophänie stammt von dem Psychiater Klaus Conrad, der 1958 damit das Phänomen beschrieb, Ähnlichkeiten und Relationen von Objekten zu sehen und denen besondere Bedeutung zuzuschreiben (Conrad 1971).

Abb. 11: Filmstills der posierten Mimik am Modell der AU-Codes der sechs Basisemotionen des FACS (hier Überraschung und Ekel) aus dem *Extended Cohn-Kanade Dataset (CK+)* (Lucey, Cohn, Kanade et al. 2010), © Jeffrey Cohn.

geeignet, „das Gesicht in Einzelteile [zu] zerlegen und buchstäblich [zu] verzeichnen" (Weigel 2015, 117). Im *En face* verliert das Gesicht jedoch seine „Wechselseitigkeit zwischen Sehen und Gesehen-Werden" (ebd.). Stattdessen wird es zur Zeichenfläche, in das sich Affekttheorien eintragen lassen, welche die individuellen fazialen Merkmale mit den standardisierten Modellen der Affektlehre überblenden (ebd.). In den historischen Charakterstudien wie etwa den *Physiognomischen Fragmenten* (1775–1778) Lavaters hat sich zudem die Konvention einer Dreiteilung des Gesichts etabliert, die im fazialen Schema des FACS tradiert wird (ebd., 123). Als „Parameter zur Deutung des physiognomischen und des Affektausdrucks" (Weigel 2015, 123) spiegeln sich in Lavaters Unterteilung drei unterschiedliche Arten zu leben, nämlich das „intellectuelle", „moralische" und „thierische Leben" (Lavater 1783, 15–16). Das AAM scheint auf den ersten Blick nicht in der Tradition dieser physiognomischen Hierarchisierung des Gesichts zu stehen. Denn das Raster stellt mit seinem gitterartigen Netz, das über das Gesicht gespannt wird, einen Gegensatz zu Lavaters horizontaler Gliederung dar. Bemerkenswert ist jedoch, dass das Rastermodell ausschließlich auf drei Viertel des Gesichts angewendet wird, während die Stirn ausgespart bleibt, die bei Lavater wiederum eine besondere Funktion hat. „Stirn und Augenbrauen beschreibt Lavater als Spiegel des Verstandes", so Weigel, „Nasen und Wangen als Spiegel des moralischen empfindsamen Lebens, Mund und Kinn als Spiegel des animalischen Lebens im Menschen." (Weigel 2015, 123–124) Da die AC-Forschung mit der Nutzung des Rastermodells die Stirn unberücksichtigt lässt, beerbt sie implizit die Bildtradition der physiognomischen Ausdruckslehre. Indem die Stirn als Ausdruck von Emotionen ausgelassen wird, folgt die Forschung dem dreigliedrigen System Lavaters, das den Bereich über den Augen mit verstandesmäßigen Werten belegt hat.

Zugleich erinnern die Genese der Bilddatenbanken und die Trainings- und Lernprozesse an die fotografischen Identifizierungspraktiken von Bertillon und Galton, die sich im Zuge der Professionalisierung der Polizeiarbeit im 19. Jahrhundert etabliert haben (Grewe und Schreiber 2016, 282–284). Ähnlich dazu hat auch Jens Schröter festgestellt, dass der gegenwärtige Umgang mit Bildern in digitalen Archiven nicht weit von Bertillons oder Galtons Methode entfernt sei. Aktuelle Bildarchive sind „in gewisser Weise eine Synthese aus Bertillons Verfahren, die Bilder in ein Ordnungssystem einzuordnen, und Galtons Ziel, aus dem Spezifischen das Typische herauszukristallisieren" (Schröter 2005). Neben den Gemeinsamkeiten sind ebenso Unterschiede zwischen der Herstellung digitaler Bilddatenbanken mit den historischen Archivpraktiken zu beobachten.[6] Mit Blick auf die Parallelen zu den Praktiken des Polizeiarchivs bleibt dennoch die Frage, „inwiefern die aktuellen Datenbanken mit Methoden des maschinellen Lernens tatsächlich ein neuartiges Paradigma zur Bildarchivierung entwerfen." (ebd., 284) Der Rückblick auf die historische Archivierung von Porträtbildern zeigt jedoch auch, dass die Identifizierungspraktiken der Polizeiarbeit von der spezifischen Klassifizierung und Einordnung von Porträtbildern in das Archiv der Kriminologen nicht zu trennen sind. Ein ähnliches Abhängigkeitsverhältnis ist auch in der AC-Forschung zu beobachten. Denn das Funktionieren der Algorithmen steht in Relation zu den in den Datenbanken gespeicherten FACS-Fotografien und Videosequenzen des Gesichts, die als Trainingsdatensets genutzt werden. Diese Bilddaten unterscheiden sich jedoch je nach Forschungskontext, in dem sie entwickelt werden. Datenbanken, die in westlichen Ländern konzipiert werden, beinhalten beispielsweise tendenziell mehr Fotografien von weißen Männern und Frauen. Damit sind die daraus entwickelten Algorithmen, die weltweit eingesetzt werden und universale Gültigkeit beanspruchen, jedoch unempfänglich gegenüber Personen mit dunkler Haut. Für die Entwickler*innen und Nutzenden häufig unbemerkt schreiben sich damit unbewusste Wertvorstellungen in die algorithmische Formel ein, was sie in der Praxis anfällig für Diskriminierungen macht.[7]

6   Während sich die historische Polizeiarbeit mit einer kaum bewältigbaren Menge an Porträtbildern konfrontiert sah, deren Bearbeitung zur Herausforderung wurde, so erhält der Faktor der Menge mit der Digitalisierung eine gänzlich andere Funktion. Die schiere Anzahl digitaler Porträtbilder wirkt „als Ressource zur Optimierung des lernenden Algorithmus" (Grewe und Schreiber 2016, 283).

7   Die Informatikerin und digitale Aktivistin Joy Buolamwini vom MIT Media Lab und die Informatikerin und technische Co-Leiterin des Ethical Artificial Intelligence Team bei Google Timnit Gebru haben gezeigt, dass Gesichtserkennungssoftware von Microsoft, IBM und dem chinesischen Unternehmen Face++ hellhäutige Männer mit einer Fehlerquote von 0,3 Prozent erkennt, während dunkelhäutigen Männern und

Auch wenn die AC-Forschung in der Tradition der Vermessungs- und Archivpraktiken und des kriminologischen Erkennungsdienstes des 19. Jahrhunderts steht, so bezieht sich diese Konstante vor allem auf die Abhängigkeit der Bildproduktion von ihrer Archivierung, nicht jedoch auf die Absicht der Entwicklung. So wird die Emotions-KI zwar auch im Kontext von sicherheitspolitischen Interessen eingesetzt, wovon beispielsweise der Einsatz von *emotion detection* als Lügendetektor in den Polizeistationen der Volksrepublik China zeugt (Reuter 2021). *Affective Computing* lässt sich jedoch nicht auf eine Fortsetzung der Polizeiarbeit mit digitalen Technologien reduzieren. Im *Affective Computing* geht es um nichts Geringeres als die Anwendung der Verfahren in den unterschiedlichsten Feldern, um den Bedarf zu rechtfertigen und die Wirksamkeit der Technologien zu belegen.

Mit Blick auf die Übersetzungsketten lässt sich die Digitalisierung des FACS damit nicht als reine Übertragung der Deutungsmuster in ein neues Medium verstehen. Stattdessen ist das Funktionieren der Algorithmen zur Affekterkennung abhängig von ihrem Produktionsprozess. Für die Entwickler*innen unbemerkt können zufällig aufgezeichnete fotografische Bildelemente als ‚schmutzige' Trainingsdaten die Mustererkennung mitbestimmen. Auch die Konzeptionierung der Datenbanken, d. h. die Auswahl der Ausdrucksfotografien anhand von Geschlecht und Herkunft, bestimmt die Reichweite der Verfahren. Berücksichtigt man also das Problem des Rauschens für die maschinelle Mustererkennung und den Einfluss des situationalen Kontexts maschineller Lernprozesse so produziert die Digitalisierung der FACS-Deutungsmuster digitale Varianten des FACS, die vom Original abweichende Kopien darstellen. Die Algorithmen des *emotion detection* sind abhängig von der Qualität und Zusammensetzung der FACS-Fotografien und -Sequenzen der Datenbanken, womit jede Datenbank und der damit trainierte Algorithmus ihre spezifische Version des digitalisierten FACS produzieren, die zwangsläufig unterschiedlich sensitiv für faziale Ausdrucksmuster sind.

Frauen mit 6 bzw. 30,3 Prozent falsch erfasst werden. Grund dafür ist der Mangel an Vielfalt des Bildmaterials. Dies hat zur Folge, dass für die Nichterkannten das Risiko in Kontexten wie der Strafverfolgung verwechselt zu werden, um einiges höher ist, als für diejenigen, deren Bilder eindeutig zugeordnet werden können. Auf die Nichterkannten fällt die Beweislast, denn sie müssen beweisen, „dass sie wirklich diejenigen sind, die sie tatsächlich sind – und nicht jene, für die das System sie hält." (Kaltheuner und Obermüller 2018; Buolamwini und Gebru 2018)

Empathische Roboter

Neben der Entwicklung von Verfahren zur automatischen Affekterkennung wird seit den 1990er Jahren auch an der Konstruktion ‚empathischer' Roboter gearbeitet, die nicht nur die Gefühle der Nutzer*innen erfassen, sondern ihr Prozessieren an das emotionale Erleben der User*innen anpassen sollen (Brave, Nass und Hutchinson 2005, 162; Picard 1999). Ausgangspunkt dieser Entwicklung ist die Beobachtung, dass die zwischenmenschliche Kommunikation durch die Ausbreitung der KI in unterschiedliche Bereiche abgenommen hat. Mit der Entwicklung sozial agierender Roboter zielt die AC-Forschung paradoxerweise darauf ab, den Rückgang der sozialen Interaktion mit künstlichen Agenten zu kompensieren. Dabei sollen die ‚empathischen' Roboter die Kommunikation nicht nur sozialer machen, sondern auch die Leistungsfähigkeit der Nutzenden in Beruf und Freizeit optimieren und so zu einem besseren Lebensstil beitragen (Bickmore und Picard 2005, 322): „It is important to not only understand the nature of this phenomenon and its effects in work and leisure contexts", heben Timothy Bickmore und Picard hervor und führen aus, „but also to develop strategies for constructing and managing these relationships, which directly impact productivity, enjoyment, engagement and other important outcomes of human-computer interaction." (ebd., 294) ‚Empathie' wird dabei algorithmisch implementiert, indem maschinelle Lernsysteme die ‚emphatische' Interaktion von Avataren, die von menschlichen Akteuren gesteuert werden, lernen (McQuiggan und Lester 2007). Eine andere Vorgehensweise verspricht, Empathie durch visuelle Komponenten und Reaktionen der Roboter auf den Ausdruck der Nutzer*innen zu erzeugen. So werden Computerinterfaces mit dem animierten Ausdruck von Emotionen ausgestattet. Zudem sollen Roboter den Gesichtsausdruck der User*innen analysieren, um so auf ihre Gefühle zu reagieren (Bickmore 2015, 538).

Ein Beispiel für diese neue Generation von *embodied agents* stellt die Virtual Hospital Discharge Nurse dar, eine Art virtueller Gesundheitsberater, der am College for Computer and Information Science der Northeastern University in Boston entwickelt wurde, um dem Versorgungnotstand in der Pflege zu begegnen (Zhou et al. 2014). Der Gesundheitsberater besteht aus einem Tablet, das am Krankenbett angebracht ist. Auf dem Bildschirm wird neben einem Fragebogen ein Kurzfilm mit einer animierten Krankenschwester namens Elizabeth gezeigt, die die Patient*innen in Form eines Interviews über ihren Zustand aufklärt und an die Einnahme von Medikamenten und Follow-up-Termine erinnert. Zweck der künstlichen

Krankenschwester ist es, Wiedereinweisungen aufgrund unzureichender Patientenkommunikation und Lesefähigkeit sowie Verstöße gegen die Behandlung zu reduzieren (ebd., 529). Um die Betroffenen zur Computernutzung anzuregen, unterhält der *embodied agent* die Kranken mit ‚einfühlsamen' Smalltalk („That is too bad. Tell me more about how you are feeling") und spiegelt in der Mimik das antizipierte emotionale Erleben der User*innen (Bickmore 2015, 542). Ähnlich wie ihre Kolleginnen Siri oder Alexa steht Elizabeth in der Tradition der weiblichen Bediensteten und bedient damit alte Rollenzuweisungen der Geschlechter. Im Unterschied zum Design ihrer Kolleginnen rekurriert die Gestaltung von Elizabeth auf Affekte als Mensch und Computer verbindendes Element. Realisiert wird die affektive Interaktion über die Nachahmung antizipierter Gefühle der Nutzenden, in einer standardisierten Mimik oder den Redewendungen des Avatars.

Neben dem Rekurs auf faziale Bildelemente beruft sich die KI-Forschung auf abstrakte, expressive Formen für die Gestaltung der Computerinterfaces. Stellvertretend dafür steht der kreisförmige Saugroboter Roomba, der sich nicht nur autonom im Raum bewegt, sondern an dem farbig-leuchtende LED-Lampen wie ein Strahlenkranz angebracht sind, die das affektive Erleben der Nutzer*innen ansprechen sollen (Rea, Young und Irani 2012, 217–218) (vgl. Abb. 12). Bevor der Staubsauger gestartet wird, werden die Nutzenden aufgefordert, anhand eines Webinterfaces auf einem Smartphone eine Farbe entsprechend der eigenen Emotion auszuwählen, die im Strahlenkranz des Roboters reflektiert wird. Mit dieser visuellen Nachahmung der Stimmung beabsichtigen die Entwickler*innen, die Simulation einer affektiven Übereinstimmung zwischen Haushaltsgerät und User*in, um den Menschen nicht nur affektiv an die Technologie zu binden, sondern das gesamte Umfeld, in das der Roboter vermittelt über die Affekte integriert werden soll, emotional zu besetzen (ebd., 217). Nicht diskutiert wird jedoch, dass die Technologien auf ein spezifisches Nutzersubjekt angewiesen sind, das über ein Mindestmaß an Bereitschaft zur Affizierbarkeit durch ein technisches Gegenüber verfügen muss, damit sein Körper mit dem Agenten auf Grundlage der Affekte verkoppelt wird.

Die Berücksichtigung visueller affektrelevanter Elemente in der Human-Machine-Interaction zeigt, dass das ohnehin bereits heterogene Spektrum an multimedialen und multisensorischen Interfaces durch die Einbeziehung der Affekte eine neue Qualität erfährt (Distelmeyer 2018, 24). So verwendete das erste grafische Interface, das in den 1970er Jahren von der Firma Xerox in Palo Alto entwickelt wurde, visuelle Komponenten, um die komplexe Programmiersprache und eine Eingabe über eine

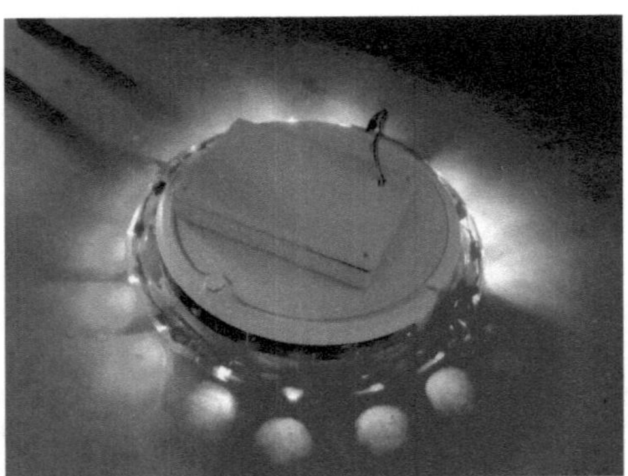

Abb. 12. Saugroboter Roomba, dessen Affektivität über einen Strahlenkranz aus farbigen LED-Lampen erzeugt wird, Fotografie (Rea, Young und Irani 2012), © Daniel Rea.

Kommandozeile abzulösen und die intuitive Bedienbarkeit des Computers weiterzuentwickeln.[8] Die nicht sichtbaren Computerprozesse werden anhand von „clickable or touchable" (ebd., 26) Zeichen bedient, die in einer direkten Relation zu den Prozessen stehen, die dem Laien nicht zugänglich sind (ebd.). Heute haben sich diese Formen der Computerbedienung ausdifferenziert. Zwar spielen visuelle Komponenten weiterhin eine wichtige Rolle, doch zugleich werden immer mehr unvermittelte Computerschnittstellen entwickelt, wofür exemplarisch das ‚Internet der Dinge' (Weiser 1991) steht. Damit ist der Trend gemeint, sichtbare Schnittstellen zwischen Mensch und Maschine, die Interaktion mit dem Computerscreen und den physischen Kontakten und die Berührung der Hand oder den Mausklick durch eine nahtlose Interaktion „in Form sensorischer Umgebung und intuitiver Usability" (Andreas, Kasprowicz und Rieger 2016, 11) zwischen Mensch und Computertechnologie zu ergänzen oder abzulösen (ebd.). Bei dem sogenannten „Invisible User Interface" (Hansen 2013, 73) des ‚Internets der Dinge' handelt es sich allerdings um das Paradox einer mit Sensoren vermittelten Interaktion, die im Design der Schnittstellen als unmittelbare Vermittlung präsentiert wird. Da es damit die konventionellen

8   Die Bildsprache des grafischen Interfaces beruht auf dem visuellen Prinzip des „Screens als Schreibtischoberfläche in einer Büroumgebung, auf der Papier abgelegt wird" (Pratschke 2008, 73), das zu der Bildform übereinanderlegbarer *overlapping Windows* führte. Laut Margarete Pratschke schließt diese Bildform an Konzepte aus der Zeit der Avantgarde und damit an die konstruktivistischen Collagen der Moderne an. Die Collage setze mit der Überlagerung der Bilder jedoch auf eine Ästhetik der Unordnung und Irritation, die sich in den Window-Screens tradiert habe und nach Ansicht von Pratschke das funktionale Prinzip der *overlapping Windows* als Bildelement zur intuitiven Lesbarkeit des Computerscreens infrage stellt (Pratschke 2008).

Interfaceformen ablöst, wird es von einigen auch als „Post-Interface"
(Andreas, Kasprowicz und Rieger 2016, 12) bezeichnet. Zudem bringt die
für das ‚Internet der Dinge' spezifische Mensch-Maschine-Relation das
konventionelle, statische Verhältnis zwischen Mensch und *personal computer* ins Wanken. Die Verbindung beruht nicht mehr auf einer Berührung
zwischen Hand und Screen, sondern auf einer sensorischen Vermittlung.
Zugleich sind die Computertechnologien mobil und flexibel geworden. Die
neuen tragbaren Computertechnologien rücken den Nutzenden buchstäblich auf den Leib und ziehen in ihren intimen Bereich ein (ebd., 11).[9] Die
angesprochenen Formen der HMI verbinden sich daher mit dem Anspruch,
neue Formen einer direkten und intuitiven Bedienbarkeit von Computertechnologien zu erproben, die durch eine vermeintliche Unmitteltbarkeit
der Interaktion und einen körperlichen „Distanzabbau" (ebd.) realisiert
werden.

Während einige Medienwissenschaftler konstatieren, dass die Entwicklung von User-Interfaces in der gegenwärtigen digitalen Medienkultur von
„neuen Vorstellungen von Körperlichkeit auf der einen, von Verbundenheit
auf der anderen Seite durch die ubiquitären mobilen Endgeräte" (ebd., 12)
begleitet wird, so trifft dieser Befund nicht auf die AC-Forschung zu. Denn
mit der Herstellung affektiver Computerschnittstellen werden implizit
ältere philosophische Konstellationen aktualisiert. In der Vorstellung einer
Affizierung zwischen Mensch und Maschine, also dass die Nutzer*innen
im Computer ein affektives Gegenüber erkennen, das ihr emotionales
Erleben beeinflusst, sowie das Reagieren der Computer auf die Useraffekte,
manifestiert sich ein Affektkonzept, das an die Affekttheorie von Spinoza
und Deleuze erinnert. Spinoza hat in seinem Hauptwerk *Ethik* (1677) ein
Affektverständnis ausgearbeitet, das sich von einem Innen-Außen-Modell
der Affekte, wie es von Descartes gefasst wird, lossagt. Descartes Theorie
gründet in der Vorstellung einer Trennung zwischen Seele und Körper,
wobei die Leidenschaften ihren Sitz im Inneren des Körpers haben, die
ihre adäquate Entsprechung an der Körperoberfläche finden. In der *Ethik*
wendet sich Spinoza gegen den von Descartes entworfenen Dualismus
zwischen Geist und Körper und begreift Affekte stattdessen als Wechselspiel zwischen geistigen und körperlichen Prozessen. Für Spinoza gehen
Affekte aus einer Affektion der körperlichen Substanz sowie der Ideen, die
das Subjekt von seinen affektiven Körpervorgängen hat, hervor (Spinoza
2003, 261, 377–379). Im Unterschied zu Descartes stellen Affekte bei

---

9   Die Nähe zwischen Mensch und Computer verspricht, intime Informationen über den
      Menschen zu erfassen, um eine intuitive Interaktion zwischen ihnen zu ermöglichen
      (Kaerlein 2016).

Spinoza eine Art „Doppelvorgang von körperlicher Affizierung und geistiger Begleitung" (Ott 2010, 202) dar, wobei letztere z. B. in Form eines sprachlichen Affektkatalogs eine Ausformulierung finde, der wiederum Rückwirkungen auf körperliche Aktivitäten habe (ebd., 194, 202).

Für die hier ausgeführten Überlegungen ist Spinozas Verständnis des Körpers relevant, den der Philosoph nicht über seine Formen und Funktionen bestimmt, sondern sein Vermögen, „afficirt zu werden und andere Körper zu afficiren" (Spinoza 2003, 441). Während der Körper damit aktiv andere Körper affiziere, sei er zugleich passiver Empfänger der Affekte von außen. Daraus folgt für Deleuze, in dessen Werk Spinoza einen besonderen Platz einnimmt, dass sich Anzahl und Ausmaß der Affekte nicht kategorisieren und endgültig bestimmen lassen (Deleuze 1980, 79). Damit richtet er sich implizit gegen Ekmans Affekttheorie, der die Affekte in sechs Basisemotionen mit entsprechenden Ausdrucksmustern klassifiziert. Das Vermögen der Körper, zu affizieren, lasse sich laut Deleuze nicht auf einen festgelegten Organisations- und Entwicklungsplan universaler, evolutionär entwickelter Affekte festlegen, die im Körper angelegt sind und sich in angeborenen universalen Ausdrucksmustern zeigen. Die Art der Affizierung hänge stattdessen von der spezifischen performativen Konstellation heterogener Körper ab. Das jedem Körper inhärente Potenzial zu affizieren entfaltet sich erst im Moment des Zusammentreffens mit anderen Körpern. Affekte sind laut Deleuze das Resultat eines Zusammenspiels der gegebenen Formen und Potenziale des Körpers, die sich erst im Kontakt zu anderen Körpern in einer singulären Situation entwickeln (ebd., 78–82). Aus dieser Perspektive betrachtet, ist das Vermögen des Körpers zu affizieren weder bekannt, noch lässt es sich vorherbestimmen, sondern ist der Performativität verschiedener Körper geschuldet (ebd., 81). Deleuze denkt das spinozistische Affektkonzept in seinem Aufsatz „Spinoza und wir" (1980) schließlich weiter. So trifft bei Deleuze das Vermögen, zu affizieren und affiziert zu werden, nicht nur auf menschliche, sondern auch auf nichtmenschliche Akteure zu. Er schreibt: „Man sieht wohl, daß der Immanenzplan, der Plan der Natur, der die Affekte verteilt, ganz und gar nicht Dinge, die als natürlich bezeichnet würden, und Dinge, die als künstlich bezeichnet würden, voneinander trennt." (ebd., 78) Für Deleuze definieren sich die Dinge nicht über ihre Genese aus der Kultur oder der Natur, sondern über die Affekte, zu denen sie fähig sind, und die Verkettungen zu anderen Dingen, die dadurch hergestellt werden.

Für die Untersuchung affektiver Mensch-Maschine-Konstellationen ist es aufschlussreich, dass für Spinoza das Subjekt zwar vom Körper und seinen Affekten abhängig ist, zugleich aber die Möglichkeit hat, sich von deren Wirkmacht zu emanzipieren. Deshalb kann die *Ethik* von Spinoza auch als potenzielle „Praktik der Befreiung" (Balke 2009, 203) von den Affekten betrachtet werden. Voraussetzung dafür ist deren „Bearbeitung" (ebd.), die weniger darauf abzielt, die ‚wahren' Affekte zu entschlüsseln als deren Ursache auf vielfältige Ursprünge zurückzuführen. Mit der Ausdifferenzierung der Entstehungsmomente lässt sich die Bedrohlichkeit der Affekte mindern, indem ihre Herkunft auf unterschiedliche bewältigbare Ursprünge zurückgeführt wird (ebd., 206). In diesem Zugriff auf die Affekte liegt für Balke die „ethische Haltung" (ebd., 205) Spinozas, die auf die Befreiung von der Herrschaft der Affekte abzielt, aber nicht, indem negative Affekte ignoriert werden, sondern indem sich das Subjekt die Affekte zur Erhöhung der mentalen Aktivität zunutze macht und die „Schädlichkeit [negativer Affekte] in eine (relative) Nützlichkeit" (ebd.) überführt.

Dass Affekte nicht nur Ausdruck der Psyche sind, sondern sich im Kontakt mit einem Gegenüber, ob menschlicher oder nicht-menschlicher Art, entfalten, ist also keineswegs ein neuer Gedanke in der Entwicklung ‚empathischer' Roboter. Auch das Phantasma einer Beherrschbarkeit der Affekte im Kontext von *Affective Computing*, das an Spinozas Affekttheorie erinnert und von dem Versuch der Steigerung nutzbringender Affekte begleitet wird, ist nicht erst mit der Einbeziehung der Affekte in die Informatik aufgetaucht. Dennoch zeugt die Entwicklung ‚empathischer' Computertechnologien von einer anderen Qualität. Zwar folgt die Forschung ähnlich wie in Spinozas *Ethik* der Absicht, die Lebensweise und Produktivität des Einzelnen zu optimieren, doch handelt es sich dabei allerdings nicht wie bei Spinoza um eine grundsätzliche Vervollkommnung des Menschen. Stattdessen sollen die Computertechnologien der Steigerung des Patientenempowerments im Krankenhaus dienen, um das soziale System des Krankenhauses im Hinblick auf den Pflegenotstand zu stabilisieren. Die Beherrschung und Nutzbarmachung der Affekte wird nicht wie bei Spinoza an eine epistemische Leistung des Subjekts gekoppelt, sondern an digitale Computertechnologien delegiert, wobei die Affekte des Nutzersubjekt als kontrollier- und steuerbar erscheinen. Die Programme werden dabei von der Prämisse der Stimulation positiver Affekte geleitet, um mit dem Ausschluss negativer Emotionen, die im Kontext der KI als Störung der Mensch-Maschine-Interaktion verstanden werden, die Mediennutzung zu einer effektiven und anhaltenden Erfahrung zu machen.

Der Realisierung einer affektiven Mensch-Maschine-Interaktion in der AC-Forschung liegt ein regelhaftes Modell zugrunde, dass sich insbesondere im Fall der künstlichen Krankenschwester wieder auf ein invariantes Set an Basisemotionen in Form von mimischen Mustern bezieht. Die Herkunft der Vorstellung, dass zwischen Menschen und nichtmenschlichen Objekten eine affektive Interaktion entstehen kann, die auf der Wahrnehmung des Ausdrucks des Gegenübers beruht, lässt sich auf das Konzept der ‚Einfühlung‘ aus der philosophischen Ästhetik und Wahrnehmungspsychologie des 19. Jahrhunderts zurückführen. Wegbereiter waren der Kunsthistoriker Robert Vischer und sein Vater, der Philosoph und Literaturwissenschaftler Friedrich Theodor Vischer.[10] Während Einfühlung häufig mit Sympathie und Mitgefühl fälschlicherweise gleichgesetzt wird (Koss 2009, 106), beschrieben die Vischers mit ihrem Einfühlungskonzept eine Form der Projektion der eigenen Gefühle auf ein wahrgenommenes ästhetisches Objekt wie etwa Kunstgegenstände, Bilder, Architektur, was die Betrachter*innen dazu bringt, es gleichsam zu beseelen bzw. zu animieren.[11] In diesem Zusammenhang hat Friedrich Theodor Vischer das Modell einer ‚Spiegel-szene‘ („mirror scene“) (Weigel 2017, 12) konzipiert, womit er die Spiegelung der Betrachteremotionen im wahrgenommenem Objekt beschreibt. Entscheidend ist, dass Friedrich Theodor Vischer ‚Einfühlung‘ nicht aus-schließlich als geistige Vorstellung begreift, sondern als eine Form der körperlichen Wahrnehmung mit „physiologischem Effekt“ (Curtis 2009, 23). Das dieser Wahrnehmung zugrunde liegende Prinzip sei nach Ansicht beider Einfühlungstheoretiker die Ähnlichkeit oder Unähnlichkeit der beob-achteten Form zum Bau des Körpers. Die Art der mimetischen Beziehung zwischen Körper und wahrgenommenem Objekt entscheide darüber, ob die „Außenwelt als genussvoll oder störend erlebt wird“ (ebd.). Die Erfahrung der Einfühlung wird also nicht nur als positiv erlebt. Bei Robert Vischer finden sich laut der Kunsthistorikerin Juliet Koss Beschreibungen, in denen Einfühlung als eine Form der „Destabilisierung der Betrachteriden-tität“ (Koss 2009, 106) erfahren wird.

Mit der Entwicklung der empirischen Psychologie um 1900 wird das Ein-fühlungsvermögen zum Gegenstand experimentalwissenschaftlicher Auseinandersetzungen (Weigel 2017, 12). Insbesondere der Psychologe Theodor Lipps untersuchte in seinen Wahrnehmungsexperimenten die Einfühlung der Betrachter*innen in Lebewesen, unbelebte Objekte, Farben oder Formen (Lipps 1906, 100–114). Lipps begreift das Vermögen zur Einfühlung dabei als instinktive, ursprünglich menschliche Fähigkeit

10   Der Begriff der ‚Einfühlung‘ taucht zum ersten Mal in der Dissertation Robert Vischers auf, die 1873 erschien (Vischer 1927).

11   So stellt das Konzept der Einfühlung eine Rekonzeptionierung der älteren Idee der ‚Animation‘ von Natur und Dingen dar. Das Konzept der Animation beschäftigt sich mit der Frage danach, warum sich der Mensch gegenüber Objekten so verhält, wie er sich gegenüber Lebewesen verhalten würden (Weigel 2017, 12).

(Weigel 2017, 13), die „als Projektion in das Andere erlebt wird" (Curtis 2009, 13). Voraussetzungen dieser Form der Projektion sei bei Lipps nicht nur die Wahrnehmung sinnlicher Objekte, sondern die Beobachtung der Bewegungen und Gesten des Gegenübers (Weigel 2017, 13; Curtis 2009, 13). Mit ihren Laborexperimenten brachte die Wahrnehmungspsychologie, welche die Unterschiede in der ästhetischen Wahrnehmung adressierte, jedoch auch die Grenzen des Einfühlungsvermögens wie etwa Unterschiede in der ästhetischen Wahrnehmung zutage. Hatte die philosophische Ästhetik „die individuelle Wahrnehmung auf einer allgemeingültigen Ebene" (Koss 2009, 117) verhandelt, so zeigte der britische Psychologe Edward Bullough in seinen Laboruntersuchungen die Abhängigkeit der Einfühlung von der persönlichen Beobachterperspektive (ebd.). Der Vorwurf der Verallgemeinerung individueller Erfahrungen – ausgehend von der Wahrnehmungspsychologie – führte zu einer Kritik an der ästhetischen Einfühlungstheorie, die den Kritikern zufolge „ästhetische Erfahrung [...] zwangsläufig mit Einfühlung" (ebd., 120) verband. Im Zuge der psychologischen Auseinandersetzung erfuhr das Einfühlungskonzept der Ästhetik einen allgemeinen Niedergang. Das zunehmende Desinteresse wurde laut Koss bestärkt durch eine Neukonzeptionierung der Zuschauer*innen. Hatte die Ästhetik das Betrachtersubjekt als gebildetes, kultiviertes, elitäres vorwiegend männliches Subjekt konzipiert, so erzeugte der Aufstieg von Massenmedien wie dem Film im 19. Jahrhundert ein heterogenes, häufig bildungsfernes Publikum, deren ästhetische Distanzerfahrung im Kino sich von der Intimität der Betrachterkonstellation im ästhetischen Einfühlungsmodell unterschied (ebd., 177–120).

Ausgehend von diesen Erläuterungen wird deutlich, dass in der Konzeptionierung einer affektiven Mensch-Maschine-Interaktion ein anderes Affektverständnis vorherrscht, das sich von dem FACS-Gefühlsparadigma unterscheidet. Anstelle des cartesianischen Innen-Außen-Modell der Gefühle sind für dieses Affektkonzept Affizierungsprozesse zwischen menschlichen und nichtmenschlichen Körpern charakteristisch. Dieses Konzept stellt die Vorherrschaft des FACS im *Affective Computing* nicht infrage, macht aber deutlich, dass in der AC-Forschung eine Auseinandersetzung mit anderen Affizierungsprozessen wie etwa zwischen Mensch und Maschine vorhanden ist. Auch wenn diese Form der Affizierung mit Deleuze argumentiert singuläre und nicht vorhersehbare Ereignisse hervorbringt, arbeitet sich die AC-Forschung doch an dem Versuch ab, diese Ereignisse zu beherrschen, um spezifische Affekte bei den Nutzenden kontrolliert hervorzubringen. Dafür bezieht sich die Forschung am Ende wieder auf das Innen-Außen-Modell der Affekte in Form idealtypischer Bildformen.

So werden die Affekte der Nutzer*innen über ihren manifesten Körperausdruck als nachahmbar und damit steuerbar verstanden, wobei sie in den Avatargesichtern wiederum in Form eines invarianten Sets an Basisemotionen zum Ausdruck kommen. Das Innen-Außen-Modell wird also ergänzt durch das Modell einer Spiegelszene in Form einer mimetischen Beziehung zwischen menschlichen und künstlich erzeugten Affekten. Die AC-Forscher*innen betrachten die Ähnlichkeit von Körper bzw. Gesicht und Computerinterface als Garantie dafür, die affektive Interaktion zu kontrollieren und eine positive Nutzererfahrung zu erzeugen. Im Unterschied zu den ästhetischen Einfühlungstheorien, in denen die ästhetische Wahrnehmung auf einem spezifischen Betrachtertypus mit kulturellem und intellektuellem Hintergrund aufbaut, fokussiert die AC-Forschung die Gestaltung der wahrzunehmenden Computerschnittstelle, von der die Spiegelkonstellation maßgebend ausgelöst werden soll, während das Nutzersubjekt unbelichtet bleibt. Der Auslöser für die Spiegelszene wird den adaptiven Fähigkeiten des Computers überantwortet. Auch die in der Ästhetik und in der Wahrnehmungspsychologie diskutierten Grenzen – wie die Destabilisierung des Subjekts im Rahmen der Einfühlung oder die Abhängigkeit der ästhetischen Einfühlung von der individuellen Betrachtererfahrung – werden im Zuge der Suche nach einer effizienten Interaktionsform nicht thematisiert.

Trotz dieser Unterschiede zu den historischen Konzepten lässt sich zeigen, dass die in der philosophischen Ästhetik des 19. Jahrhundert entwickelte Auffassung der Einfühlung basierend auf einer körperlichen Wahrnehmung im Kontext eines Effizienzdiskurses digitaler Medienkulturen und dem Prinzip der Vernetzung wiederbelebt wird. Unter dem Titel ‚Empathie' wird es an die Prämissen der IT-Industrie angepasst. Empathie wird unausgesprochen als ökonomische Kommunikationsform begriffen, die durch die Vermeidung negativer und die Erzeugung positiver Affekte eine effiziente Vernetzung zwischen Mensch und Maschine verspricht. Mit dem Rekurs auf die technologisch erzeugte Ökonomie der Empathie wird das Potenzial ‚empathischer' Roboter jedoch überschätzt. Denn die Vorstellung einer einfühlsamen Relation zwischen Mensch und Computer beruht auf der Annahme eines universalen Vermögens des Körpers, der in einer spezifischen, für die Computernutzung nützlichen Weise mit den ‚affektiven' Interfaces resoniert. Nicht berücksichtigt wird, dass das bereits von Deleuze angesprochene Vermögen der Körper zu affizieren eine individuelle Disposition darstellt. Die Art der Affizierung hängt sowohl von der Konstitution der einzelnen Körper als auch der spezifischen intersubjektiven und interobjektiven Konstellationen ab. Folgt man Deleuze, so lässt sich die Art und Weise, wie wir auf bestimmte Objekte oder andere Menschen affektiv reagieren, nicht vorhersagen und dementsprechend nicht medial evozieren.

Zur Kritik und Fetischisierung von *emotion detection*

Während sich die KI-Forschung also auf verschiedenen Ebenen auf den Affektkanon des FACS bezieht und mit affektiven Schematismen arbeitet, so hat sich außerhalb der Technikwissenschaft ein kritischer Diskurs über die Emotions-KI und ihre Methoden entwickelt. Unter dem Stichwort *artificial stupidity* wird das Unvermögen der *artificial intelligence* diskutiert, die ihnen zugewiesenen Aufgaben durchzuführen (O'Connell 2017, 43). Die Künstlerin Hito Steyerl spricht im Licht der flächendeckenden Ausbreitung der KI in alle Lebensbereiche von einem „new age of artificial stupidity" (Steyerl 2018b), das sich im Versagen der maschinellen Intelligenz äußert, Alltagshandlungen, Arbeitsroutinen oder die Forschung adäquat zu unterstützen. Steyerl vertritt die Auffassung, dass die aufwendige Bedienung der Systeme, die undurchsichtigen Trainingsprozesse sowie die Anpassung von Wissen an marktförmige Strukturen im Kontext der Big-Data-Forschung weniger dazu beitragen, die Komplexität der Welt zu verstehen. Stattdessen werde Wissen durch vielschrittige, für fachfremde Personen unzugängliche Lernprozesse intransparent gemacht und komplizierte Sachverhalte auf verrechenbare Daten reduziert, womit Verschwörungstheorien Auftrieb erhalten (ebd.).

Die Kritik der Kunst bezieht sich dabei auch auf die automatische Gesichts- und Affekterkennung. Dazu zählt beispielsweise die Installation *machine-readable hito & holly* (2017) des Künstlers Trevor Paglen, die aus Porträtbildern der Künstlerin Hito Steyerl und der Klangkünstlerin Holly Herndon besteht, die verschiedene Gesichtsausdrücke vor der Kamera posieren (Abb. 13). Paglen lässt die Bilder von Gesichtserkennungsalgorithmen im Hinblick auf Alter, Emotionsausdruck und Geschlecht analysieren, wobei die errechneten Wahrscheinlichkeiten unter dem jeweiligen Bild veröffentlicht werden (Paglen 2017). In seiner Bestimmung des Geschlechts der Künstlerinnen verhält sich der Algorithmus allerdings uneindeutig und schwankt in Abhängigkeit zum jeweilig posierten Gesichtsausdruck. Zudem scheinen sich Geschlechterstereotype in die Auswertung eingeschrieben haben. Das wird daran deutlich, dass positive Gesichtsausdrücke tendenziell als weiblich und neutrale bzw. negative als männlich ausgewertet werden. Damit demonstriert die Installation die hohe Fehlerquote der Algorithmen

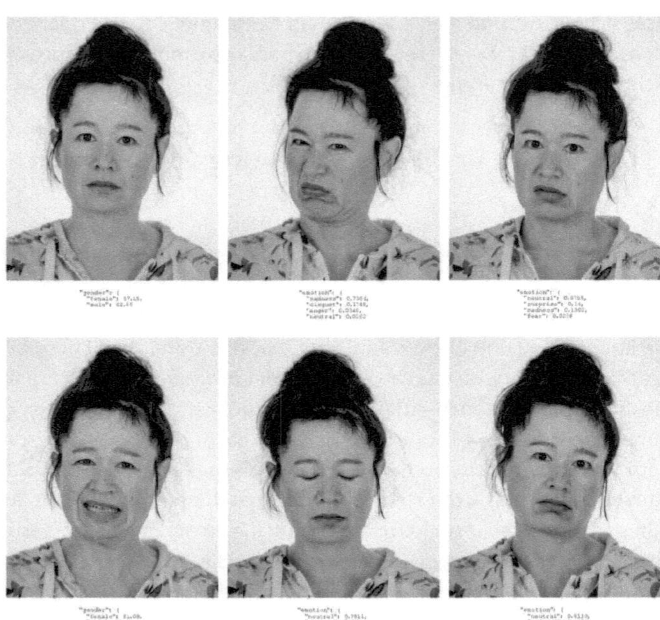

Abb. 13: Trevor Paglen Machine Readable Hito (detail), 2017 adhesive wall material 55-1/8" × 193" (140 cm × 490.2 cm), © Trevor Paglen, courtesy the artist, Altman Siegel, San Francisco and Pace Gallery.

selbst bei der Erfassung von posierten, also überdeutlichen und nicht spontanen Gesichtsausdrücken.

Auch die Videoinstallation *Facial Emotions one to six and a to F* (2017) der Künstlerin Yvon Chabrowski, in der zwei Gesichter scheinbar abgetrennt von Körper und Kontext schwerelos in einem schwarzen Raum schweben, demonstriert die Grenzen der Verfahren (Abb. 14) (Chabrowski 2017). Bei den Porträtbildern handelt es sich um einen Mann of Color und eine weiße Frau unterschiedlichen Alters, die Grimassen ziehen, die sich an den standardisierten Deutungsmustern des FACS orientieren. In Chabrowskis Videos ist jedoch nicht nur der Ausdruck der Gesichter standardisiert. Auch Gestalt und Erscheinung der beiden Personen, die in der Frontalperspektive aufgenommen und so hell ausgeleuchtet wurden, dass ihre Differenzen wie Hautfarbe und Alter zu verschwimmen drohen, scheinen sich an einer ästhetischen Norm zu orientieren. Die Künstlerin macht damit auf eine für die Verfahren charakteristische Diskrepanz aufmerksam:

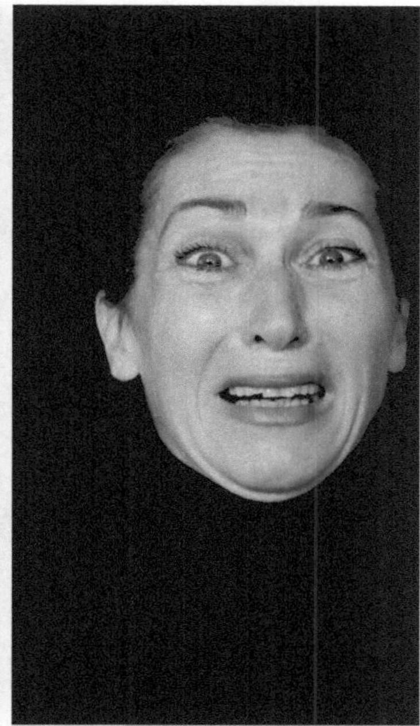

Abb. 14: *Facial Emotions one to six and a to F*. Performance: Claudia Splitt, Bishop Black; Video-Skulptur: Yvon Chabrowski. ©Yvon Chabrowski, VG Bildkunst 2023.

Während die Analyse von Gesicht und Mimik im Kontext von *emotion detection* Anspruch auf eine umfassende Gesichts-, Ausdrucks- und Emotionserkennung erhebt, funktionieren sie in der Praxis ausschließlich anhand standardisierter Ausdrucksmuster und Gesichtsdarstellungen abgelöst vom restlichen Körper und Kontext. Die Videosequenzen illustrieren visuell, wie Ausdruck und Gesicht beschaffen sein müssen, damit sie für Algorithmen des *emotion detection* lesbar und identifizierbar sind. Vor diesem Hintergrund lässt sich die Installation der Künstlerin als Kritik an den Verfahren der KI verstehen. Chabrowski veranschaulicht, dass *emotion detection* ausschließlich anhand von fotografischen Bildern mit ästhetisch genormten Gesichtern jenseits von ‚Störfaktoren' wie individuellen Ausdrucksmustern, Spuren des Alters, unterschiedlicher Hautfarbe oder Kontext funktioniert. Am Ende kann nur eine bestimmte Personengruppe sicher sein, dass ihre personenbezogenen Merkmale und ihr Ausdruck von den Verfahren eindeutig identifiziert werden. Alle anderen, deren Gesichter trotz allem erfasst werden, sind dem Risiko der Fehlinterpretation durch die Technologie und damit möglichen Diskriminierungen ausgesetzt.

Ob die KI-Forschung von den Gegenbewegungen in der Kunst affiziert wird, lässt nicht beantworten. Tatsächlich aber ist zu beobachten, dass sich auch im *Affective Computing* ein Bewusstsein für die Grenzen von *emotion detection* entwickelt hat. Dazu gehört die Auseinandersetzung mit der operativen Anwendung der Verfahren. So sind sich die Ingenieur*innen durchaus bewusst, dass die Verfahren in der Praxis vorrangig mimische Posen erfassen und bei subtilen sowie komplexen Ausdrucksmustern vor einer Herausforderung stehen. Wie ihre Kritiker*innen führt die KI-Forschung die Begrenztheit der Verfahren auf die Trainingsdatensets zurück, deren Algorithmen anhand von Fotografien und Filmsequenzen mit standardisierten Ausdrucksmustern trainiert werden (Valstar et al. 2006, 162; Tian, Kanade und Cohn 2011, 489). Ausgehend davon haben sich in den letzten Jahren zahlreiche Forschungsvorhaben herausgebildet, die um die Herstellung von *emotion detection* kreisen, die auf spontane Ausdrucksmuster und Affektartikulationen jenseits codierter Muster wie „subtle facial signals like a frown or a wink" (Valstar et al. 2006, 162) ansprechen könnten: „[M]ost of the past work on automatic facial expression analysis […] is aimed at the analysis of posed (i.e., volitionally displayed) facial expression data. Only recently few works have been reported on machine analysis of spontaneous facial expression data." (ebd.) Für diese Absicht trainieren einige Forscher*innen ihre Algorithmen auf Fotografien und Filmsequenzen, die vermeintlich spontane Affektartikulationen zeigen, um die Verfahren empfindlich für Ausdrucksmuster jenseits mimischer Posen zu machen.

Diesem Ansatz liegt ein Konzept des spontanen Ausdrucks zugrunde, der als Nicht-Pose begriffen das Gegenmodell zur willkürlichen, gestellten Mimik darstellt und sich empirisch messen lässt. Die Kriterien für die Differenz zwischen spontan und gestellt gehen auf Ekmans Unterscheidung zwischen dem willkürlichen und unwillkürlichen, dem ‚echten' und dem ‚falschen' Ausdruck zurück. Ekman diskutiert diese Differenz anhand des sogenannten *Duchenne smile*, das er als ‚echtes' Lächeln im Gegensatz zum kommunikativen, kontrollierten Lächeln bezeichnet. Beide Formen des Ausdrucks differenziert er anhand des zeitlichen Auftretens, der Intensität und der Anzahl der Muskelbewegungen (Ekman und Friesen 1982, 165–166). So äußere sich das spontane Lächeln im Unterschied zum kontrollierten Lächeln in der zeitgleichen Aktivität der Muskeln um Augen und Mund sowie in einem langsameren Erregungsmodus (ebd.). In Anschluss an Ekmans Forschung verhandeln die AC-Forscher*innen die Kategorisierung des spontanen und gestellten Ausdrucks auf der Ebene der Zeit und der Komplexität der Ausdrucksmuster, wobei sich Spontanität durch ein langsameres Erscheinen des Ausdrucks und eine höhere Komplexität der Ausdrucksmuster auszeichne: „[S]pontaneous smiles, in contrast to posed smiles [...], are slow in onset, can have multiple AU12 apexes (multiple rises of the mouth corners), and are accompanied by other AUs that appear either simultaneously with AU12 or follow AU12 within 1s." (Valstar et al. 2006, 162–163) Tatsächlich ist allerdings auch in Ekmans Ansatz unklar, ob diese Merkmale endgültig auf eine willensmäßige oder zufällige Aktivität zurückzuführen sind, womit der Befund einer eindeutig messbaren Unterscheidung zwischen Spontanität und Pose infrage steht.

Dieser epistemischen Unsicherheiten ungeachtet nutzen die KI-Forscher*innen Mimikfotografien, die den angesprochenen Kriterien entsprechen, um sie als Daten für das Training von Algorithmen zur Erfassung spontaner Ausdrucksmuster einzusetzen. Ihre Bilddaten entnehmen sie unter anderem Datenbanken wie der *Cohn-Kanade Facial Expression database* (Kanade, Cohn und Tian 2000).[12] Die darin enthaltenen Bilder wurden von den Informatiker*innen mithilfe des FACS in Bezug auf Dauer, Intensität und Symmetrie der Ausdrucksmuster untersucht, um die gestellte von der spontanen Mimik zu unterscheiden: „The proposed system for discrimination between volitional and spontaneous brow actions is based on automatic detection of Action Units (AUs) and their temporal segments (onset, apex, offset) produced by movements of the eyebrows." (Valstar et al. 2006, 162) Die Spontanität des Ausdrucks wird also anhand des zeitlichen Verlaufs und der Intensität der Mimik fest-gestellt. Zusätzlich verglichen die Forscher*innen die entsprechenden Sequenzen mit Aufnahmen spontaner Ausdrücke aus anderen Kon-texten, um die Nicht-Pose der Gesichtsausdrücke mittels des visuellen Vergleichs zu beweisen (ebd.). Mit diesem Versuch, die Spontanität des Ausdrucks zu belegen, wird jedoch die Tatsache verstellt, dass die ver-meintlich spontanen Ausdrucksmuster mithilfe des FACS kategorisiert werden, das mit posierten Deutungsmustern operiert. Vernachlässigt wird zudem, dass es sich bei den Ausdrucksfotografien der *Cohn-Kanade-Database* um Aufnahmen von Laborgesichtern handelt, deren Ausdruck in einer von Kontrolle und Standardisierung bestimmten Umgebung ent-standen sind. Der Forschung liegt also ein widersprüchliches Denkmodell zugrunde, insofern Spontanität mit Verfahren analysiert wird, die mit jenen fazialen Deutungsmustern arbeiten, die als Trainingsmodell der Systeme

---

12   Die *Cohn-Kanade Facial Expression database* oder *Cohn-Kanade (CK) database* aus dem Jahr 2000 wurde überarbeitet und 2010 von der *Extended Cohn-Kanade Dataset (CK+)* (Lucey, Cohn, Kanade et al. 2010) abgelöst. Für die neue erweiterte Daten-bank wurden u. a. die Emotionsbegriffe geändert, die Sequenzen und Anzahl der Proband*innen erhöht und nicht-posierte Sequenzen hinzugefügt (ebd., 1).

eigentlich vermieden werden sollen. Trotz dieser Widersprüche wird *emotion detection*, dessen Algorithmen mit im Labor entstandenen, sich an gestellten fazialen Ausdrucksmustern orientierenden Gesichtsbildern operieren, als Lösung für die Erfassung ungestellter Gesichtsausdrücke betrachtet. Dass diese Unstimmigkeit kaum diskutiert wird, liegt auch an der Fetischisierung der Algorithmen als universale Lösungsverfahren, der im Folgenden auf die Spur gegangen wird.

Seit der Entwicklung maschineller Lernsysteme wird die KI-Forschung von der Annahme bestimmt, dass sich Algorithmen als allumfassende Lösungsansätze für die Quantifizierung jeglicher Probleme – ob mathematischer, sozialer oder psychischer Natur – eignen, weshalb auch von einer „Fetischisierung des Quantitativen" (Burkhardt 2015, 341) in der Big-Data-Forschung gesprochen wird. Trotz der Grenzen der KI sind die Methoden des maschinellen Lernens zum Gegenstand von Glaubensvorstellungen geworden. Laut des Videospieldesigners Ian Bogost haben Big-Data-Forschung und Algorithmen als „computational theocracy" (Bogost 2015) die Religionen ersetzt. Mit der Glorifizierung der Systeme wird jedoch der Charakter maschineller Lernverfahren als heterogenes Ensemble, „involving many forms of human labor, material resources, and ideological choices" (Finn 2017, 7), vergessen. Indem also vor allem das universale Vermögen der Verfahren gesehen wird, dabei aber die Grenzen der Methoden vergessen werden, kann durchaus davon gesprochen werden, dass selbstlernende Systeme fetischisiert werden. Aus Perspektive von Finn ist die Fetischisierung algorithmischer Verfahren auf das Nachwirken historischer Mythen über Sprache zurückzuführen. Für Burkhardt stellt der Fetischismus der Algorithmen hingegen ein Phänomen dar, dass bereits in der „Mathematisierung der Welt" (Burkhardt 2015, 342) in der Neuzeit zu beobachten ist.[13] Die Fetischisierung algorithmischer Prozesse lässt sich jedoch nicht nur auf die lange Tradition einer Vorrangstellung des Mess-, Zähl- und Berechenbaren zurückführen, sondern auch auf den methodischen und materiellen Exzess maschineller Lernverfahren. Vor diesem Hintergrund wird hier der Fetischbegriff von Latour aufgerufen,

---

13   Die „Privilegierung des Mess-, Zähl- und Berechenbaren" (Burkhardt 2015, 341) ist laut Burkhard kein gegenwärtiges Phänomen digitaler Technologien der Versammlung und Verwaltung von Informationen. Bezugnehmend auf Husserl setzt diese Privilegierung bereits in der Neuzeit mit der „Mathematisierung der Welt" (ebd., 342) ein. Digitale Medienkulturen zeugen aber von einer anderen Qualität des Quantitativen, da neue Gegenstandsbereiche wie etwa soziale Prozesse ins Zentrum der Aufmerksamkeit rücken. Nach Ansicht von Burkhard geht die „Quantifizierbarkeit des Sozialen" (ebd., 344) jedoch an den eigentlichen sozialen Phänomenen vorbei, insofern mit quantitativen Methoden ausschließlich interpretierungsbedürftige Indizien des Sozialen erfasst werden.

der die Wirksamkeit des Fetisch/*faitiche* nicht an ideologische Projektionen und geistige Glaubensvorstellungen bindet, sondern an die Effekte der Materialität der Phänomene (Latour 2002, 334). Latour bringt seine Wortneuschöpfung *faitiche*, die aus der Verbindung der Begriffe *fait* (Fakt) und *fétiche* (Fetisch) hervorgegangen ist, als Gegenbegriff gegen einen Fetischbegriff der Moderne in Stellung. Letztere sieht im fetischisierten Objekt das Ergebnis einer Projektion von Ideologien auf funktions- und eigenschaftslose, ‚leere' Objekte.[14] Das Konzept des *faitiche* stellt im Unterschied dazu ein Angebot dar, das Charisma eines Objekts nicht allein an eine geistige Projektionstätigkeit zu koppeln (Latour 2002, 336–337, 340). Aus Perspektive von Latour geht die Wirkmacht des *faitiche* auf das Zusammenspiel aus geistiger Projektion, Materialität des Gegenstandes und der Einbettung des Objekts in komplexe Handlungsketten zurück. Letztere meint die Einbindung in operative Zirkulations- und Handlungsprozesse, in der die Objekte mit neuen Bedeutungen aufgeladen werden oder einen epistemischen Verlust erfahren (ebd., 348).

Michael Cuntz hat zurecht angemerkt, dass Latour einen gemäßigten Fetischbegriff entwirft, der frei ist von ideologiekritischen Positionen, die dazu neigen, mit Stereotypenbildungen zu operieren und der Heterogenität des Gegenstandes nicht gerecht werden. Er kritisiert, dass Latours Sorge um den „gesunden und normalen Umgang mit den *faitiches*" (Cuntz 2014, 83) auf Kosten der „exzessiven Dimensionen" (ebd.) des Fetischismus geht. Dazu zählt er die „obsessive Faszination, des zu nah und zu lang, des Verweilen und Fixiertseins" (ebd.), die in der ästhetischen Erfahrung und gerade in der „Moderne-Erfahrung" (ebd.) zu beobachten sind.[15] Die von Cuntz angesprochenen exzessiven Aspekte des Fetischs sind in der Tat auch in den operativen Prozessen selbstlernender Systeme anzutreffen. Hier handelt es sich im Unterschied zu Latours Konzept um funktionierende Systeme mit Eigenschaften – also keine ‚leeren' Objekte –, die dennoch, wie im Folgenden ausgeführt wird, einen fetischartigen Charakter annehmen. Denn auch maschinelle Lern- und Trainingsprozesse erzeugen ein ‚zu viel' und ‚zu oft' der Wissensproduktion. Dazu gehören das exzessive Sammeln von Daten in möglichst allen Lebensbereichen und zu jeder Zeit, der Anspruch der Verarbeitung und Speicherung riesiger Datenmengen oder die sich immer wieder wiederholenden algorithmischen Trainingsprozesse. Mit der Entwicklung von neuronalen Netzen, dem sogenannten

14   Diese Ansicht manifestiert sich Latour zufolge beispielsweise im Marx'schen Warenfetisch oder dem Freud'schen Fetischbegriff (Latour 2002, 340, 355).

15   Dazu zählt Cuntz Berührungsverhältnisse, wie sie im Konzept des Abdrucks von Georges Didi-Huberman auftauchen, oder die langen Einstellungen im Kino von Pasolini (Cuntz 2014, 84–85).

unsupervised learning oder *Deep Learning*, die versprechen, Muster aus den Trainingsdatensets selbstständig zu extrahieren und Bedeutung zuzuschreiben, wird zugleich der Vorstellung einer Autonomie[16] der Systeme Vorschub geleistet. Diese wird von dem Phantasma einer selbsttätigen Einschreibung des Bildwissens in die Formel des Algorithmus begleitet, was dem Trainingsprozess die Aura eines magischen, von Menschenhand weitgehend unabhängigen Vorgangs verleiht.[17] Ausgehend von diesen Beobachtungen ist festzustellen, dass die übermäßige Anhäufung riesiger Datenmengen und die ‚Autonomie' maschineller Lernsysteme mit an der Vision der KI und ihren Methoden arbeiten, nämlich an ihren „vielfältigen, heterogenen und scheinbar grenzenlosen Möglichkeiten der Verzeichnung, Zirkulation, Präsentation, Selektion und Auswertung von Informationen" (Burkhardt 2015, 10).

Zu dieser Vision trägt auch die Intransparenz maschineller Lernverfahren und das Darstellungsproblem der Algorithmen bei (Castelvecchi 2016). Während die Effekte algorithmischer Systeme und die Ordnungsstrukturen der Datenbanken „für uns alle sichtbar und wirkungsmächtig sind", bleibt ihre Genese in „ihrer spezifischen Funktionsweise [...] mehr denn je im Unsichtbaren" (Bernard 2016, 15), so Bernard, der weiter ausführt: „Die Codes der Algorithmen sind ein Geheimnis, vielleicht einigen Programmierern der Unternehmen bekannt, vielleicht aber nicht einmal das, weil komplexe proliferierende Computercodes sich nicht auf so konkrete Weise darstellen" (ebd.) lassen. Die Opazität der Lernprozesse stellt allerdings nicht nur ein Problem der Erkenntnis dar, sondern steht auch mit Fragen der Macht in Zusammenhang. So werden Algorithmen Autorität in vielen Entscheidungsprozessen zugeschrieben, während „ihr Kalkül, ihre Regierungsweise [...] im Dunkeln" (ebd.) bleibt. Vor diesem Hintergrund ist zu resümieren, dass die Blackboxhaftigkeit maschineller Lernsysteme und der operative Exzess der Verfahren mit an der Entwicklung technikutopischer Vorstellungen und der Fetischisierung der Systeme beteiligt sind.

---

16   Die Bezeichnung ‚autonome Systeme' impliziert ein Konzept von Autonomie als Fähigkeit der Systeme, selbstbestimmt und situationsabhängig Entscheidungen zu treffen. Mit diesem Verständnis wird jedoch vergessen, dass Autonomie nicht nur die Freiheit bedeutet, eigene Gesetze aufzustellen, sondern auch in der Freiheit besteht, Regeln nicht zu befolgen oder kreativ zu überschreiten (Bächle et al. 2018, 171–172).

17   In der Praxis zeichnen sich die neuronalen Netze jedoch durch eine geringe Funktionsfähigkeit aus, weshalb Methoden des *unsupervised learning* mit dem *supervised learning*, also dem überwachten Lernen, kombiniert werden. Im überwachten Lernen werden jedoch die Muster und Regelmäßigkeiten, die der Algorithmus lernt, von Menschenhand markiert und ausgewählt. Dieser Labelingprozess verläuft also nicht automatisch und autonom, sondern beruht auf der händischen, subjektiven Annotation (Engemann 2018, 254).

Deren unzugängliches, das Maß überschreitende Prozessieren führt dazu, dass selbstlernende Algorithmen nicht nur eine autonome, vom Menschen unabhängige Erkenntnisfähigkeit unterstellt wird, sondern zugleich die universale Fähigkeit, auf alle Probleme zutreffende Lösungen zu finden. Diese Vorstellungen werden gleichsam von einer Blindheit für die Genese der Algorithmen und den mit ihnen tradierten subjektiven Implikationen begleitet.

Verstecktes Bilderwissen der Big-Data-Forschung

Zusammenfassend ist festzuhalten, dass mit der Aufwertung der Emotionen in den Neurowissenschaften und der Entwicklung neuer Sensortechnologien und Programme der KI-Forschung Verfahren zur automatischen Erfassung affektrelevanter Indikatoren entwickelt worden sind, welche die händische Decodierung von Fotografien und Filmsequenzen des Gesichtsausdrucks mit einem Klassifikationssystem wie dem FACS ersetzen (vgl. Kap. 1). Im Zuge dessen hat sich das epistemische Objekt von den *facial expressions* in Form von mimischen Posen zu einer Vielzahl von Indikatoren wie physiologische Faktoren und *posed and spontaneous facial expressions* verschoben, die wiederum mit Smartphonedaten zu Bewegungsmustern, Aufenthaltsort und Telefonnutzerverhalten korreliert werden. An die Stelle von FACS-geschulten Sachverständigen zur Beurteilung grafischer Schemata und Fotografien der Mimik sind computergestützte Verfahren der automatischen Mustererkennung zur Echtzeiterfassung physiologischer Erregungen und ihre Korrelation mit anderen Mediennutzungsdaten getreten. Mit den digitalen Verfahren versucht die KI-Forschung, spontane Affekterregungen, Falten oder Stirnrunzeln jenseits des fazialen Codes zu registrieren und die Verfahren empfindlich für die Vielfalt fazialer Muster als ‚echten' Ausdruck der Gefühle zu machen. Mit dem Rekurs auf die Stärken der Big-Data-Anwendungen, die in der Sammlung und Verwaltung riesiger Datenmengen, Quantifizierung und Korrelation heterogener Datensätze und der Operationalisierung der Daten in anwendbare Algorithmen liegen, hat sich die Absicht der Forschung verändert. An die Stelle der ‚objektiven', sprachunabhängigen Messung des Ausdrucks ist die effiziente Erfassung und Decodierung physiologischer Erregungen in Echtzeit sowie das Teilen affektiver Daten getreten. Zugleich sind Fragen der Repräsentation des Ausdrucks im Kontext seiner fotografischen Aufzeichnungen durch Fragen der Verknüpfung, Kommunikation und Quantifizierung von Bilddaten des Ausdrucks ersetzt worden.

Auftrieb erhält das Forschungsprogramm der AC-Forschung zum einen durch die Annahme der empirischen Forschung, dass physiologische Erregungen jeglicher Art in einer unmittelbaren Relation zur Psyche stehen und mit empirischen Methoden aufgezeichnet, gemessen und decodiert werden können. Zum anderen wird das Vorhaben durch den in der KI-Forschung verbreiteten Glauben an Algorithmen als universale Lösungsansätze motiviert, welche nicht nur die Quantifizierung mathematischer, sondern auch emotionaler Phänomene möglich zu machen scheinen. In der Weise, in der empirischen und algorithmischen Methoden Vorrang eingeräumt wird, werden die Probleme anderer involvierter Medien verdrängt. Dies betrifft vor allem den Gebrauch von Fotografien und Filmaufnahmen des Gesichts, aus denen Trainingsdaten für algorithmische Lernprozesse erhoben werden. Kritisch zu betrachten ist, dass die fotografischen Abbildungen als reine Repräsentationen des Gegenstandes behandelt werden, während die Auswertung der Mimik als eindeutig und selbstevident angenommen wird. Nicht reflektiert wird die Zwei- und Mehrdeutigkeit der Mimik, die bereits für die Porträtkünstler der Renaissance ein zentrales Problem bei der Darstellung des Ausdrucks gewesen ist (vgl. Kap. 1). Das Darstellungsproblem des Ausdrucks ließ sich aus Perspektive der Künstler nicht lösen, weshalb sie auf andere Affektartikulationen statt des mimischen Ausdrucks zurückgriffen. In der KI-Forschung ist das Wissen um das Problem der Mehrdeutigkeit des Ausdrucks jedoch nicht vorhanden. Auch der dokumentarische Charakter der Fotografie, Phänomene unabhängig von der Absicht der Fotograf*in aufzuzeichnen und ins Bild zu setzen, wie etwa unbeabsichtigte Affektartikulationen jenseits des fazialen Codes (vgl. Kap. 1), wird im Kontext der Ingenieurswissenschaften nicht debattiert. Die Wirklichkeitseffekte der Fotografie spielen jedoch auch in der Big-Data-Forschung eine große, wenn auch für die Nutzer*innen unbemerkte Rolle: Wenn fotografische Medien zufällige Phänomene aufzeichnen, die aufgrund der machinisierten Apophänie der algorithmischen Mustererkennung als fazialer Ausdruck codiert werden, dann bestimmt das unintendierte ‚analoge‘ Bilderwissen der Fotografie in Zusammenhang mit den algorithmischen Fehlcodierungen die Wirksamkeit ‚digitaler‘ Verfahren mit. Aufgrund der Intransparenz der Algorithmen und den Versprechen der Automatisierung maschineller Lernsysteme tritt das Eigenleben und Irritationspotenzial dokumentarischer Medien und algorithmischer Verfahren in der KI-Forschung jedoch kaum zutage.

Mit der Digitalisierung des FACS findet also eine Transformation der mimischen Bildformeln in berechenbare Daten statt. Das bedeutet jedoch nicht, dass die Bildproduktion durch die Datenproduktion ersetzt wird und damit auch das Darstellungsproblem des Ausdrucks endgültig als überholt zu betrachten ist. So konstatiert auch Meyer im Hinblick auf die algorithmische Gesichtserkennung:

> Das Spannungsverhältnis zwischen Bildern und Daten hat sich [...] nicht aufgelöst. Auch wenn sie in Hinblick auf ihre algorithmische Auswertung nichts weiter sind als Datenströme, sind die Myriaden von Bildern, die in den globalen Netzen zirkulieren, für die, die sie dort eingespeist haben, massenhaft, teilen, bewerten und kommentieren, unverändert Bilder: Bilder, auf denen sie selbst und die Menschen zu sehen sind, die ihnen wichtig sind, Bilder, die Aufmerksamkeit auf sich ziehen und um Zustimmung und Anerkennung werben. (Meyer 2019, 422)

Gleiches gilt auch für die Herstellung von Algorithmen zur automatischen Affekterkennung, die dafür Bilder der Mimik benötigen, die in großen Datenbanken für algorithmische Trainingsprozesse klassifiziert und verwaltet werden. Und auch in der Entwicklung von ‚empathischen' Robotern in der KI-Forschung spielen neben adaptiven Systemen und der algorithmischen Mustererkennung computeranimierte Bilder von Gesicht und Ausdruck eine zentrale Rolle, um Mensch und Maschine effizient zu vernetzen. Dass sich in den fotografischen und animierten Bildern beispielsweise ein historisches Schema der Mimik aus der Kunst des 17. Jahrhunderts und damit ein altes Gefühlsparadigma tradiert hat, zeugt davon, dass sich die avancierten Big-Data-Technologien auf der Ebene ihrer Bildnutzung mimetisch auf ihre historischen Vorläufer beziehen. Dem Computer kommt „die Funktion eines ‚Mediums aller Medien'" (Balke 2018, 190) zu, so Balke im Anschluss an Marshall McLuhan, insofern in Computertechnologien unterschiedliche Medien miteinander verkoppelt sind. Wenn Fotografien und Filmaufnahmen des mimischen Ausdrucks für avancierte Big-Data-Anwendungen genutzt werden, dann treten die damit einhergehenden ungelösten Probleme auch in der KI-Forschung auf, die zwar auf der Ebene der materiellen Grundlagen technologische Neuerungen verzeichnen kann, hinsichtlich der Ästhetik ihres Gegenstandes jedoch mit tradierten Bildformen operiert.

3

Depressive Gesichter in der Laborpsychologie

Ein zentrales Anwendungsfeld von *emotion detection* ist seit einigen Jahren die Erfassung körperlicher Affektmodi von Depressionen.[1] Die Depression, so lautet die Feststellung des Soziologen Alain Ehrenberg, ist die „am meisten verbreitete psychische Störung" (2004, 3) des 20. Jahrhunderts. Unklar ist jedoch, wie die Zunahme der Depressionsdiagnosen im 20. Jahrhundert einzuordnen ist und ob es sich überhaupt um eine Zunahme handelt. So vermuten manche in der Vergabe von Antidepressiva den Grund, dass immer mehr Menschen an Depressionen leiden. Denn die Psychopharmaka würden die Ursachen der Erkrankung nicht bekämpfen, sondern nur verlagern (Whitaker 2010, 80). Andere machen die Ausweitung der Depressionskriterien in den 1980er Jahren dafür verantwortlich. Mit der Pathologisierung negativer Gefühle sei aus „‚normalem' Leid" (Padberg 2021, 91) krankhaftes Leid (Horwitz und Wakefield 2007) geworden. Worin auch immer die Ursachen für die vermeintliche Zunahme liegen, aus Perspektive der World Federation for Mental Health (WFMH) stellt die Verbreitung der Krankheit ein gesundheitliches Risiko für die Weltbevölkerung und ein wirtschaftliches Risiko für das Gesundheitssystem dar, worauf das Interesse an ihrer Früherkennung und Prävention gründet (Marcus et al. 2012, 8). Mit dem Fokus auf die Prävention von Depressionen will die

1   Der Begriff Depression geht auf das Lateinische *deprimere* für herabdrücken zurück. Der Psychiater Emil Kraepelin entwickelte im 19. Jahrhundert die erste moderne Klassifikation depressiver Verstimmungen und verwendeten den Begriff der Depression als Synonym für Melancholie (Petrilowitch 1972, 115).

AC-Forschung *emotion detection*-Verfahren als Diagnose- und Frühwarn-
systeme verstanden wissen, die nicht nur eine ‚objektive' Erfassung der
Symptome ermöglichen (Joshi, Dhall, Goecke et al. 2013, 492), sondern
bereits latente Zeichen von Depressionen „in the early stages" (ebd.)
registrieren.[2] Dieses Vorhaben trifft sich mit den Plänen des sogenannten
eHealth, das mittels des Einsatzes von digitalen Informationstechnologien
in Bereichen wie Medizin, Gesundheits-, Versicherung- oder Ernährungs-
wesen, Sozialstaat, Sport und Yoga neue Zugänge zum Körper schafft
(Engemann 2020, 361). Das *eHealth* bedient sich der Techniken der Selbstvermessung und -überwachung. Es ermöglicht einen selbstständigen
Zugang der Patient*innen zu ihren Gesundheitsdaten mit der Absicht, die
Selbstermächtigung der Nutzenden und die Demokratisierung des Gesund-
heitswesens voranzutreiben. Die Verkopplung aus Gesundheitssektor
und IT-Industrie folgt dabei der Rhetorik des Patienten-Empowerments,
während die Verfahren von den Marktstrukturen und ökonomischen
Mechanismen der IT-Industrie abhängen (ebd., 366).

Im Kontext des wachsenden Bereichs von *eHealth* werden auch im *Affective
Computing* Informationstechnologien zum individuellen Gesundheits-
management und zur Selbstsorge konzipiert. Exemplarisch dafür sind die
Entwicklungen der Affective Computing Group, die mobile Endgeräte wie
Smartphones oder Armbänder zur Erfassung depressionsspezifischer
Merkmale anhand physiologischer Erregungen und der Kommunikations-
praktiken entwirft (Ghandeharioun et al. 2017). Einen Beitrag zum com-
putergestützten Selbstmanagement der mentalen Gesundheit verspricht
auch die am Institut for Creative Technologies der University of Southern
California (USC) entwickelte virtuelle Therapeutin SimSensei. Die künst-
liche Agentin ist in Form einer computeranimierten Therapeutin über
eine Webplattform online zugänglich. SimSensei erfasst mittels einer
Kamera während eines simulierten Therapiegesprächs Indikatoren von
Depressionen und Posttraumatischen Belastungsstörungen (PTBS) bei
US-Veteranen anhand fazialer Expressionen, Gesten oder dem Blickver-
halten der Nutzer*innen. Im Unterschied zu dem in den 1960er Jahren von
Joseph Weizenbaum am MIT entwickelten Sprachanalysesystem ELIZA, das
ein Psychotherapiegespräch auf Basis der Analyse von Textnachrichten
imitiert (Apprich 2019), bezieht sich SimSensei auf die Auswertung von
physiologischen Indikatoren. Das Projekt zielt auf die Identifizierung von
Risikofaktoren für psychische Störungen und den Abbau von Hemmungen
hinsichtlich der Kontaktaufnahme zu einer Therapeut*in – von der

---

2   Vgl. zur Präventionsgesellschaft des 21. Jahrhunderts Engell, Siegert und Vogl (2009,
     7).

Sammlung von Daten für die Weiterentwicklung der Programme ganz zu schweigen (Rizzo et al. 2013; Gratch et al. 2013). Neben diesen populär- und ingenieurswissenschaftlichen Applikationen von *emotion detection* und *Emotion AI* sind die Verfahren auch in experimentalwissenschaftlichen und klinischen Zusammenhängen zu finden (Joshi, Dhall, Goecke et al. 2013, 1; Joshi, Goecke, Parker et al. 2013; Girard et al. 2013; Girard und Cohn 2015). Ein Beispiel dafür sind die Forschungen von Jeffrey M. Girard, Jeffrey F. Cohn, Mohammad H. Mahoor, Seyedmohammad Mavadati und Dean P. Rosenwald der Carnegian Mellon University, University of Pittsburgh und der Denver University. Die Psychologen und Informatiker verwenden *facial expression emotion detection* als Instrumentarien zur Aufzeichnung der Mimik von Personen mit der Diagnose *major depressive disorder*, um depressionsspezifische faziale Merkmale zu identifizieren (Girard et al. 2013).

Die folgenden Ausführungen gehen von der Beobachtung aus, dass mit der Entwicklung von *emotion detection* zur Diagnose psychischer Störungen nicht nur die Methoden, sondern auch die Forschungsgegenstände und Subjektvorstellungen den Verfahren entsprechend neu organisiert werden. Denn während die Psychologie sich mit dem ungelösten Problem der eindeutigen Diagnose depressiver Störungen und ihrer Ursachen konfrontiert sieht, werden Depressionen in der AC-Forschung als klar abgrenzbares Krankheitsbild begriffen, das mit den Verfahren des *emotion detection* erfassbar ist. Diese Vorstellung liegt insbesondere der Entwicklung von tragbaren Informationstechnologien zum Selbstmanagement der Gesundheit zugrunde, die anhand der Erfassung von Körper- und Smartphone-daten versprechen, das Entstehen des Leidens zu verhindern. Dieser Ansatz unterscheidet sich wiederum von jenen Forschungsprojekten der Grundlagenforschung, die herauszufinden versuchen, welche mimischen Ausdrucksmuster überhaupt depressionsspezifisch sind. Vor diesem Hintergrund werden im Folgenden zunächst die ungelösten Probleme der Forschung zu Depressionen diskutiert und die verschiedenen Ansätze der computergestützten Depressionsforschung analysiert. Anzunehmen ist, dass die Vorhaben – trotz unterschiedlicher Ansätze – alle von einem empirischen Paradigma bestimmt werden, dessen Vorläufer in der klinischen Psychiatrie des 19. Jahrhunderts zu finden ist.

Depressionen als Hemmung des Handelns und psychisches Leiden

Im Unterschied zu den qualitativen Methoden der Psychoanalyse, in deren Zentrum der erzählende Bericht der Betroffenen steht, um anhand der Lebens- und Leidensgeschichten unbewusste Aspekte psychischer Störungen zu aktualisieren, zu erörtern und in Konfrontation mit der Psycholog*in auszuleben,[3] orientiert sich die Forschung im *Affective Computing* an quantitativen Methoden der empirischen Richtung der klinischen Psychiatrie. Hier erfassen Ärzt*innen die Symptome von Depressionen, um anhand der Anzahl der registrierten Merkmale eine Diagnose zu stellen. Diesem Ansatz liegt das von der American Psychiatric Association herausgegebene Klassifikationssystem Diagnostic and Statistical of Manual Mental Disorder V (DSM-V, 2013) zugrunde, das Beschreibungen von Krankheitsbildern mentaler Störungen und ihre Symptome beinhaltet (American Psychiatric Association 2013). Das Handbuch, das eigentlich für die Grundlagenforschung entwickelt wurde, kommt heute vor allem in der diagnostischen Praxis zur Anwendung (Ehrenberg 2004, 190). Aufgrund der Herkunft des Manuals aus der Forschung wird häufig angenommen, dass das DSM ein umfassendes Archiv psychiatrischer Krankheitsbilder darstellt, in dem jede mögliche psychische Störung beschrieben ist, so Geoffrey C. Bowker und Susan Leigh Star in ihrer Geschichte der modernen Klassifikationssysteme *Sorting Things Out: Classification and Its Consequences* (1999, 72). Klassifikationssysteme wie das DSM beinhalten jedoch weder vollständiges psychiatrisches Wissen, noch sind sie das Ergebnis einer abstrakten Theoretisierung oder statistischen Auswertung von Daten. Das DSM-III (1980) beispielsweise, das unter der Leitung von Robert Spitzer erstellt wurde, ist das Resultat einer Übereinkunft der beteiligten Wissenschaftler*innen und Lobbyarbeit. Die Anzahl der Symptome für Depressionen etwa beruhen nicht auf einer statistischen Analyse, sondern auf einer Abstimmung per Handzeichen der beteiligten Forscher*innen und Therapeut*innen – also auf sozialen und politischen Aushandlungsprozessen (Padberg 2021, 141). Bowker und Star plädieren daher dafür, Klassifikationssysteme als „historische und politische Artefakte" und als „Teil der modernen westlichen Bürokratie" (Bowker und Star 2017, 167) zu begreifen. Die im DSM beschriebenen Kategorien sind das

---

3   Die Methode der Erzählung der Krankheit in Fallgeschichten stammt aus der forensischen Psychologie und Psychiatrie, welche die Psychoanalyse übernommen hat. Die Ursprünge gehen jedoch bis zu den antiken Mythen um Ödipus und die Ilias zurück, die in der Erzählung verdrängte Aspekte des Individuums hervorzubringen beabsichtigten (Leuzinger-Bohleber 2010, 97–99).

Ergebnis der Arbeit und Politik einer organisierten Tätigkeit verschiedener Interessensgruppen samt den daraus entspringenden Konflikten (ebd., 167–168). Problematisch ist, dass mit dieser Vorgehensweise auf der Ebene der institutionellen Repräsentation Normalisierungen erzeugt werden, womit alles, was sich jenseits der Norm befindet, ausgeblendet wird.

Dazu zählt auch, dass das DSM-V aus dem Jahr 2013, auf das sich die computergestützte Depressionsforschung bezieht, von einem medizinischen Verständnis von Krankheiten ausgeht. Diese werden als abgrenzbare, natürliche und ahistorische Kategorien verstanden, die auf eine bestimmte Ursache zurückgehen und sich anhand einer spezifischen Anzahl von Symptomen diagnostizieren lassen (Fried und Nesse 2015, 96; Fried 2015, 2). Indem das medizinische Paradigma psychische Störungen wie Depressionen als biologische Krankheiten behandelt, wird jedoch der Unterschied zwischen psychischen und physischen Krankheiten nivelliert. Störungen der Psyche werden mit körperlichen Pathologien gleichgesetzt, womit vergessen wird, dass der Zusammenhang zwischen Ursache und Störung bei psychischen Pathologien weniger eindeutig und nachvollziehbar ist als bei körperlichen. Das medizinische Paradigma impliziert zudem die Vorstellung, dass jedes Symptom ein gleichwertiges Element darstellt, wobei die Summe der Symptome das klinische Krankheitsbild ergibt (Fried und Nesse 2015, 96). Im Fall von Depressionen zählen dazu affektive, verhaltensmäßige und kognitive Merkmale wie depressive Verstimmungen, Interessensverlust, Freudlosigkeit, Gewichtsverlust oder -zunahme, Schlafstörungen, Antriebsmangel, Müdigkeit, vermindertes Selbstwertgefühl, Schuldgefühle, Konzentrationsschwierigkeiten oder Suizidgedanken (American Psychiatric Association 2013, 160). Die Ärzt*innen erfassen die Indikatoren anhand eines standardisierten Fragebogens (Ehrenberg 2004, 186), wobei aus der Summe der zutreffenden Merkmale das Krankheitsbild ermittelt wird (Fried 2015, 2). Daraus wird eine Ziffer generiert, die der Abrechnung der therapeutischen Leistung für die Krankenkassen dient. Die Praxis der Diagnose basiert also auf der Addition von Indikatoren und ihrer nummerischen Verschlüsselung, womit die komplexe Krankheitsgeschichte auf einen „Nummern-Mix" (Juckel 2013, 188) und eine „entsprechende Abrechnungsziffer" (ebd.) reduziert wird. Mit dieser Vorgehensweise wird jedoch die Individualität, Geschlechterabhängigkeit, Diversität sowie die Vielfalt der Symptome weniger berücksichtigt, die laut einer Studie des Psychologen Eiko F. Fried mehr als hundert verschiedene depressionsrelevante Symptome umfassen können (Fried 2015, 2). Vergessen wird zudem, dass sich einzelnen Symptome wie Schlaflosigkeit, Müdigkeit, traurige Stimmung oder Konzentrationsprobleme nicht einfach addieren lassen, sondern unterschiedliche Relevanz für die Ausprägung des Krankheitsbilds haben. Zudem hängt die Intensität der Symptome von individuellen, sozialen und biologischen Risikofaktoren der Patient*innen sowie den Wechselbeziehungen verschiedener Symptome untereinander ab (ebd.).

Betrachtet man die aufgelisteten Symptome, so fällt auf, dass im DMS-V vor allem Merkmale genannt werden, die in Bezug zu einer Verlangsamung des Handelns sowie zum sozialen Rückzug stehen und weniger in Bezug zu psychischem Leiden (etwa Trauer oder Angst) und Schmerz. Auch für den Psychologen Heiner Ellgring, auf dessen Untersuchung sich die AC-Forscher*innen neben dem DSM-V beziehen, äußern sich Depressionen in einem Rückgang der Aktivität und Dynamik der Mimik und insbesondere des Lächelns (Ellgring 1989, 52). Das Motiv der Verlangsamung und das Motiv des Leidens stellen laut Ehrenberg charakteristische Beschreibungsformeln in der psychiatrischen Tradition dar. In der Geschichte der Psychiatrie werden Depressionen als Störung beschrieben, welche entweder die geistige Regsamkeit in Form einer allgemeinen Verzögerung der Motorik, der Bewegung und damit der aktiven Teilhabe am Leben tangiert oder aber die Psyche in Form eines seelischen Leidens oder Schmerzes betrifft. Der Gegensatz zwischen Verlangsamung, Hemmung und sozialem Rückzug einerseits und Leiden und Schmerz andererseits ist laut Ehrenberg ein typischer Dualismus der Depressionsforschung, der in der Geschichte der Psychiatrie im 20. Jahrhundert durchgehend und bisher nicht abschließend debattiert wird. Seit den 1970er Jahren zeige sich die Tendenz zum „Aufstieg der [körperlichen] Hemmung in der Psychiatrie" (Ehrenberg 2004, 200), die in dem Fokus auf Symptome wie „psychomotorische Verlangsamung und [...] Schlafstörungen" (ebd.) zum Ausdruck kommt. Dabei werde das „Thema des psychischen Leidens [...] durch das Thema der affektiven Abstumpfung ersetzt" (ebd., 206, 200). Mit der Darstellung von Depressionen als Verlangsamung oder körperliche Hemmung stellt sich auch die Frage der Abgrenzung vom ‚bloßen' Leiden wie Trauer, was gegen Ende des 20. Jahrhunderts viel diskutiert wurde. Zwar hat man sich darauf geeinigt, dass Symptome wie „negative Selbstabwertung, motorische Verlangsamung, Gefühle von Wertlosigkeit" (Wagner 2016, 252) keine Symptome der Trauer darstellen. Dennoch ist der Unterschied zwischen Depressionen und Trauer nicht einfach zu bestimmen. Dies äußert sich beispielsweise im unterschiedlichen Stellenwert der Trauer in den verschiedenen Ausgaben des DSM. So waren Trauernde im DSM-III noch von der Diagnose Depressionen ausgeschlossen, insofern ihre Symptome als normale Trauerreaktion gewertet wurden. In den folgenden Ausgaben änderte sich dies. Hier galt eine Trauerreaktion, die über zwei Monate anhielt, als pathologisch und als Anzeichen einer depressiven Störung. Im DSM-V wiederum wurde dieser Zeitraum verkürzt. Hier ‚durfte' nur noch zwei Wochen nach dem Tod eines Angehörigen getrauert werden. Längere Zeiträume wurden als Depressionen klassifiziert (ebd., 252). Das Problem, eine eindeutige und empirisch messbare Unterscheidung zwischen Trauer und Depressionen zu finden, lösten die Autoren des DSM-V damit auf der Ebene der Zeit. Für andere Psychologen lässt sich das Problem der Unterscheidung zwischen negativen Gefühlen und Depressionen allerdings nicht so einfach lösen. So schreiben Webb und Pizzagalli: „However, it is still not entirely clear to what extend clinically significant MDD [major depressive disorder] differs from normative sadness." (Webb und Pizzagalli 2016, 866)

Charakteristisch für die Darstellung von Depressionen im DSM-V ist auch der Fokus auf die klinische Beschreibung der Symptome anstelle der Analyse der Ursachen. Worauf dies zurückzuführen ist, macht der Blick in die verschiedenen Versionen des DSM ersichtlich.[4] Die erste Ausgabe des DSM wurde in den 1950er Jahren von der American Psychiatric Association herausgegeben. Bestimmt wurde das Verständnis mentaler Störungen von einem psychoanalytischen Diskurs, der psychische Störungen als Reaktionen auf soziokulturellen Faktoren fasst (z. B. schizophrene Reaktionen, depressive Reaktionen, Angstreaktionen etc.) (Ingenkamp 2012, 211–212). In den 1980er Jahren wurde die dritte Ausgabe des DSM entwickelt, die in Abgrenzung zur Psychoanalyse und mit der Hinwendung zu naturwissenschaftlichen Erklärungsmodellen einen Paradigmenwechsel einläutete. Laut Ehrenberg ist die Entwicklung des DSM-III eine Reaktion auf ein „diagnostisches Durcheinander" (Ehrenberg 2004, 117) hinsichtlich der Aussagen über Wesen und Ursache psychischer Störungen. Die Psychiater gingen von einer „extreme[n] Heterogenität wie bei der Hysterie" (ebd., 88), einer „maximale[n] Universalität wie bei der Angststörung" (ebd.) und diversen körperlichen, sozialen und psychischen Ursachen aus (ebd.). Als Antwort auf die Schwierigkeit, eindeutige Ursachen für psychische

---

4   Die Vorgeschichte von Manualen wie dem DSM oder seinem medizinischen Äquivalent, dem Standardwerk *International Statistical Classification of Diseases and Related Health Problems* (ICD) führt mindestens bis ins 19. Jahrhundert. Herkunft des ICD ist das von Jacques Bertillon Mitte des 19. Jahrhunderts entwickelte Internationale Todesursachenverzeichnis. Die Entstehung des amerikanischen DSM hingegen hat einen seiner Ursprünge in der Zeit der Volkszählungen in den Vereinigten Staaten in den 1840er Jahren. Ein erstes standardisiertes Klassifikationssystem für Krankheiten entstand in den USA allerdings erst in den 1920er Jahren (Ingenkamp 2012, 210–217).

Störungen zu bestimmen, verfolgten die Forscher*innen einen sogenannten atheoretischen Ansatz. Damit ist der Verzicht auf die Ursachenforschung gemeint, wobei stattdessen die genaue klinische Beschreibung
der Symptome vorgezogen wird (ebd., 186). Mit dieser erkenntnistheoretischen Wende wurde auch die Kategorie der ‚Gültigkeit', d. h. der Überprüfung, auf welche Ursache die beobachteten Symptome zurückzuführen
sind, durch die Kategorie der ‚Zuverlässigkeit', also der internationalen
Vergleichbarkeit der Symptome, ersetzt (ebd., 190). Mit den Worten des
Psychologen und Soziologen Konstantin Ingenkamps gesprochen wurde
damit „[d]ie Ursache einer Krankheit [...] weniger wichtig als der Konsens
über die Krankheit." (Ingenkamp 2012, 215) Zur Umsetzung dieses Ansatzes
berief sich die Psychiatrieforschung auf statistische Modelle und Computertechnologien, mit denen Daten über typische Verhaltensmuster
gesammelt, berechnet und neue Klassifikationssysteme und Messtechniken erstellt wurden (Shahack 2018, 216).[5]

Im Zuge der Wende zur internationalen Vergleichbarkeit änderte sich
auch das Verständnis der Krankheitsbilder. Seit den 1960er Jahren teilt
die Psychiatrie die Depression in drei große Gruppen ein: in die endogene
Depression, der eine biologische Ursache zugrunde liegt; die neurotische
bzw. psychogene Depression, die auf eine Persönlichkeitsstörung zurückgeführt wird; und die exogene Depression, die durch äußere Faktoren
ausgelöst wird (Ehrenberg 2004, 119).[6] Da sich die Psychiater*innen nicht
auf eine Ursache einigen konnten, die internationale Konsensbildung und
Vergleichbarkeit allerdings ihre zentralen Anliegen waren, beschlossen
sie „die Semiologie vom ätiologischen Problem [zu] befreien" (ebd., 120).
Die Triade endogene, exogene und psychogene/neurotische Depression
wurde aufgegeben zugunsten einer standardisierten Beschreibung (ebd.,
162). Das daraus resultierende Klassifikationssystem DSM-III beinhaltet
ein neues Verständnis psychischer Störungen, die nicht als Erkrankung
begriffen werden, der eine Person ausgeliefert ist, sondern als „Syndrom,
das eine Person hat." (ebd., 184) Im Zuge dieses „syndromorientierten
statistischen Ansatzes" (Colombetti und Stephan 2013, 508) wurde jedoch
dem emotionalen Erleben der Patient*innen weniger Beachtung geschenkt

---

5   Trotz der Hinwendung zur Empirie sind sprachliche Darstellungsformen erhalten
     geblieben, die gleichwohl Standardisierungsprozessen ausgesetzt sind (Juckel 2013,
     176).

6   Die Einteilung in endogen, exogen und psychogen geht auf die klinische Psycho-
     pathologie von Kurt Schneider zurück. Die Triade konnte sich langfristig jedoch nicht
     etablieren, da die Begriffe zum einen vieldeutig und missverständlich erschienen
     und zum anderen eine monokausale Ursache implizieren (Schott und Tölle 2006,
     335–338).

(ebd.). Zudem entwickelte die Psychiatrieforschung damit einen relativ breiten Depressionsbegriff, der unter dem Titel *depressive disorder* der Absicht diente, internationale Übereinstimmung herzustellen. Um dennoch dem Anspruch der präzisen Beschreibung gerecht zu werden, bildete man Untergruppen, wie etwa *disruptive mood dysregulation disorder, major depressive disorder* (including *major depressive episode), persistent depressive disorder (dysthymia), dremenstrual dysphoric disorder, dubstance/medication-induced depressive disorder, depressive disorder due to another medical condition, other specified depressive disorder* und *unspecified depressive disorder* (American Psychiatric Association 2013, 155).

Klassifikationssysteme wie das DSM-V nehmen laut Bowker und Star Normalisierungen vor dem Hintergrund der Ausblendung der Genese der Normen vor. Gleichzeitig organisieren sie jedoch auch Vielfalt, insofern sie als „Grenzobjekte" (Bowker und Star 2017, 178–180) verschiedene Bereiche verbinden und Kommunikation über Grenzen hinweg ermöglichen (ebd., 169). Dabei passen sie sich an die Bedürfnisse der verschiedenen Gemeinschaften an, ohne ihre Identität zu verlieren (ebd., 179). So wird auch das psychiatrische Klassifikationssystem samt dem Verständnis von Depressionen als empirisch messbare Summe von Indikatoren in anderen Kontexten wie im Forschungsfeld *Affective Computing* aufgegriffen. Bei dieser Übertragung werden jedoch die Kontroversen um die Definition der Depression als motorische Verlangsamung oder psychisches Leiden; um die Abgrenzung depressiven Leidens von der Trauer; um Anzahl und Individualität der Symptome oder um die Schwierigkeit der ätiologischen Bestimmung nicht mehr reflektiert. Zugleich trifft sich dieses Depressionsverständnis hier mit dem vorherrschenden Paradigma der empirischen Messbarkeit affektiver Phänomene. Die Konsequenz der Standardisierung depressiver Merkmale als messbare und addierbare Indikatoren für psychische Störungen ist jedoch, dass die subjektspezifische Heterogenität der Symptome und ihre Abhängigkeit von den Ursachen, die Konflikte und Kompromisse bei der Erstellung der Kriterien sowie der subjektive Teil der Diagnose, der die Krankheits- und Familienanamnese, Lebenslauf und Persönlichkeitsbezüge miteinbezieht, in den Hintergrund rücken.

Zum Selbstmanagement der mentalen Gesundheit

Befasst man sich mit der Nutzung digitaler Informationstechnologien zum Monitoring der mentalen Gesundheit bzw. der Erfassung psychischer Störungen, so fallen besonders jene Verfahren auf, die behaupten, den psychischen Zustand ihrer Nutzenden zu registrieren, indem sie physische Faktoren und das Telefonnutzer- und Konsumverhalten mit Informationstechnologien mithilfe integrierter Sensoren erfassen. Beispiele für die Entwicklung ebensolcher Verfahren sind Forschungsprojekte am Center for Digital Mental Health der University of Oregon (Notaro 2017) oder das Projekt *Objective Assessment of Depressive Symptoms with Machine Learning and Wearable Sensors Data* des Depression Clinical & Research Program (DCRP) am Massachusetts General Hospital in Kooperation mit dem MIT Computer Science & Artificial Intelligence Lab (Ghandeharioun et al. 2017). Beide Forschungsvorhaben werden, wie für die AC-Forschung charakteristisch, von der Skepsis gegenüber der Sprache und der Subjektivität der menschlichen Beobachterperspektive angetrieben: „Filling out surveys or engaging in face-to-face interviews, provide limited accuracy and reliability and are costly to track and scale" (ebd., 1) so die Informatiker*innen. Stattdessen rekurrieren die Forscher*innen auf die vermeintliche Beobachtungsdistanz empirischer Methoden, die Effizienz selbstlernender Systeme, die Erfassung von Körper- und Smartphonedaten als ‚objektive' und ‚passive' Datensätze sowie die kontinuierliche und ubiquitäre Sammlung riesiger Datenmengen (Wolfangel 2018; Ghandeharioun et al. 2017, 1). Im Unterschied zur sprachlichen Beschreibung und subjektiven Berichten zielen die Forscher*innen des Kooperationsprojekts von MIT und DCRP darauf ab, verlässliche Biomarker (*reliable biomarkers*) für Depressionen zu identifizieren. Dafür nutzen sie maschinelle Lernsysteme und Big-Data-Anwendungen, von denen das Phantasma ausgeht, latente Anzeichen depressiven Leidens vor ihrer Manifestation als Pathologie zu erkennen, um ihrer Entstehung präventiv vorzubeugen (ebd.). Das Forschungsprojekt am Center for Digital Mental Health geht noch einen Schritt weiter und behauptet, mithilfe der Sammlung und Quantifizierung von Smartphonedaten Suizide verhindern zu können (Notaro 2017). In beiden Forschungsprojekten werden tragbare Kommunikationstechnologien und sensorische Armbänder aber nicht nur als wissenschaftliche Instrumentarien zur Erforschung charakteristischer Merkmale depressiver Verstimmungen entwickelt, sondern auch für die alltägliche Nutzung zum Monitoring der mentalen Gesundheit (Center for

Digital and Mental Health 2017). Die selbständige Aufzeichnung von Daten wird dabei als Strategie der Selbstermächtigung zum individuellen Umgang mit der mentalen Gesundheit präsentiert (Notaro 2017).

Zur Umsetzung dieses Vorhabens führte das MIT-Projekt eine achtwöchige Studie mit Teilnehmer*innen mit der Diagnose *major depressive disorder* durch, um unter Verwendung von „objective data captured passively and continuously from E4 wearable wristbands and from sensors in an Android phone" (Ghandeharioun et al. 2017, 1) depressionsspezifische Symptome und Verhaltensmuster zu isolieren und zu klassifizieren. Dafür legten die Proband*innen die tragbaren Armbänder mit Sensoren, die mit Smartphones mit speziellen Monitoringprogrammen und GPS-Trackern verbunden waren, mehrere Stunden am Tag und in der Nacht an, um elektrodermale Reaktionen, Temperatur, Bewegungsmuster oder das eigene Kommunikationsverhalten (z. B. Anzahl der Textnachrichten, Telefonanrufe, die Nutzung von Apps, die Häufigkeit des Ein- und Ausschaltens der mobilen Endgeräte) aufzuzeichnen (Wolfangel 2018). Zusätzlich wurden die Teilnehmenden aufgefordert, viermal am Tag kurze Fragebögen zum allgemeinen Gesundheitszustand, Schlafverhalten, Stimmung, Angst, Stress, Kaffee- und Drogenkonsum sowie der Interaktion an ihren Smartphones auszufüllen. Dabei interessierten sich die Forscher*innen weniger für die Inhalte, sondern für übergeordnete Merkmale, die Hinweise auf kognitive Fähigkeiten geben: „[L]ong pause while responding to survey may present motor slowing (a common symptom of depression), cognitive load, trouble remembering, or not being sure about the response." (Ghandeharioun et al. 2017, 4). Zusätzlich wurden konventionelle klinische Fragebögen eingesetzt, um die Teilnehmer*innen zweimal wöchentlich auf depressionsspezifische Symptome zu untersuchen (ebd., 2). Dazu zählt die sogenannte Hamilton Depression Rating Scale (HDRS), mit der Therapeut*innen Schlafverhalten, Stimmung, Stress, Angst, Drogenkonsum und soziale Interaktion ihrer Patient*innen im Rahmen der Diagnosestellung erfassen (Hamilton 1960). Im Anschluss daran wurden die Ergebnisse aus dem psychiatrischen Fragebogen mit den erfassten physischen Faktoren, Verhaltensmustern und Smartphonedaten korreliert. Durch den Vergleich galt es zu bestimmen, wann die erfassten Verhaltensmuster und Interaktionsformen als Ausdruck einer Pathologie definiert werden können. Mit dieser Vorgehensweise identifizierten die Forscher*innen mehr als 700 depressionsspezifische Indikatoren, die in berechenbare Daten überführt und in Trainingsdatensets für maschinelle Lernsysteme eingespeist wurden (Ghandeharioun et al. 2017, 4). Die Analyse der Studie ergab, dass sich Depressionen in einem unruhigen Schlaf, verminderten körperlichen Aktivitäten, wenig

Ortsveränderungen und einem Rückgang von eingehenden Textnach-richten äußern (ebd., 8) – ein Resultat, das den vorherrschenden Annahmen der Depressionsforschung entspricht, welche Depressionen als Aktivitäts-verminderung und sozialem Rückzug begreift.

Mit der Verbindung der Psychologie mit der AC-Forschung zur Erforschung depressionsspezifischer Merkmale finden Verschiebungen hinsichtlich des Untersuchungsgegenstand, der Forschungspraktiken und Methoden im Gegensatz zur konventionellen Diagnose psychischer Störungen statt. So erfassen die Forscher*innen des *Affective Computing* nicht nur physische Faktoren, Verhaltensmuster und Konsumverhalten, sondern auch das Telefonnutzerverhalten, verstanden als messbares Anzeichen für Psycho-pathologien. Dass sich die IT-Forschung für Smartphonedaten interessiert, hängt auch von den ökonomischen Interessen der beteiligten IT-Industrie ab. Wie für andere Konzerne bspw. Facebook bekannt, interessieren sich die Konzernmanager*innen für die Metadaten der Kommunikation, wie Geräte- oder Appnutzung. Aus diesen Daten lassen sich psychologische Profile bilden, um den Nutzenden im Kontext von Marktforschungszwe-cken zielgerichtete Werbung zuzuführen (Dachwitz 2021b). Die Aufmerk-samkeit für die Telefondaten steht aber auch in Zusammenhang mit den spezifischen Eigenschaften der Kommunikationstechnologien, die sich im Unterschied zu anderen empirischen Instrumentarien im Alltag umfassend einsetzen lassen: „Denn kaum ein anderes Gerät sammelt so viele Informationen über unser Leben, unsere Kommunikation und sogar unsere Art, uns zu bewegen" (Wolfangel 2018) wie das Smartphone, so Eva Wolfangel. Das Smartphone erhält im Kontext der computergestützten Depressionsforschung also eine doppelte Funktion. Während es als Instru-mentarium zum Sammeln von Daten in Anspruch genommen wird, so wird seine subjektspezifische Nutzung selbst als potentieller Ausdruck einer depressiven Störung begriffen – womit übrigens auch der physiognomische Diskurs auf den Telefongebrauch übertragen wird. Zwar betrachten einige Kritiker*innen die übermäßige Nutzung von Kommunikationstechnologien als Risiko für die psychische Gesundheit, weil häufige Smartphonenutzung zur Isolation und Entwicklung psychischer Störungen führe (Demirci, Akgönül und Akpinar 2015), die negativen Effekte erhalten in der AC-Forschung jedoch in dem Maße weniger Beachtung, indem Smartphones als nützliche Instrumentarien zum Sammeln von Gesundheitsdaten und die Smartphonenutzung als Ausdrucksinstanz psychischer Vorgänge ver-standen werden.

Mit der Entwicklung von Applikationen zur Selbstdiagnose verschreibt sich die AC-Forschung zugleich dem Versprechen einer Emanzipation des Subjekts, das anstelle der medizinischen Akteur*innen Daten über seine psychische Verfassung autonom erfasst und verwaltet. Diese Entwicklung ist exemplarisch für eine sich im 21. Jahrhundert entwickelnde Prognosekultur, in der die „individuelle Kenntnis statistischer Risikofaktoren und die Nutzung von Vorsorgeangeboten [...] zum Standard verantwortlichen Umgangs mit dem eigenen Leben" (Willer 2011, 960) geworden ist. Dabei erweist sich die Rede vom emanzipierten Subjekt jedoch als Illusion. Denn die AC-Forschung delegiert die Diagnose und Prävention psychischer Störungen an automatische Verfahren, die sich über den Versuch konstituieren, Sprache, Aussage und Selbsteinschätzung des Subjekts auszuschließen. Die Nutzenden werden zu schweigenden Subjekten degradiert, die sich sprachlich zurücknehmen, während die ‚Wahrheit‘ über den psychischen Zustand mit Kommunikationstechnologien anhand von Körperausdruck und Smartphonenutzung ermittelt werden soll. Mit der Dominanz eines empirischen Paradigmas und den Annahmen der Big-Data-Forschung wird zudem vergessen, dass die empirische Messung somatischer Artikulationen der Psyche – folgt man der psychoanalytischen Tradition – sehr viel komplexere Fragen einschließt. In Bezug auf die Relation zwischen Körperausdruck und Psyche sind hier „Konversionen zwischen psychischen und physischen Phänomenen im Spiel" (Weigel 2015, 142), die einer komplizierten Umwandlung des Psychischen ins Physische folgen. Auch wird ausgeblendet, dass vielfältige Methoden und Medien zur Erforschung somatischer Anzeichen für psychische Störungen zum Einsatz kommen, die sich nicht auf das Paradigma der empirischen Messung reduzieren lassen. So nutzen die Psycholog*innen sowie die Informatiker*innen in den Laboren und Computerlabs Programme zur automatischen Bildverarbeitung von Videoaufzeichnungen der Mimik, die vor allem mit visuellen Medien operieren. Diese werden von neuen Problemen begleitet, wie die Untersuchung eines Fallbeispiels im Folgenden zeigt.

Facial expressions als diagnostische Hilfsmittel

Seitdem sich die klinische Psychiatrie mit der AC-Forschung der Untersuchung von Depressionen widmet und dafür *emotion detection*-Verfahren nutzt, ist auch die Mimik wieder zum Gegenstand der Psychiatrieforschung geworden.[7] Zahlreiche Forschungsprojekte sind mit der Absicht ent-

---

7   Bereits Mitte des 19. Jahrhunderts interessierte sich der französische Psychiater Jean-Étienne Dominique Esquirol während seiner Zeit als Schüler des Psychiaters Philippe Pinels in der französischen Psychiatrie Salpêtrière für körperliche und faziale Ausdrucksformen der Geisteskrankheiten. Sein Buch *Des maladies mentales*

standen, somatische Manifestationen psychischer Störungen im Mienenspiel zu identifizieren. Beispielhaft für die Erforschung ‚depressiver Gesichter‘ ist das Forschungsprojekt Social Risk and Depression: Evidence from Manual and Automatic Facial Expression Analysis am Robotics Institute der Carnegian Mellon University Pittsburgh, an dem Forscher*innen aus der klinischen Psychologie, Robotikforschung, Elektrotechnik und Informatik beteiligt waren. In diesem Projekt wurden nicht nur depressionsspezifische Ausdrucksmuster bei Proband*innen mit der Diagnose *major depression disorder* mit *facial expression emotion detection* untersucht, sondern auch die Ursachen der Störung analysiert (Girard et al. 2013, 1). Für diesen Zweck wurde die Mimik der Betroffenen während therapeutischer Interviews auf Video aufgezeichnet. Die Videobilder wurden sowohl händisch von ausgebildeten FACS-Expert*innen als auch automatisch mit *emotion detection*-Verfahren ausgewertet, um pathologische faziale Muster zu identifizieren (ebd., 5). Die produzierten Daten bildeten schließlich die Grundlage für das Training von Algorithmen, die auf neue Fotografien oder Filmbilder angewendet wurden (ebd.).

Mit Verweis auf die Verfahren des *facial expression emotion detection* behaupten die Forscher, somatische Anzeichen depressiver Störungen objektiv und von der menschlichen Beurteilung unabhängig zu registrieren. Tatsächlich zeigt die Laborpraxis, dass die Auswertung der Mimik und die Unterscheidung zwischen einem normalen und einem pathologischen Ausdruck nicht nur auf die Erkenntnisleistung der Technologie zurückgeführt werden können, sondern auf das menschliche Urteil angewiesen sind. So sind neben der automatischen Affekterkennung Wissenschaftler*innen, die in der Ausdrucksanalyse mit dem FACS geschult sind, am Forschungsprozess beteiligt, um die Differenz zwischen dem ‚normalen‘ und dem ‚pathologischen‘ Ausdruck festzustellen. In dieser Diskrepanz zwischen Anspruch und Umsetzung des Forschungsvorhabens äußert sich ein Dilemma, das charakteristisch für die Erfassung der Individualität des Lebens in einem von standardisierten Methoden bestimmten Experimentalzusammenhang ist. Diese Problematik hat Georges Canguilhem in dem Aufsatz „Das Normale und das Pathologische" aus dem Buch *Die Erkenntnis des Lebens* (1965) am Beispiel der modernen Experimental- und Naturwissenschaften beschrieben. Disziplinen wie die Biologie und die experimentelle Medizin berufen sich auf unveränderbare Naturgesetze, während sie sich gleichzeitig für die Spezifik und

<hr>

considérées sous le rapport médical, hygiénique et médico-légal (1838) gilt als einer der erster Bildbände über die Ausdrucksformen von Geisteskrankheiten (Esquirol 1838; Gilman 1982, 78).

Unregelmäßigkeit lebendiger Forschungsobjekte interessieren (Canguilhem 2009, 284). Da das Individuelle, gemäß naturwissenschaftlicher Prämissen, niemals in den Eigenschaften des vermeintlich natürlichen Typus aufgeht, scheitert es an den von der modernen Wissenschaft gesetzten Normen in Form natürlicher Typen (ebd.). Canguilhem zufolge nimmt die Individualität der Forschungsobjekte damit eine paradoxe Rolle an, insofern sie sowohl Gegenstand der Forschung als auch „Hindernis der Biologie und der experimentellen Medizin" (ebd., 286) ist.

Mit einem ähnlichen Dilemma sah sich auch die erwähnte Forschergruppe konfrontiert. Während die Forscher einerseits individuelle Merkmale des Ausdrucks untersuchten, arbeiteten sie andererseits mit *emotion detection*-Verfahren, die auf Grundlage standardisierter Ausdrucksmuster operieren. Diesem Problem begegneten die Informatiker und Psychologen, indem sie nicht nur automatisierte Verfahren, sondern auch menschliche Beobachter*innen in den Forschungsprozess einbezogen, um die Spezifik der Mimik jenseits standardisierter Verfahren zu erfassen. Zwar ist einzuwenden, dass es sich hier um mit der FACS-Decodierung des Gesichts ausgebildete Wissenschaftler*innen handelte, deren Blick an Modellen idealtypischer Muster geschult wurde, dennoch hing die Entscheidung, welche Gesichtsbewegungen als pathologisch und welche als normal klassifiziert wurden, von der subjektiven Beobachterperspektive ab. Der menschliche Beitrag wird in den Publikationen der Forscher aber nur am Rande reflektiert, was symptomatisch für das empirische Paradigma ist, das von der Abwertung subjektiver Dimensionen im Forschungsprozess als *bias* bestimmt wird: „Depression is a serious psychological disorder. The absence of an (automated) objective diagnostic aid for depression leads to a range of *subjective biases* in initial diagnosis and ongoing monitoring." (Joshi, Goecke, Alghowinem et al. 2013, 1)

Während viele Studien davon ausgehen, dass sich Depressionen im Rückgang positiver Affektartikulationen äußern (Girard et al. 2013, 3), steht im Zentrum des Forschungsprojekts die Erforschung einer Bandbreite an Expressionen, insbesondere verschiedener ‚Lächeltypen'. Was auf den ersten Blick paradox erscheint, weil der positiv konnotierte Ausdruck zum Gegenstand der Depressionsforschung geworden ist, hat in der Tat eine gewisse Tradition. Bereits in einem älteren Experiment, das sich ebenfalls dem Ausdruck von Depressionen widmete, wurde mit manuellen Codierungsverfahren ein sogenanntes *negative affect smile* als depressionsspezifisches Muster identifiziert (Reed, Sayette und Cohn 2007). Das *negative affect smile* bezeichnet eine Kombination aus positiv bewerteten fazialen Artikulationen mit negativ konnotierten Ausdrucksmustern (wie Ekel oder Angst) (807), wobei der positive Ausdruck als Maskierung begriffen wird, hinter der negative Affektartikulationen heraussickern. Das Forschungsprojekt von Girard und seinen Kollegen schließt an dieses Experiment an, dessen Ergebnisse mit automatischen Verfahren der Affekterkennung erneut überprüft werden (Girard et al. 2013, 8).

Dass sich die Forscher in beiden Experimenten für den lächelnden Ausdruck depressiver Personen interessieren, geht womöglich auch auf die Laborsituation zurück, die – so die These – eine spezifische Art von Emotionen unterstützt. Diese Annahme basiert auf der Labordefinition der Science and Technology Studies, für die Labore keine neutralen Experimentalsituationen darstellen, die einen „unverstellte[n], direkte[n] und genaue[n] Zugriff auf die Natur und das Leben möglich" (Schmidgen 2011, 16) machen, sondern abhängig sind von Machtstrukturen, sozialen Konventionen, kulturellen Prozessen und etablierten Traditionen (Knorr Cetina 2016; Latour und Woolgar 1979; Despret 2004, 84). Vor diesem Hintergrund ist davon auszugehen, dass der Fokus auf positiv bewertete Ausdrucksmuster nicht nur auf der expliziten Planung der Akteur*innen oder der Überprüfung vorausgegangener Thesen basiert, sondern auch den kulturellen und machtspezifischen Konstellationen des Experimentalkontextes geschuldet ist. So ist anzunehmen, dass die Proband*innen dazu neigen, vor allem positiv konnotierte Emotionen im öffentlichen Laborraum zuzulassen und negative Gefühle als private und intime Affekte zu unterdrücken. Auch die Hierarchie zwischen Testleiter*in und Proband*in mag dazu beitragen, dass das Zeigen negativer Gefühle als Schwäche oder Intimität verstanden wird, weshalb sie zurückgehalten werden. Dass das Lächeln in den Verfügungsbereich der experimentellen Depressionsforschung geraten ist, ist womöglich auch der Experimentalsituation geschuldet, die eine spezifische Art von ‚Laboremotionen' hervorruft. Ungeachtet des Einflusses der Laborsituation wird das *negative affect smile* von der Forschung als unvermitteltes und zuverlässiges Anzeichen von Depressionen betrachtet.

Tatsächlich ist das *negative affect smile* – neben den Auswirkungen der Laborsituation – das Ergebnis einer Übersetzungskette, in der der beobachtete Ausdruck in unterschiedlichen Schritten transformiert und mit Bedeutung versehen wird. Dazu zählt die Aufzeichnung der Mimik mit Video, die Auswertung und Klassifizierung des aufgezeichneten Ausdrucks durch ausgebildete FACS-Expert*innen und automatisierte Verfahren wie *emotion detection*, die wiederum mit den FACS-Deutungsmustern arbeiten, die medial und kulturell verfasst sind. Diese „Abfolge von Transformationen, Transmutationen und Übersetzungen" (Latour 1997, 243) des Forschungsobjektes wird in den Naturwissenschaften nach Ansicht von Latour jedoch tendenziell übersehen. Der Konstruktionsprozess der Laborforschung wird zugunsten der Darstellung des Forschungsobjekts als „realistische Stellvertretung" (ebd., 249) verdrängt. Paradoxerweise entspringe der Glaube der Naturwissenschaften an die Authentizität der Forschung dem Übersetzungsprozess, der von den Akteur*innen als kontinuierliche, ununterbrochene Kette von Transformationen betrachtet werde (ebd., 255). Aufgrund der Kontinuität der Übersetzung würden die Forscher*innen das Forschungsergebnis nicht als Konstruktion verstehen, sondern als Resultat eines unberührten Übergangs des zu erforschenden Gegenstandes von einem ‚neutralen' Medium in ein anderes. Im Kontext der computergestützten Depressionsforschung führt das Verständnis der Übersetzungsschritte als reine Repräsentationen bei gleichzeitiger Vergessenheit für die Wirkmacht der beteiligten Medien dazu, dass die fazialen Muster als unmittelbarer Ausdruck von Depressionen betrachtet werden. Nicht reflektiert wird, dass das ‚negative Lächeln' keine direkte Artikulation der Psyche ist, sondern zu dem Zeichentypus der Indikatoren zählt, deren Zeichenhaftigkeit abhängig ist vom „Wandel der Techniken, Instrumentarien und Deutungsmuster" (Weigel 2015, 165) und den „Verabredungen im Kreis der Forscher" (ebd.).

Bemerkenswert ist zudem, dass sich die Informatiker und Psychologen nicht nur für die empirische Erfassung fazialer Merkmale von Depressionen interessieren, sondern auch davon ausgehen, anhand der erfassten Anzeichen die Ursachen der Störung zu bestimmen. So leiteten die Forscher aus der Beobachtung spezifischer Ausdrucksmuster in einem bestimmten sozialen, im Labor erzeugten Kontext (z. B. einer kompetitiven Wettbewerbssituation) die ‚Intention' der Subjekte ab. Dafür wurde der registrierte Ausdruck mit Emotionsbegriffen und Kategorien wie Wert, Zughörigkeit und Dominanz („valence", „affiliation", „dominance") klassifiziert, um Annahmen über die Absichten des Subjekts in einer bestimmten Situation zu treffen (Girard et al. 2013, 2). Die aus dieser Klassifikation abgeleiteten ‚Intentionen' der Testpersonen korrelierten die Forscher dann mit verschiedenen Depressionstheorien. Die Absicht war es, die Ergebnisse der Beobachtung des Ausdrucks mit den Annahmen von bereits bestehenden Theorien zum Ausdruck von Depressionen zu vergleichen. Bei einer Übereinstimmung der Ergebnisse von Empirie und Theorie gelten die Annahmen der entsprechenden Theorien zur Ursache der Störung als empirisch bewiesen. Dabei deuten die Forscher das *negative affect smile* in einem kompetitiven Kontext als Ausdruck des Rückzug der Betroffenen. Dieses Verhalten wird von den Forschern als Selbstschutz des Subjekts interpretiert, das sich mit der Distanzierung von seinem Umfeld vor einer möglichen Ablehnung absichert. Für die Informatiker und Psychologen korrespondieren diese Annahme mit der Darstellung der Depression in der sogenannten *Social Risk Hypothesis* (2003) (Allen und Badcock 2003). Diese Theorie, die evolutionsbiologische, soziale und neurologische Aspekte zur Entstehung der Depression verbindet, führt die Entwicklung der depressiven Störung auf eine negative Selbsteinschätzung des Subjekts im Hinblick auf seinen ökonomischen Wert für die Gemeinschaft zurück (z. B. Attraktivität, Talent, Fähigkeiten, Ressourcen etc.). Wird der eigene Wert vom Subjekt als unzureichend und damit als Problem für die gesellschaftliche Integration eingeschätzt, wird ein neurologischer, sich evolutionär entwickelnder Anpassungsmechanismus aktiviert, der ein Rückzugsverhalten auslöst. Daraus resultieren sowohl kognitive als auch affektive Prozesse wie eine Veränderung der Wahrnehmung, der Kommunikation oder des Körperausdrucks, die darauf ausgerichtet sind, riskante Situationen zu vermeiden, die zu Konflikten, Konkurrenz oder anderen sozialen Unsicherheiten führen. Nach Ansicht der Autoren verfüge der faziale Ausdruck der Betroffenen zusätzlich über eine Signalfunktion. Er kündigt den drohenden Rückzug aus der Gruppe an, um die Gemeinschaft zu veranlassen, den Einzelnen bei der Reintegration zu unterstützen (ebd., 893–907).

Die depressive Störung wird damit phylogenetisch interpretiert, d. h. auf ihre stammesgeschichtliche Entwicklung zurückgeführt und als Störung der Anpassungsleistung des Subjekts an Lebens- und Umweltvorgänge definiert. Dabei scheinen dem Verständnis des Ausdrucks der Betroffenen widersprüchliche Annahmen zugrunde zu liegen. Einerseits nehmen mimische Ausdrucksmuster den Charakter eines medizinischen Symptoms an, das als unwillkürliches Zeichen auf eine Krankheit verweist. Zugleich wird der Mimik eine spezifische Funktion zugeschrieben, und zwar den sozialen Rückzug des Einzelnen zu kommunizieren. Das Innen-Außen-Modell aus der Medizin wird durch ein Kommunikationsmodell aus Sender und Empfänger ergänzt, womit auch der Symptombegriff neu akzentuiert wird. In der antiken Krankheitslehre von Galen, der den Symptombegriff als einer der ersten systematisch diskutierte, wird das Symptom als Zeichen einer Krankheit und als Abweichung vom natürlichen Zustand begriffen, wobei es als Eigenschaft der krankhaften Störung in ihrer direkten oder indirekten Folge auftaucht (Scholz 1998). Ähnlich wie Galen will die computergestützte Depressionsforschung spezifische faziale Expressionen implizit als unwillkürliche Anzeichen einer Krankheit verstanden wissen. Zugleich würden fazialen Ausdrucksmuster mit ihrer kommunikativen Funktion einen funktionalen Beitrag zur Stabilisierung der sozialen

Ordnung leisten, womit der faziale Ausdruck im Unterschied zum Symptombegriff von Galen in einen Nützlichkeits- und Zweckzusammenhang gestellt wird.

Zusammenfassend ist festzuhalten, dass für die Identifizierung somatischer Merkmale von Depressionen im Kontext von *Affective Computing* verschiedene Ansätze charakteristisch sind. Während Rosalind Picard Verfahren zur Erfassung physischer Faktoren in Verbindung mit dem Smartphone-Nutzerverhalten entwickelt, um Depressionen vor ihrem Ausbruch zu erkennen, arbeiten die Psychologen und Informatiker an der University of Pittsburgh hingegen mit Verfahren zur automatischen Auswertung von fotografischen Mimikbildern. Die Nutzung der Mimikbilder wird jedoch von anderen Herausforderungen begleitet. Dazu zählt nicht nur das Problem der fotografischen Aufzeichnung flüchtiger Affektartikulationen in einer Laborsituation, was in der Laborpsychologie von Ekman und Friesen mit der posierten Darstellung des Ausdrucks gelöst wurde (siehe Kap. 1). Eine zentrale Schwierigkeit ist auch die Klassifizierung der Mimikaufnahmen im Hinblick auf depressionsrelevante Zustände – was ein charakteristisches Hindernis im Gebrauch fotografischer Aufzeichnungsverfahren in der Ausdrucks- und Psychiatrieforschung darstellt. Als dokumentarische Medien sind Fotografien und Filmaufnahmen mit einer unklaren Zeigeabsicht ausgestattet, weshalb die Frage, wann fotografische Aufzeichnungen spezifischer faziale Ausdrucksartikulationen als pathologisch oder normal klassifiziert werden können, mit der bloßen Beurteilung einzelner Bilder womöglich nicht lösbar ist.

Dies zeigt auch Susanne Regener am Beispiel der Fotografien des Psychiaters Hugh W. Diamond (Regener 2017).[8] Diamond, der im 19. Jahrhundert praktizierte, ist bekannt für seine psychiatrischen „Vorher-Nachher-Fotografien" (ebd., 120), die sowohl den Kranken als auch vermeintlich gesunden Zustand der Patient*innen festhalten und von dem Versuch zeugen, verschiedene Stadien der Krankheit bis zur Genesung zu dokumentieren (Abb. 15).[9] Seine fotografischen Serien nutzte Diamond auch in der Behandlung, um die fotografisch registrierte Genesung seiner Patient*innen als sichtbaren Beweis vorzulegen und als „Spiegelbild für die Heilung zu nutzen" (ebd.). Um die Porträtfotografien jedoch als Bilder einer Pathologie auszuweisen und vom geheilten Zustand zu unterscheiden,

---

8 Eine ausführlichere Untersuchung zur Nutzung von Zeichnung, Malerei und Fotografie in der Psychiatrie im 18. und 19. Jahrhundert und die jeweiligen Strategien im Umgang mit der Darstellung von ‚Geisteskrankheiten' hat Sander L. Gilman (1982) vorgelegt.

9 Die Tafeln Diamonds sind veröffentlicht in Burrows und Schumacher (1979).

Abb. 15: Vorher-Nachher-Fotografien einer Patientin im Surrey County Asylum, ca. 1855 (Burrows und Schumacher 1979).

bediente sich Diamond der Kostümierung der Internierten. So wurde die ‚Krankheit' mit „Anstaltskleidung und unfrisiertem Kopf" in Szene gesetzt, während der geheilte Zustand in „Angleichung an das bürgerliche Ideal" mit „Kleid, Umhang, Frisur, Haube, vor dem Körper gefaltete[n] Hände[n], geschlossene[m] Mund" (ebd.) zur Schau gestellt wurde. Obwohl der Psychiater vom objektiven Potenzial der Fotografie überzeugt war (Diamond 1979, 155), nutzte er bürgerliche Kleidung als Distinktionsmerkmal, um den Gegensatz zwischen gesund und krank in Szene zu setzen.

Mit dieser Herausforderung sahen sich auch Ekman und Friesen konfrontiert, die bereits Mitte des 20. Jahrhunderts den Ausdruck von Depressionen im Experimentallabor der Psychologie mit Videoaufzeichnungen erforschten. Zur Bewältigung dieser Schwierigkeit griffen sie auf die Annahmen ihrer Affekttheorie zurück, die den Ausdruck in unwillkürliche, ‚wahre' und willkürliche, ‚falsche' Expressionen differenziert, was die Wissenschaftler auf die Unterscheidung zwischen ‚normalen' und ‚pathologischen' Ausdrucksmustern übertrugen. Im Zuge dessen wollten sie die unwillkürlichen Affektartikulationen als normale Ausdrucksmuster verstanden wissen, während der willkürliche Ausdruck von Depressionen als pathologisch betrachtet wurde (vgl. Kap. 1). Diese Annahme wirkt auch in der computergestützten Depressionsforschung von Girard und seinen Kollegen nach, in der das Lächeln der Testpersonen im Hinblick auf unterdrückte Ausdrucksmuster untersucht wird, die die Forscher als Anzeichen für Depressionen klassifizieren. Das für dokumentarische Bildmedien charakteristische Problem der Blindheit für die Unterscheidung zwischen dem Normalen und Pathologischen wird hier nicht nur mit computergestützten Verfahren, sondern auch mit subjektiven Beurteilungen und Ekmans Affekttheorie gelöst. Die Erkenntnisleistung wird also nicht nur von *emotion detection*-Verfahren getragen, wie es die AC-Forschung behauptet, sondern hängt von der wertenden Tätigkeit der Forscher*innen sowie der Indienstnahme von Ekmans Affekttheorie ab. Dieser Probleme ungeachtet wird die computergestützte Depressionsforschung von einem empirischen Paradigma bestimmt, das faziale Expressionen als direkte Ausdrucksmuster von Depressionen betrachtet, die mit *emotion detection* unmittelbar, ahistorisch und beobachterunabhängig erfasst werden können. Mit der Vorherrschaft dieses Paradigmas geraten jedoch die Bedingungen, Medien und Praktiken der Experimentalforschung, die an der Ausbildung körperlicher Anzeichen als Merkmale von Depressionen beteiligt sind, aus dem Blick. Vergessen werden die subjektiven Elemente ebenso wie biografische Aspekte, die Anteil am Aufkommen der Störung haben, sowie emotionale Dimensionen wie Trauer, Verlust, Angst oder emotionale Leere, die das Erleben des depressiven Subjekts bestimmen. Dass das empirische Paradigma den Diskurs in der computergestützten Depressionsforschung dominiert, steht nicht nur in Zusammenhang mit der Inanspruchnahme der AC-Forschung von Methoden und Klassifikationssystemen der Experimentalpsychologie. Das empirische Paradigma beruht auch auf einer langen Tradition der Verwissenschaftlichung der Psychiatrie unter Emil Kraepelin im 19. Jahrhundert. Zwar hat es im Zuge der Antipsychiatrie-Bewegung der 1960er und 70er Jahre durchaus Versuche gegeben, die medizinischen Modelle und biologische Konzeption der Psychiatrie sowie die geläufige Krankheitseinteilung von Kraepelin infrage zu stellen und auch subjektive Faktoren anamnetisch miteinzubeziehen.[10] Im Kontext des *Affective Computing* scheint die psychiatriekritische Bewegung jedoch keine Spuren hinterlassen zu haben. Stattdessen schließt die Forschung mit ihren Vorstellungen an den Klassifikationswahn der Psychiatrie unter Kraepelin samt seinem empirischen Ansatz an.

---

10   Entstanden im Kontext der 68er-Bewegung und ihrer Kapitalismuskritik am Verhältnis zwischen Individuum und Gesellschaft prangerten die verschiedenen Strömungen der Antipsychiatrie die Missstände in den Heil- und Pflegeanstalten, die hierarchischen Strukturen sowie die Vernachlässigung sozialer Missstände als Ursache psychischer Störungen an. Diese Ansätze sind auch heute noch in den ‚weichen‘ psychotherapeutischen Techniken präsent (Schott und Tölle 2006, 209–213).

Zur Verwissenschaftlichung der Psychiatrie im 19. Jahrhundert

In seinem Werk *Die Macht der Psychiatrie* (2015), in dem Foucault eine
Genealogie der modernen Psychiatrie anhand ihrer Dispositive und
Wissenstechniken entwirft, beobachtet er im ausgehenden 19. Jahrhundert
einen Übergang vom psychiatrischen zum neurologischen Dispositiv. Für
das psychiatrische Dispositiv ist im Unterschied zur Medizin, die das Wesen
der Krankheit erforscht, die Prüfung der Existenz von ‚Geisteskrankheiten'
anhand beobachteter Wahnvorstellungen oder paranoischer Verhaltensmuster charakteristisch (Foucault 2015, 387). Anstelle der medizinischen
Differentialdiagnostik, welche die Wahrheit der Krankheit adressiert,
verfolgt die Psychiatrie die absolute Diagnose, um die Wirklichkeit der
Geisteskrankheit zu prüfen (ebd., 389). Dies erfolgt laut Foucault durch
psychiatrische Prüfungen wie etwa mittels der Verabreichung von Drogen,
Hypnose oder der psychiatrischen Befragung, die alle das Ziel haben festzustellen, ob eine Geisteskrankheit vorhanden ist oder nicht. Zentral ist
dabei auch das psychiatrische Interview, das familiäre Vorbedingungen und
individuelle, biografische Vorboten abfragt (ebd., 392–398), um nicht nur
die individuelle Vorgeschichte zu erfassen, sondern um die Krankheit in
Anwesenheit von Arzt und Patient*in zu rekonstruieren und aktualisieren
(ebd., 400).

Im neurologischen Dispositiv hingegen, das Foucault zufolge das psychiatrische Dispositiv gegen Ende des 19. Jahrhunderts ersetzt, fokussiert der
Blick des Arztes weniger die „verbalen Reaktionen des Patienten" (ebd., 441)
als vielmehr die „Reaktionen seines Körpers" (ebd.). Im Zentrum steht der
neurologische Körper mit seinen sichtbaren körperlichen Artikulationen,
die zum Objekt des ärztlichen, „impressionistischen Blicks" geworden sind,
wobei sich der Arzt mit den „kleinsten Einzelheiten" (ebd., 434) körperlicher
Erregungen befasst. Bereits für die anatomisch-pathologische Medizin
des 18. Jahrhunderts ist laut Foucault ein ebensolcher ärztlicher Blick
charakteristisch. Im Kontext der Medizin, Pathologie und Chirurgie ging
dem chirurgischen Eingriff, um ein tieferliegendes, geschädigtes Organ zu
korrigieren, die Oberflächenbeschreibung des Körpers voraus (Foucault
2008, 102–120). Für den medizinischen Blick ist kennzeichnend, dass er vom
Auge geleitet und von der Sprache, die das Wahrgenommene in Worte
zu fassen versucht, sekundär begleitet wird (Sarasin 2005, 55–60). Auch
der ärztliche Blick im neurologischen Dispositiv richtet sich auf die Werte
der Körperoberfläche. Allerdings ist der Blick des Arztes hier mit einer
anderen Absicht verbunden und zwar der Beobachtung der ‚Reaktionen'

des Körpers. Mit Reaktionen meint Foucault keine unwillkürlichen Körper-
reaktionen auf einen Reiz, sondern willkürliche Reaktionen, die durch
Willensanstrengung der Patient*innen zustande kommen wie etwa das
Heben eines Armes auf ärztliche Anweisung (Foucault 2015, 435). Mit der
Beobachtung der willkürlichen Reaktionen lasse sich nicht nur die Koope-
rationsabsicht und der Wille der Kranken, sondern auch die Autorität des
Arztes, Befehle zu geben, überprüfen (ebd., 439–440). In dem Maße, in dem
die Betroffenen sich also zurücknehmen, den Anweisungen Folge leisten
und verstummen, kann der Arzt, der aus Perspektive des neurologischen
Dispositivs die Deutungshoheit über die Reaktionen hat, die ‚Wahrheit'
der Geisteskrankheit anhand des wahrhaftigen Körpers analysieren (ebd.,
442, 495). Für das neurologische Dispositiv ist also die Abwendung von
der Sprache und eine Hinwendung zur schweigenden Patient*in sowie
zur Annahme einer ‚Wahrhaftigkeit' des körperlichen Ausdrucks charakteristisch.[11] Damit haben die Ärzte, so Foucault ironisch, „die Täuschung
durch das reagierende Subjekt [nicht] zu befürchten" (ebd., 441).

Auch die Forschung des Mediziners und Psychiaters Emil Kraepelin, der im
ausgehenden 19. Jahrhundert die Verwissenschaftlichung der Psychiatrie
vorantrieb, steht im Zeichen des neurologischen Dispositivs. Kraepelin gilt
als Vertreter der sich um 1900 durchsetzenden klinischen Psychiatrie, die
ihre Forschung nicht nur in der Theorie oder im Labor vollzog, sondern
mittels der Beobachtung der Patient*innen am Krankenbett (Schott und
Tölle 2006, 117). In seinem Forschungsprogramm verfolgte Kraepelin die
Verbindung der experimentalpsychologischen Methode, die sich als Zweig
der Physiologie für die physiologischen Ursachen psychischer Störungen
interessierte, mit der sich entwickelnden Nervenheilkunde, deren Forschungsgegenstand die neurologischen Ursachen psychischer Störungen
waren (Ledebur 2013, 93). Die in den 1870er Jahren von Wilhelm Wundt
entwickelte physiologische Psychologie verpflichtete sich laut Kraepelin
dem Ziel, „die Gesetzmäßigkeiten in unserem Seelenleben mit Hülfe des
planmäßigen durchgeführten Versuches zu erforschen" und, so führt er
weiter aus, „die allmähliche Umwandlung der Psychologie in eine wirk-
liche Erfahrungswissenschaft vorzubereiten." (Kraepelin 1896, 2) Mit der
Mikroskopie, die gerade entwickelt wurde, und anatomisch-pathologischen
Methoden begann der Psychiater, die anatomischen Veränderungen des

---

11   Mit der Hinwendung zur Untersuchung körperlicher Erregungen wurde die Sprach-
und Schreibkultur jedoch nicht vollständig verdrängt. Zum einen wurden um 1900
Krankenakten gepflegt und Lehrbüchern verfasst. Zum anderen blieb die Sprache für
einige Psychiater zentraler Forschungsgegenstand. Für Theodor Ziehen beispielsweise war die klinische Beobachtung erst „im Aufschreiben von direkter Kranken-
rede" in den Krankenakten vollzogen (Wübben 2013a, 13–19; 2013b).

Nervensystems als Ursache der Geistesstörung zu untersuchen (ebd., 5). Kraepelin sah sich jedoch mit dem Problem konfrontiert, keine somatische Ursache für geistige Störungen im Hirn ausmachen zu können, weshalb sich sein Forschungsinteresse von der ätiologischen Erforschung von psychiatrischen Krankheitsbildern mittels anatomisch-pathologischer Methoden hin zur klinischen Beobachtung und Beschreibung sichtbarer Ausdrucksmodi der Geisteskrankheiten verschob (Kraepelin 1896, 6; Schäfer 2016a, 419). Zu diesen Ausdrucksmodi zählten nicht nur die Mimik und Gestik, sondern auch die Art der Patient*innen, zu schreiben und zu sprechen, weshalb auch Briefe und Schriftstücke begutachtet wurden (Ankele 2012, 92, 104). Von deren Beobachtung und Erforschung versprach er sich, Rückschlüsse auf die Krankheit der Patient*innen zu erhalten. Im Rahmen dessen wurden die Ausdrucksbewegungen als „diagnostisches Hilfsmittel" verstanden, die „für die psychiatrische Praxis aufbereitet und nutzbar gemacht werden" (ebd., 92) sollten.

Dabei sahen sich die Ärzte jedoch vor einige Probleme gestellt. So fehlte es an einem Klassifikationssystem zur Diagnose und Abgrenzung psychischer Krankheiten (ebd.). Die Symptome bzw. Ausdrucksbewegungen zeichneten sich zudem durch Mehrdeutigkeit und Flüchtigkeit aus (Schäfer 2016a, 419; Ankele 2012, 112). Dieser Herausforderung begegneten die Psychiater, unter ihnen vor allem der Gießener Arzt Robert Sommer, mit der Forderung nach einer Veränderung der psychiatrischen Methoden. Die bisherige Aufzeichnung der Ausdrucksbewegungen und der Krankengeschichte in Krankenakten bewertete Sommer als subjektiv und unzuverlässig und forderte die Einführung ‚objektiver' Methoden und einer Standardisierung der Aktenführung unabhängig vom persönlichen Urteil der Ärzte (Sommer 1899, 4, 12; Schäfer 2016a, 419–420). Als Problem wurde vor allem die Subjektivität der Sprache und die Schrift als Vermittler der ‚objektiven' Ausdrucksbewegungen begriffen (Ankele 2012, 96). Als Lösung dieser Schwierigkeiten griffen die Psychiater auf die Methoden der experimentellen Psychologie zurück, um die Ausdrucksbewegungen zu messen und in Zahlenwerte zu übersetzen (ebd., 107). Für eine ‚objektive' Herangehensweise nutzten sie zudem neu entwickelte Apparate wie die Stereoskopie als dreidimensionale Fotografie, um Mimik, Falten und Muskeln besser wiederzugeben (Sommer 1899, 5), oder ein Abdruckverfahren, um die Faltenbildung der Stirn besser darzustellen (Ankele 2012, 108). Kraepelin wiederum setzte technische Aufzeichnungsverfahren wie Fotografie, Grammophon oder Film (Schäfer 2016b, 328) sowie Instrumente wie die Schriftwaage ein, um Druck- und Bewegungsvorgänge beim

Schreiben aufzuzeichnen und in einer Grafik zur Darstellung zu bringen (Ankele 2012, 108).

Kraepelin versuchte zudem, das Problem der Mehrdeutigkeit der Ausdrucksbewegungen und der Unklarheit der Krankheitsursachen mit der Beobachtung des Krankheitsverlaufs zu lösen; eine Idee, die bereits der Psychiater Karl Kahlbaum verfolgt hatte (Ingenkamp 2012, 121). So trat an die Stelle der Beschreibung des gegenwärtigen Zustands der Krankheit, wie es für die experimentelle Psychologie charakteristisch war, die Beobachtung des bisherigen Verlaufs der Krankheit und die Veränderung der Symptome und Ausdrucksbewegungen. Ziel war es, den Wandel der Krankheit und ihrer Zeichen zu dokumentieren, um die zukünftige Entwicklung vorhersagen zu können (Schäfer 2016a, 420). Dafür mussten Krankheitsdaten gesammelt und verglichen werden. Als wichtiges Hilfsmittel nutzte Kraepelin statistische, ordnende Verfahren und entwickelte eine sogenannte Zählkarte, welche zusätzlich zur Krankenakten geführt wurde. Die Zählkarte enthielt in knapper Form persönliche Daten der Kranken, Anamnese und den bisherigen Verlauf der Krankheit, allerdings ohne die Feststellung einer Diagnose. Die Zählkarte diente vielmehr zum Vergleich der Daten, um Regelmäßigkeiten im Verlauf bestimmter Krankheiten festzustellen (Schäfer 2016b, 331). Die neuen Aufzeichnungsverfahren waren jedoch nicht nur eine Reaktion auf die epistemischen Herausforderungen, sondern zugleich auf die administrativen Probleme in der Psychiatrie. Dazu zählten die erhöhten Aufnahmezahlen von Kranken und die Schwierigkeiten ihrer Verteilung auf die Anstalten (Engstrom 2006, 239). Die Prognose ermöglichte die Einteilung der Krankheiten in einen heilbaren und unheilbaren Zustand und damit die Überweisung zur Behandlung in eine psychiatrische Klinik oder lediglich zur Internierung in einer Anstalt als kostengünstigere Variante. Hinter der Studie des Krankheitsverlaufs und der Feststellung von Prognosen verbarg sich laut Schäfer also auch ein ökonomisches Kalkül im Umgang mit den hohen Krankenzahlen (Schäfer 2016a, 423). Die Einführung neuer Aufschreibeverfahren wie der Zählkarte diente also nicht nur einem epistemischen Nutzen, sondern auch der Entwicklung einer „diagnostisch ‚leistungsfähigere[n]' Klinik" (Engstrom 2006, 238), weshalb die Entstehung wissenschaftlicher Repräsentationen auch an politische Aushandlungsprozesse gekoppelt war (ebd., 239-240).

Zur Verwissenschaftlichung der Psychiatrie zählt auch die Entwicklung eines Klassifikationssystems der Geisteskrankheiten, das Kraepelin in seinem *Lehrbuch der Psychiatrie* (1896) veröffentlichte. Ziel des Projektes war die Entwicklung eines allgemein gültigen Manuals für die klinische Psychiatrie, das „Begriffsbestimmung und Umgrenzung einzelner

Krankheitsformen" (Kraepelin 1904, 1) enthielt und eine epistemologische
Schwelle in der Geschichte der Psychiatrie markiert (Schäfer 2016b, 333).
So trat an das von Kraepelin formulierte Krankheitsbild der ‚Paranoia',
die auf eine innere Ursache zurückgeführt wurde und in der Entwicklung
eines Wahnsystems resultierte, ein dichotomes Modell: die Unterscheidung
der sogenannten *Dementia praecox*, die heute Schizophrenie genannt
wird, und des manisch-depressiven Irreseins. Die neuen Krankheitsbilder
wurden anhand des Verlaufs, d. h. ihrer antizipierten Zukunft definiert
(ebd.; Schäfer 2016a, 422–423). Für Schäfer impliziert dieser Krankheits-
begriff allerdings einige Schwierigkeiten, die bereits in der Naturgeschichte
und Biologie im 18. Jahrhundert anhand der Klassifikation der Arten
aufgeworfen wurden. Dazu zählt die Frage nach dem Wesen des ‚Typus'
als abstrakte und natürliche Kategorie einer Art auf der einen Seite und
der individuellen Ausprägung des Typus in einem konkreten Vertreter
seiner Art auf der anderen. Das Dogma eines natürlichen Typus stellte
die Wissenschaft jedoch vor das Problem, dass die Art im Individuum
individuell variiert und sich von den Modellen abstrakter, natürlicher Typen
unterscheide (Schäfer 2016b, 334). Kraepelin versuchte dieses Problem zu
lösen, indem er die individuellen Formen der Erkrankung in verschiedenen
Variationen der Krankheit wie der „hebephrenischen, katatonischen und
paranoischen Ausprägung der *Dementia praecox*" (ebd.) aufgehen ließ,
um damit über Begriffe und Kategorien für individuellen Variationen zu
verfügen. Obwohl Kraepelin mit der Methode der klinischen Beobachtung
und der Aufteilung der Krankheit in Untergruppen das Problem der
individuellen Ausprägung psychischer Störungen adressierte, blieb seine
Methode einer Einteilung in natürliche Krankheitseinheiten verpflichtet.
Die neuen Krankheitsbegriffe wurden eben nicht anhand der Beobachtung
individueller Fälle definiert, sondern anhand von abstrakten Krankheits-
begriffen konzipiert, so Schäfer (ebd.).

Kraepelin wird heute von einigen als Begründer der modernen
und humanen psychiatrischen Psychiatrie stilisiert, der mit seinem
Klassifikationssystem einen Vorläufer des DSM geschaffen habe. Dem
Psychiater wird ein starker Einfluss auf die biologische Wende in der Psychiatrie in den 1980er Jahren zugeschrieben, im Zuge dessen die Psychoanalyse zunehmend in den Hintergrund geraten ist (Engstrom 2006, 219).
Doch auch wenn er die Verwissenschaftlichung der Psychiatrie vorantrieb, die Beobachtung der Patient*innen am Krankenbett einführte und
statistische Verfahren und schriftliche Notationen zur wissenschaftlichen
Analyse von Krankheitsverlauf und Diagnose anhand umfassender
Ausdrucksartikulationen entwickelte, so darf nicht vergessen werden,

dass die psychiatrischen Anstalten des 19. Jahrhunderts, in denen auch
Kraepelin wirkte, von Zwangsbehandlungen und den Machtansprüchen der
Ärzte bestimmt waren (Schott und Tölle 2006, 251). Ähnlich schreibt auch
Foucault, der sich bekanntermaßen für die Disziplinarmaßnahmen und
Machttechniken der Psychiatrie interessierte:

> Alle in den Irrenanstalten des 19. Jahrhunderts eingesetzten Techniken
> – Isolierung, private oder öffentliche Befragung, Strafbehandlung wie
> die Dusche, moralische Unterredungen (Ermutigung oder Zurecht-
> weisung), strenge Disziplin, Arbeitspflicht, Belohnungen, Vorzugs-
> behandlung bestimmter Kranker durch den Arzt, Abhängigkeits-,
> Besitz-, Dienst- und gelegentlich sogar Knechtschaftsverhältnisse
> zwischen dem Kranken und dem Arzt –, all das sollte aus dem Arzt den
> ‚Herrn des Wahnsinns' machen, der den Wahnsinn in seiner Wahrheit
> erscheinen läßt (wenn er sich versteckt, wenn er verborgen und stumm
> bleibt) und ihn zugleich beherrscht, besänftigt und beseitigt, nachdem
> er ihn vorsichtig entfesselt hat. (Foucault 2015, 495)

Zudem wandte sich Kraepelin zu Beginn des 20. Jahrhunderts verstärkt
sozialpolitischen Themen zu und entwickelte ein Interesse für Eugenik
und Rassenhygiene. So vertrat der Psychiater, der mit seiner Erforschung
von Alkoholismus, Kriminalität, Degeneration und Hysterie zur Erhaltung
und Verbesserung der Gesundheit der deutschen Bevölkerung bzw. des
‚Volkskörpers' beitragen wollte, auch eugenische Forderungen (Engstrom
2007, 391–392; Shepherd 1995). Aus dieser Perspektive betrachtet, erhält
seine Forschung, die im Kontext von Diskussionen zur Unterscheidung
von lebenswertem und lebensunwertem Leben zu verorten ist, zugleich
eine politische Tragweite (Brückner 2010, 113–114). Im Unterschied zur
nationalsozialistischen Rassenlehre machte Kraepelin jedoch weniger
biologische Gründe, sondern Kultur und Zivilisation für die vermeintliche
Verschlechterung der Gesundheit der deutschen Bevölkerung verantwortlich: „In other words, he was advancing not Mendelian, but neo-Lamarckian
views to support his hygienic agenda." (Engstrom 2007, 393)

Klassifizierung zwischen Exzess und Entzug

Mit dem Anspruch der automatischen Erfassung körperlicher Ausdrucksmodi als diagnostische Hilfsmittel in der Psychiatrie beerbt
die computergestützte Depressionsforschung (Girard et al. 2013) und
die Entwicklung tragbarer Technologien zum Selbstmanagement psychischer Störungen (Picard 1997) Kraepelins Forschungsprogramm aus
dem 19. Jahrhundert. Ähnlich wie der Psychiater favorisieren auch die

aktuellen Forschungsprogramme des *Affective Computing* die Erfassung
körperlicher Artikulationen und die Beschreibung der Symptome, um
sowohl das Problem der Suche nach den Ursachen von Depressionen zu
umgehen, als auch auf die Schwierigkeiten der Beobachter- und Subjekt-
abhängigkeit sprachlicher Berichte und der Vieldeutigkeit der Symptome
zu reagieren. Im Vordergrund steht die Klassifikation pathologischer
Anzeichen als Depressionen, was als Voraussetzung für die Behandlung der Störung verstanden wird. Im Zuge dessen verlieren jedoch die
Ursachenforschung und damit die Unterschiede der Behandlungsansätze,
welche die körperlichen oder sozialen Faktoren betreffen, an Gewicht. Im
Rahmen dessen interessiert sich die Forschergruppe von Cohn und seinen
Kollegen besonders für die FACS-Deutungsmuster, die sie als objektive
Affektartikulation der Psyche und damit als Hilfsmittel für die Diagnose
begreift. Mit dieser neuen Aufmerksamkeit für mimische Muster in der
Diagnostik findet eine Neubewertung spezifischer fazialer Expressionen
statt, die sowohl den Status einer Eigenschaft der Pathologie als auch
eine Zweckhaftigkeit erhalten und zwar die Krankheit zu kommunizieren.
Zwar erscheint die computergestützte Depressionsforschung auf den
ersten Blick als neutrale Forschung, die im Unterschied zu psychiatrischen
Praktiken aus dem 19. Jahrhundert die In-Szene-Setzung der Krankheit
mit externen Distinktionsmerkmalen wie beispielsweise mittels Kostümierung oder übertriebenen Gesten überwunden zu haben scheint.
Tatsächlich lassen sich aber auch hier theatrale Praktiken finden. So haust
die Inszenierung des Ausdrucks für die Akteur*innen der AC-Forschung
unbemerkt in den FACS-Deutungsmustern, die, wie im ersten Kapitel
gezeigt wurde, das Ergebnis einer posierten Darstellung des Ausdrucks
für die Fotografie sind. Zugleich fällt auf, dass die AC-Forschung Verhalten
und Ausdruck von Menschen mit psychischen Störungen als unauffällig
und maskierbar verstanden wissen will. Dieser Ansatz unterscheidet sich
vom 19. Jahrhundert, wo geistige Beeinträchtigungen als visuell auffäl-
lige Abweichung vom Normalen begriffen wurden. Laut der AC-Forschung
hingegen äußern sich psychische Störungen wie Depressionen in kaum
sichtbaren, vom Normalen abweichenden Ausdrucksmustern. Das Problem
ist damit nicht mehr die sichtbare und gesellschaftliche Auffälligkeit,
sondern der Entzug der Störung. Für die Psycholog*innen entzieht sich die
Pathologie ihrem Zugriff und damit der Möglichkeit ihrer Normalisierung.

Beabsichtigte Kraepelin die Prognose des zukünftigen Verlaufs akuter
Krankheiten, so zielt etwa Picard auf die Prävention wahrscheinlicher, aber
noch nicht eingetroffener Störungen ab. Dieser Ansatz ist charakteristisch
für das 21. Jahrhundert, in der Früherkennung und Frühtherapie

wesentlicher Bestandteil der computergestützten Gesundheitsvorsorge sind. Der Futurisierung des Krankheitsverlaufs – ob bei Kraepelin oder Picard – ist die Problematik eigen, dass „Zustände, die zu einem gegebenen Zeitpunkt noch nicht eingetreten sind, dennoch zu eben diesem Zeitpunkt erkannt, gesehen, entworfen und zur Sprache gebracht werden." (Willer 2011, 959) Beide Ansätze vergessen, dass der Verlauf der Pathologie von der „Kontingenz des Lebens" (Schäfer 2016a, 417), der „Individualität der Patienten" (ebd.), dem ungewissen Erfolg einer Therapie, den Ursachen oder dem Charakter der Krankheit abhängen. Ausschlaggebend für die Dominanz des Präventionsdiskurses in Picards Forschung sind auch die damit verbundenen ökonomischen Überlegungen. Von der Früherkennung mit *emotion detection* verspricht sich der Gesundheitssektor, Kosten für aufwendige Therapien und die Behandlung von Folgeerkrankungen zu sparen. Während Kraepelin mittels der Prognose die Krankheiten in heilbare und unheilbare unterteilte und damit nur in Behandlungen investierte, die auch Erfolg versprachen, gilt Picards Interesse, psychische Störungen frühzeitig zu erkennen und zu therapieren, um damit den Ausbruch zu verhindern. Auch der Einsatz von automatisierten Verfahren des *Affective Computing* verspricht, dieses ökonomische Kalkül zu unterstützen. Denn alle Prozeduren, in denen sprachlich basierte Kommunikation bzw. Selbstauskünfte zum Einsatz kommen, erweisen sich vor dem ‚detection'-Anspruch des *Affective Computing* als viel zu zeitaufwendig und sind mit zu vielen hermeneutischen Ambivalenzen behaftet. Indem die AC-Forschung *emotion detection* zugleich zur Selbstdiagnose entwickelt, wird auch an den Kosten für medizinische Fachkräfte gespart, die mittels aufwendiger Verfahren Diagnosen erstellen.

Mit dieser Verbindung von Präventionsmaßnahmen und ökonomischem Denken „geraten jedoch nicht mehr nur akute und manifeste Symptome oder Beschwerden in den Blick", so Schäfer, „sondern Indizien einer möglichen Erkrankung und entsprechende Risikofaktoren [...], die ihrerseits im Diskurs der Prävention nahezu den Rang von pathologischen Zuständen gewinnen." (ebd., 428) In der AC-Forschung zählen zu diesen Merkmalen jene Anzeichen, die den Vorlieben der beteiligten Disziplinen hinsichtlich von Methoden und Forschungsinteresse entsprechen, wie physiologische Faktoren, Bewegungsmuster, Schlafverhalten oder die Art der Mediennutzung. Zugleich beruft sich die AC-Forschung zur Umsetzung dieses Vorhabens auf den Faktor der Menge. So werden die Nutzenden motiviert, eine möglichst große Anzahl von Daten zu sammeln. Indem nicht nur alle mit Informationstechnologien erfassbaren Verhaltensmuster, sondern auch eine möglichst großes Anzahl an Daten gesammelt werden, wird die Klassifizierung zum Exzess, die das Maß der Sinnhaftigkeit übersteigt.

Je mehr sich depressive Störungen zu entziehen scheinen, um so mehr steigert sich die automatische Erfassung der Störung zum Klassifikations- und Sammelwahn, was nicht ohne Folgen bleibt. Denn mit der umfassenden Datensammlung geraten nicht nur die Pathologie in „irgendeiner manifesten Devianz" (Welzer 2019) ins Zentrum, sondern alle erfassbaren potenziellen Lebensäußerungen, die der Manifestation von Depressionen vorausgehen oder sie zu begleiten scheinen. Als Konsequenz der weitläufigen Quantifizierung finden Normalisierungsprozesse statt, im Zuge derer nicht nur psychisch Kranke ins Visier geraten, sondern „jede und jeder als potentiell abweichend" (ebd.) definiert wird. Diese Form der Steuerung und Modulation des Verhaltens im Zeichen eines psychiatrischen Diskurses steht in einer Linie mit Gilles Deleuzes Konzept der Kontrollgesellschaft (Deleuze 1990). Im Unterschied zu den Einschließungsmilieus der Disziplinargesellschaft beschreibt diese Herrschaftsform einen neuen Modus der Steuerung, der über die selbst kontrollierte und selbst disziplinierte Einpassung der Subjekte hergestellt wird. An die Stelle fester Normen sind individualisierte, bewegliche Normen getreten; an die Stelle der Überwachung in der Fabrik ist der Wettbewerb in Unternehmen getreten (ebd., 256). Entscheidend ist, dass in der Medizin der Kontrollgesellschaft mit der Ausweitung der Steuerungsmaßnahmen weniger die Untersuchung der Internierten in den Kliniken, sondern die Erforschung der potenziell Kranken und Risikogruppen außerhalb der Institutionen in den Fokus rücken (ebd., 261–262). Diese Wende wird mit der Mobilität der Computertechnologien der AC-Forschung beschleunigt, die damit an einer umfassende Pathologisierung der Gesellschaft beteiligt sind. Die Kombination aus Präventionsdiskurs, den Versprechen von Big Data, der Selbstüberwachung und -disziplinierung der Nutzenden sowie der Ubiquität von Smartphones, die im Alltag möglichst unterschiedliche Daten hinsichtlich einer möglichen Pathologie auswerten, resultiert in einer zunehmenden Selbst- und Fremdaufmerksamkeit für depressive Störungen und einer erhöhten Wahrscheinlichkeit für eine Depressionsdiagnose. Wurden Verfahren des *emotion detection* als Präventionstechniken in die Psychologie eingeführt, um auf den vermeintlichen Anstieg von Depressionen am Übergang vom 20. ins 21. Jahrhundert zu reagieren, so trägt ihre Einführung wahrscheinlich dazu bei, dass zunehmend mehr Menschen die Diagnose Depression erhalten.

4

Robotergesichter in der Autismustherapie

Mit der Entwicklung affektiver Computertechnologien ist auch die Autismus-Spektrum-Störung (ASS) zum beliebten Anwendungsfall von *emotion detection* und *Emotion AI* geworden (Messinger et al. 2015). Autismus wird in der Psychologie als Beeinträchtigung kognitiver und affektiver Fähigkeiten mit einer Neigung zu repetitiven Verhaltensmustern definiert, weshalb es aus Perspektive der KI-Forschung nahe liegt, Menschen aus diesem Feld als Zielgruppe von affektiven Informationstechnologien zu betrachten (Kamp-Becker und Bölte 2011, 28; El Kaliouby, Picard und Baron-Cohen 2006, 228). Dem in den 1980er Jahren entwickelten dimensionalen Spektrummodell liegt der Gedanke zugrunde, dass Autismus in verschiedene Syndrome mit ähnlichem Charakter unterteilbar ist, deren Symptome sich in der Intensität voneinander unterscheiden (Kamp-Becker und Bölte 2011, 29; Frith 2013, 13). So reicht die Spannbreite von schwerwiegenden Fällen mit geistiger Behinderung und fehlendem Sprachvermögen bis hin zu schwachen Formen mit hochfunktionalen kognitiven Fähigkeiten, überdurchschnittlichen Begabungen, gut entwickeltem Sprachvermögen und unauffälligem Verhalten, wozu beispielsweise das Asperger-Syndrom zählt (ebd.). Aufgrund dieser Bandbreite wird Autismus nicht nur als Mangelerscheinung, sondern als besondere Fähigkeit beschrieben, weshalb das Syndrom auch in anderen Kontexten interessant geworden ist. Ein Beispiel dafür ist die mittlerweile gut bekannte Personalstrategie des Software-Unternehmens SAP. Das Unternehmen hat einen steigenden Bedarf an Fachkräften mit technologischer Expertise und rekrutiert daher

Personen mit Asperger, einer hochfunktionalen Form von Autismus, denen
hohe analytische und technologische Begabungen zugeschrieben werden
(Nadesan 2005, 130; Lawitzke und Fien 2018). Auch die AC-Forschung
umwirbt Menschen aus dem autistischen Spektrum, denen die Psychologie
ein Talent zum systematischen Denken bescheinigt. Von der Erforschung
ihrer kognitiven Fähigkeiten erhoffen sich die Forscher*innen, neue
Modelle zur Simulation und Klassifizierung von Affekten zu entwickeln, die
wiederum der Weiterentwicklung ihrer Technologien zugeführt werden (El
Kaliouby, Picard und Baron-Cohen 2006, 228–248). Zugleich entwickelt die
AC-Forschung humanoide Roboter, die zur Förderung affektiver Fähigkeiten von Personen mit Autismus eingesetzt werden. Die Roboter, deren
Gesichter mit einer bewegten Mimik ausgestattet sind, dienen Kindern
aus dem Spektrum als Trainingsroboter. In der Interaktion mit künstlichen
Agenten sollen die Betroffenen lernen, die Mimik des Gegenübers zu verstehen und den Ausdruck von Emotionen einzuüben.[1] In diesem Szenario
betritt das FACS als Modell zur Simulation der Robotermimik die Bühne,
das die expressive Blaupause für die standardisierten Expressionen liefert.
Vor diesem Hintergrund wird im folgenden Kapitel untersucht, wie die AC-
Forschung mit den Widersprüchen des autistischen Syndroms umgeht und
das Krankheitsbild neu konfiguriert.

Autismus als Störung und Begabung

Seit den Aktivitäten der schwedischen Klimaaktivistin Greta Thunberg
im Jahr 2018, die vom Asperger-Syndrom betroffen ist, wird die Autismus-
Spektrum-Störung wieder breit in der Öffentlichkeit diskutiert. Bereits
Ende der 1980er Jahre war dem Krankheitsbild Autismus, das von den
Kinderpsychiatern Hans Asperger und Leo Kanner in den 1940er Jahren
‚entdeckt‘ wurde,[2] ein erhöhtes Interesse zuteilgeworden. Die Auseinandersetzung schwankte zwischen der Angst vor einer möglichen ‚Autismus-
epidemie‘ aufgrund der Zunahme der Diagnosen[3] und der Faszination am
Autismus-Syndrom. Ein Indiz für Letzteres ist der Film *Rain Main* aus dem

1   Vgl. dazu beispielsweise das Social and Intelligent Robotics Research Laboratory der
    Informatikerin Kerstin Dautenhahn an der University of Waterloo in Ontario, Kanada
    https://uwaterloo.ca/electrical-computer-engineering/profile/kdautenh.
2   Beide Ärzte übernahmen die Bezeichnung unabhängig voneinander von dem
    Psychiater Eugen Bleuler, der mit ‚Autismus‘, dessen Vorsilbe ‚autos‘ aus dem
    Griechischen kommt und für ‚selbst‘ steht, eine Form der Selbstbezogenheit und
    Abgewandtheit von der Welt in der Schizophrenie beschreibt (Frith 2004, 5).
3   Eine Zunahme der Störung z. B. aufgrund von Impfungen ist umstritten. Nach
    Ansicht der Kritiker*innen lässt sich die These von einer ‚Autismusepidemie‘ viel
    eher mit der Erweiterung der Diagnosekriterien erklären (Frith 2013, 67).

Jahr 1988 (Regie: Barry Levinson, USA), der die besonderen Begabungen des von Autismus betroffenem Raymond Babbitt behandelt. Auch in den aktuellen Debatten in Bezug auf die Aktivistin Thunberg wird einmal von einer Anomalie und ein anderes Mal von einer Fähigkeit gesprochen. So beschwören einige Stimmen traditionsreiche Bilder von Menschen mit Autismus als Maschinenwesen oder Cyborg und sprechen vom Verfall des Humanen (Onfray 2019). Andere Beschreibungen Thunbergs zeugen hingegen von einer optimistischeren Art, Autismus zu denken (Göhlsdorf 2019). Im Kontext ihres Klimaaktivismus wird die für das Asperger-Syndrom charakteristische Eigenschaft, die soziale Umwelt nicht zu beachten und sich intensiv mit einem Thema zu beschäftigen, von einigen weniger als Beeinträchtigung, denn als Chance begriffen. Die Mischung aus Thunbergs Fixierung auf Faktenwissen und Desinteresse an den Reaktionen im sozialen Umfeld habe erst ihren kompromisslosen Einsatz für den Klimawandel ermöglicht (Schilbach 2019).

Tatsächlich ist jedoch nicht eindeutig geklärt, ob Autismus eine Störung darstellt oder Grundlage für besondere Begabungen ist. Von dieser Widersprüchlichkeit zeugen auch aktuelle wissenschaftliche Auseinandersetzungen mit Autismus, die von einem neurogenetisch-kognitiven Paradigma bestimmt werden. Hier wird Autismus auf eine genetische Ursache zurückgeführt, die Auswirkungen auf informationsverarbeitende Prozesse und damit auf die Ausbildung affektiver und kognitiver Fähigkeiten habe (Frith 2013, 27, 87; Frith 1991, 16–17). Im neurogenetisch-kognitiven Paradigma wird Autismus als Entwicklungsstörung präsentiert, die zu Beeinträchtigungen in der Organisationsfähigkeit; dem Hineinversetzen in die Gefühle, Absichten, Motivationen und Wünsche des Gegenübers (*Theory of Mind*); (Kamp-Becker und Bölte 2011, 42; Baron-Cohen, Leslie und Frieth 1985) der ganzheitlichen Wahrnehmung, um Sinn, Bedeutung und Struktur zu erkennen (der sogenannten zentralen Kohärenz) (Frith 1992, 114) und der frühkindlichen Imitationsfähigkeit führt (Rogers, Cook und Meryl 2005, 390). Während aber die Schwierigkeiten in der Nachahmung primärer Bezugspersonen in sozialen Defiziten resultieren würden, so sei Asperger-Autisten eine spezifische Form der Nachahmung eigen, so die Autismusforscherin Uta Frith. Basiere das Imitationsvermögen ‚normal' entwickelter Kinder auf ‚Intuition', würden Kinder und Erwachsene mit Asperger-Syndrom das Verhalten ihrer Umgebung auf Grundlage systematischer, verstandesgeleiteter Prozesse imitieren (Frith 1991, 21–23). Letztere Form der Nachahmung wird zwar als besondere Fähigkeit ausgestellt. Im Vergleich mit der ‚intuitiven' Nachahmung wird sie dennoch als defizitäre Form der Imitation beschrieben. Denn sie führe nicht zur körperlichen Einverleibung

beobachteter Verhaltensmuster, sondern wird als bloße Rollenüber-
nahme oder Tarnung der Defizite verstanden. So schreibt Frith: „In terms
of behaviour the autistic person can be so well camouflaged that his or her
occasional slips are generously discounted." (ebd., 22; Kamp-Becker und
Bölte 2011, 117) Auch wenn in einer solchen Beschreibung Bewunderung
für die Fähigkeiten von Asperger-Autisten mitschwingt, so werden die
Betroffenen implizit als Schauspieler präsentiert, die auf Grundlage ihrer
kognitiven Fähigkeiten lediglich Theater aufführen.

Neben Frith interessiert sich auch der Kognitionspsychologe Baron-
Cohen für das Asperger-Syndrom, für das ein spezifischer „cognitive style"
(Baron-Cohen 2000, 492) charakteristisch sei. Dazu zählt Baron-Cohen
das Vermögen der Betroffenen zum „hyper-systemizing" (Baron-Cohen
et al. 2009, 1377), d. h. der Fähigkeit, Systeme zu analysieren und neue zu
bilden. Die Kognitionspsychologie führt die Fähigkeit des Systematisierens
auf eine hohe Sensibilität der sensorischen Wahrnehmung für wieder-
holende Muster, Strukturen und Regelmäßigkeiten in der Umwelt zurück
(ebd.). Diese Fähigkeit geht nach Ansicht von Baron-Cohen zum einen
mit einer hohen Aufmerksamkeit für das Detail anstelle der Betrachtung
von Gesamtzusammenhängen einher. Zum anderen geht er davon aus,
dass sie von einem ausgeprägten Interesse für mechanische Objekte,
Technologien oder Wissenschaft begleitet wird, die der Beschäftigung mit
psychologischen Prozessen vorgezogen werde (Baron-Cohen 2000, 491;
Baron-Cohen et al. 2009, 1377). Dabei begreift der Kognitionspsychologie
die Fähigkeit, systemisch zu denken, als Charakteristikum des männlichen
Gehirns, das einen Gegenpol zu affektiven Fähigkeiten bildet, die als typisch
weiblich beschrieben werden und eine Herausforderung für Autisten darstellen würden (Baron-Cohen 2004, 102–121, 184–211).

Indem Baron-Cohen den Begriff ‚Stil' verwendet, verweist er auf die
Pluralität von menschlichen Eigenschaften, wobei er Autismus als eine
von vielen Varianten des Menschseins begreift.[4] Damit scheint er einer
kategorialen Perspektivierung von Autismus als Behinderung, Störung
oder Talent entkommen zu wollen. Dennoch manifestieren sich in seiner
Konzeption von Autismus, die er in seinem Buch *Vom ersten Tag an anders.
Das weibliche und das männliche Gehirn* (2004) entwickelt, stereotype,
kategoriale Vorstellungen. Dazu zählt ein als längst überholt geglaubtes
Bild von Männlichkeit und Weiblichkeit als Opposition von Rationalität und
Affektivität, welches er neurologisch begründet. Diese Gegenüberstellung
arbeitet mit einem Bild von Autist*innen, die aufgrund ihrer Schwäche,

---

4   Vgl. zu aktuellen und historischen Prozessen des Stilbegriffs Eva Geulen (2019).

Gefühle auszudrücken und die Mimik des Gegenübers zu deuten, Menschen ohne Gefühle seien. Nicht zuletzt gerät in den Hintergrund, dass im Zentrum von Baron-Cohens Forschung die Untersuchung von Betroffenen mit Asperger-Syndrom steht. Das Asperger-Syndrom ist jedoch nur eine Variante aus dem autistischen Spektrum, die im Unterschied zu anderen Formen von Autismus, die mit schwerwiegender geistiger Behinderung einhergehen, im Alltag kaum auffällt. Indem Forscher wie Baron-Cohen ihre Theorien am Fallbeispiel des Asperger-Syndroms entwickeln, wird jedoch die Merkmalsvielfalt des Krankheitsbildes, die von kaum sichtbaren Symptomen bis hin zu schweren Behinderungen reicht (Frith 1991, 1–36), ausgeblendet.

Die Critical Autism Studies (CAS) hingegen schlagen eine andere Richtung ein (Richardson 2018). Der Name wurde im Jahr 2010 von Joyce Davidson und Michael Orsini für eine Forschungsrichtung bestehend aus Wissenschaftler*innen und Betroffenen geprägt. Die CAS wenden sich gegen das defizitäre Narrativ des neurogenetisch-kognitiven Paradigmas und die dahinterstehende „contemporary biomedical industry of autism" (ebd., 122), die ihre finanziellen und fachlichen Anstrengungen vorrangig auf eine womöglich nicht lösbare Ursachenforschung fokussiert. Die kritische Autismusforschung fordert stattdessen den Ansatz einer defizitären Perspektive zugunsten eines „autism positive approaches" (Edge Hill University 2022a) aufzugeben, machtvolle psychiatrische Kategorien zu hinterfragen, alternative Narrative in Bezug auf Komplexität und Diversität autistischer Erfahrungen jenseits des „dominant negative medical autism discourse" (Edge Hill University 2022b) zu ermöglichen und eine Forschung zu unterstützten, welche die individuelle Natur des Phänomens und die Perspektive der Betroffenen respektiert. Ähnliches befürwortet auch Ian Hacking in seinem Text *Autistic Autobiography* (2009). Hacking plädiert für eine stärkere Beachtung der Narrative der Betroffenen, die eine eigene Sprache über Autismus hervorgebracht haben: „Autism narratives are not just stories or histories, describing a given reality. They are creating the language in which to describe the experience of autism, and hence helping to forge the concepts in which to think autism." (Hacking 2009, 1467)

Dass die wissenschaftlichen Beschreibungen das Autismus-Syndrom mal als Defizit mal als Fähigkeit beschreiben, ist nicht nur für die gegenwärtige Auseinandersetzung charakteristisch, sondern stellt ein typisches Motiv in der Autismusforschung dar. Bereits die Fallgeschichten von Hans Asperger aus den 1940er Jahren, dessen Forschung im Lichte der Entwicklung der Kinderpsychiatrie, der Freud'schen Psychologie und Psychiatrie und dem wachsenden Interesse an der interpersonalen Kommunikation ihr Profil erhält (Göhlsdorf 2014, 20–21), zeugen von ähnlichen Widersprüchen. Während der amerikanische Kinderpsychiater Kanner, der das Syndrom zeitgleich mit dem österreichischen Arzt Asperger beschrieb,[5] das schwach ausgeprägte Kommunikationsverhalten oder das Verlangen nach Alleinsein und Gleichförmigkeit als Mangelerscheinung akzentuiert und die kognitiven Fähigkeiten als nutzlos darstellt (Kanner 1943, 248–250), findet sich bei Asperger eine abgeschwächtere Darstellung. In seiner Habilitationsschrift *Die ‚Autistischen Psychopathen' im Kindesalter* (1944) betont er die „charakteristischen Einordnungsschwierigkeiten" (Asperger 1944, 84) der autistischen Störung seiner vor allem männlichen Patienten, die sich zum einen im „Versagen an der Gemeinschaft" (ebd.) äußern und zum anderen „kompensiert [werden] durch besondere Originalität des Denkens und Erlebens, die oft auch zu besonderen Leistungen im späteren Leben führen" (ebd.).

Als Pionier der Autismusforschung konzentrierte sich Asperger auf die Feststellung der Existenz von Autismus als eigenständige Krankheit, um sie von der ‚frühkindlichen Schizophrenie' und dem ‚postencephalitischen Zustand' abzugrenzen (Frith 1991, 6; Asperger 1944, 84). Dafür beobachtete er Verhaltensauffälligkeiten seiner Patienten, die er in seinen berühmten Fallgeschichten niederschrieb. Er untersuchte die Vorbedingungen der Störung und zwar der Krankheiten und Verhaltensauffälligkeiten der Eltern und Familienmitglieder. Zugleich testete er in sogenannten ‚Intelligenzprüfungen' die intelligente Begabung und Persönlichkeitsstruktur anhand der Art, wie die Kinder Aufgaben lösen, ihrer Arbeitsweise, dem Tempo und der zwischenmenschliche Kommunikation (Asperger 1944, 98–99). Ähnlich wie die Neurowissenschaften und Kognitionswissenschaft des 20. Jahrhunderts begreift auch Asperger die ‚autistische Psychose' als erblich bedingte Anpassungsstörung, die Auswirkungen auf die soziale Interaktion, Konzentrationsfähigkeit, Wahrnehmung und das Gefühlsleben hat (ebd., 132). Während ‚normale' Kinder durch die Nachahmung des Verhaltens der Erwachsenen lernen und die geforderten Kenntnisse durch regelmäßiges Studieren einüben, würden sich autistische Kinder für selbstgewählte Spezialinteressen interessieren, die sie sich auf individuellem Weg aneignen. Dazu zählen Kenntnisse in den Naturwissenschaften,

5   Zufälligerweise beobachteten Kanner in den USA und Asperger in Österreich zur gleichen Zeit ähnliche Verhaltensauffälligkeiten an ihren kindlichen Patient*innen und gaben dem Phänomen einen ähnlich lauteten Titel (Göhlsford 2014, 18). Lange Zeit bestimmte Kanners Forschung den Diskurs über Autismus. Die Studien Aspergers blieben bis in die 1990er Jahre unentdeckt. Erst durch ihre Übersetzung ins Englische durch Uta Frith erhielt die Forschung des österreichischen Kinderpsychiaters international Aufmerksamkeit (Kamp-Becker und Bölte 2011, 8).

Mathematik, Technik oder auch Kunstgeschichte (ebd., 115–116). Dabei würden Menschen mit Autismus bereits in jungen Jahren eine besondere „Reife im Kunstverständnis" (ebd., 116) und ein „differenziertes Stilgefühl" (ebd.) aufweisen. Die autistische Störung äußere sich nach Asperger nicht nur in Abweichungen von verstandesmäßigen und affektiven Fähigkeiten, sondern auch in der körperlichen Ausdruckserscheinung. Typische physiologische Manifestationen seien reife, „prinzenhaft fein[e]", „degeneriert-aristokratische" (ebd., 112) Gesichtszüge, ein zurückgenommenes, reduziertes Mienenspiel; ein unsteter, umherschweifender Blick, aber auch eine „unnatürliche" (ebd., 114) Stimme und Sprache, die ungerichtet, ohne spezifischen Adressaten seien. Mit dieser Konzeptionierung bedient sich Asperger auch eines physiognomischen Diskurses: „Das frühe Denken hat das Gesicht geformt. Aus gerunzelten Brauen spricht oft ein grüblerischer Zug." (ebd., 112)

Aspergers zentrale Feststellung ist, dass das Verständnis des Krankheitsbildes als „Kontaktstörung mit jener besonderen Klarsichtigkeit" (ebd., 117) keinen unlösbaren Widerspruch darstellt. Denn während das ‚normal‘ entwickelte Kind die Beziehung zur Umgebung über seine Instinkte und Intuition herstelle, funktioniere die Kontaktaufnahme bei autistischen Kindern über den Intellekt und das begriffliche Denken. Dabei ersetze der Intellekt seiner kindlichen Patienten nicht die Intuition. Stattdessen bilde gerade die Abwesenheit von Intuition und Gefühl die Voraussetzung für verstandesmäßige Fähigkeiten und damit die Ausbildung besonderer Begabungen (ebd., 118). Hier ist es der Intellekt des Einzelnen, der darüber entscheide, ob sich die von der Anpassungsstörung Betroffenen zum Genie, Sonderling oder „automatenhaften Schwachsinnigen" (ebd.) entwickeln, so Asperger. Diese Entwicklung versucht er zum einen mittels ‚objektiver‘ Messung der Intelligenz in psychologischen Tests zu erfassen. Zum anderen geht der Psychiater davon aus, dass spätestens im Laufe des Erwachsenenalters die Störung evaluierbar wird. Zwar begreift Asperger das autistische Syndrom als biologische Störung, die sich im Ausdruck des Körpers und im Verhalten manifestiert. Festgestellt wird die Ausprägung des Krankheitsbilds jedoch anhand äußerlicher, sozialer Kriterien, wie beispielsweise ob die Betroffenen sich als Erwachsene im Berufsleben integrieren können (ebd., 133).

Auch wenn Asperger die Widersprüchlichkeiten nicht als Gegensatz, sondern als charakteristisches Kennzeichen des Syndroms darstellt, so erliegt er das ein oder andere Mal der Versuchung, sich für eine der beiden Gegensätze zu entscheiden. An einer Stelle bezeichnet er seine Patienten als „gefühlsarme Kinder" (ebd., 121), die ihre Angehörigen mit „sadistischen

Handlungen" (ebd.) und „Bosheitsakten" (ebd.) quälen. Einige Seiten später lehnt er den Begriff der „Gefühlsarmut" (ebd., 128) zur Beschreibung der Verhaltensauffälligkeiten ab, um stattdessen von der Kompliziertheit des Gefühlslebens und einem „qualitativen Anderssein" (ebd.) zu sprechen. Im Hinblick auf die Erziehung fordert er eine „unpersönliche, ‚sachliche' Art des Befehlens" (ebd., 102) mit „abgestelltem Affekt" (ebd., 92), um der „Befehlsautomatie" (93) der kindlichen „Intelligenzautomaten" (ebd., 103) zu begegnen: „Niemals darf der Erzieher zornig werden oder sich ärgern, auch nicht ‚lieb' oder ‚kindertümlich' sein wollen." (ebd., 92) Am Ende seiner Schrift schlussfolgert er aber, „daß nur der volle Einsatz des liebenden Erziehers bei so schwierigen Menschen Erfolge erzielen kann." (ebd., 135) Mit Blick auf diese Unstimmigkeiten ist anzunehmen, dass die Widersprüche in seinem Text auf einen grundlegenden methodischen Konflikt zurückgehen. Denn während sich Asperger an quantitativen und qualitativen Methoden der Psychiatrie wie psychologische Tests oder der klinischen Beobachtung der Fälle orientiert, bewertet er die Auffälligkeiten seiner Patienten anhand zeitgenössischer gesellschaftlicher Vorstellungen vom Normalen. Ausdruck davon ist beispielsweise die Beschreibung der Vorlieben einer Mutter, deren von der zeitgenössischen Norm abweichendes Verhalten als Pathologie gedeutet wird:

> Man hat sehr den Eindruck, daß die Mutter nicht nur ihrem Kind, sondern überhaupt dem praktischen Leben, auch dem Haushalt, gar nicht gewachsen ist: sie, die doch in einem gehobenen Milieu lebt, wirkt immer etwas schlampig, ja schlecht gewaschen, immer sehr unvorteilhaft angezogen. [...] [E]s wird dabei ganz klar, daß das ebenso an den endogenen Schwierigkeiten des Knaben liegt wie daran, daß auch die Mutter in ihren Beziehungen zur Welt, vor allem in ihren Instinktfunktionen betrachtlich eingeengt ist. Bezeichnend für ihr Wesen erscheint uns folgender Zug: wenn es ihr daheim zu bunt wird, läßt sie alles liegen und stehen und fährt, ohne sich um die zurückgebliebenen Männer der Familie zu kümmern, für 1 Woche oder länger ins Gebirge, das sie sehr liebt. (ebd., 87)

Obwohl die aktuellen Autismusdarstellungen von Asperger und Kanners Forschungen wesentlich geprägt sind (Göhlsdorf 2014, 20), unterscheidet sich das gegenwärtige neuro- und kognitionswissenschaftliche Verständnis jedoch auch von der Autismusforschung der 1940er Jahre. So stellte Asperger seine Patienten mitunter als ‚Querulanten' aus, die absichtsvoll ihr soziales Umfeld attackieren und „Lust an der Bosheit" (Asperger 1944, 121) haben. Die Neurowissenschaften und die Kognitionsforschung des 20. und 21. Jahrhunderts scheinen hingegen moralisch besetzte

Begriffe wie mangelnde Empathie, Gefühlskälte, Egoismus und Abartig-
keit oder Minderwertigkeit zu vermeiden, um nicht mit der Kehrseite der
Beschäftigung mit Autismus in Konflikt zu geraten. Gemeint ist die Ausgrenzung und Verfolgung von Menschen mit Behinderungen wie es für
das Euthanasieprogramm der Nationalsozialisten charakteristisch war
und im Kontext dessen Asperger seine Autismusforschung betrieb.[6] Trotz
des Versuchs, neutrale Begriffe zu finden, werden die kognitionspsycho-
logischen Konzepte bei der Übernahme in populärwissenschaftliche oder
akademische Kontexte generalisiert und vereinfacht (Nadesan 2005, 128).
Aus einer Störung in der *Theory of Mind* wird eine „generelle Empathie-
störung" (Kamp-Becker und Bölte 2011, 43). Aus den Beeinträchtigungen
der ‚zentralen Kohärenz', die laut der Kognitionsforschung von einem ausgeprägten Sinn für das Detail, der Ausbildung von Spezialinteressen und
einem sozialen Desinteresse begleitet werden (Nadesan 2005, 130), werden
im populärwissenschaftlichen Diskurs eine ‚natürliche Befähigung' zur
Objektivität und Wissenschaftlichkeit mit ausgeprägtem Technikinteresse
(Frith 1992, 114). Zwar rufen Schwierigkeiten in der ganzheitlichen Wahrnehmung nicht zu bestreitende Stärken im analytischen Denken hervor
(Nadesan 2005, 130), dennoch sei das daraus resultierende Detailinteresse
nicht grundsätzlich mit wissenschaftlichen und technologischen Fähigkeiten gleichzusetzen. Dessen ungeachtet hat die Vereinfachung dieses
Konzepts u. a. Anteil daran, dass autistische Fähigkeiten unvermittelt mit
einer technologischen Expertise gleichgesetzt werden. Damit werden
Menschen mit Autismus nicht nur als geeignete Softwareentwickler*innen
präsentiert, sondern ihre Fähigkeiten als „alien, machine-like form of
intelligence" (ebd., 125) stilisiert.

Gemeinsam ist der historischen und aktuellen Autismusforschung,
dass sich beide mit dem ungelösten Problem widersprüchlicher Verhaltensmuster konfrontiert sehen, was in einer Krise der Methoden und

---

6   Aspergers Rolle im Wien der Nazizeit ist ambivalent. Lange Zeit gingen
Historiker*innen davon aus, dass der Kinderpsychiater ein Gegner des
Nationalsozialismus und Verteidiger seiner autistischen Patient*innen war, denen
er eine mildere Form von Autismus bescheinigte, um sie, wie vermutet wurde, vor
der nationalsozialistischen Euthanasie zu schützen. Neuere historische Untersuchungen zeigen aber, dass Asperger sich mehreren Organisationen anschloss,
die der NSDAP angegliedert waren, und die eine Politik der Rassenhygiene, einschließlich Zwangssterilisationen, vertraten. Obwohl es keine Beweise gibt, dass
Asperger den Nationalsozialismus aktiv unterstützte, so lässt sich mit diesen und
anderen Aktivitäten wie etwa seiner Tätigkeit in der Wiener Klinik Am Spiegelgrund,
die im nationalsozialistischen Euthanasieprogramm eine zentrale Rolle spielte, die
Beschreibung Aspergers als Gegner des Naziregimes nicht aufrechterhalten (Czech
2018).

Repräsentation der Störung resultiert. So berufen sich die Forscher*innen zwar auf vermeintlich wissenschaftlich neutrale Ansätze, beziehen jedoch unbemerkt kulturelle Vorstellungen vom Normalen und Pathologischen in ihre Darstellungen mit ein. Die Vermischung zwischen ‚objektiver' wissenschaftlicher Beobachtung und kulturellen Normen wird besonders hinsichtlich der Nutzung von Metaphern ersichtlich. So benutzt Asperger Sprachbilder aus dem Feld der Automaten und Maschinen, um die autistische Störung zu charakterisieren. Die Parallelisierung des Krankheitsbildes mit ‚autonom' agierenden Objekten weist darauf hin, dass Aspergers Forschung mit unscharfen Erkenntnissen hinsichtlich der Merkmale und Ursache des Syndroms operiert. Eine Entlastung dieser Problemlage liefert die Metaphorik der Maschine, des Automaten oder der Roboter, die dazu dient, den epistemischen Unschärfen ein Darstellungsformat zu verleihen.[7] Auch im Kontext von *Affective Computing* werden Parallelen zwischen Menschen mit Autismus und unbelebten, ‚autonom' agierenden Objekten, wie humanoiden Robotern, beschworen: „Many individuals with ASD [autism spectrum disorder] show a preference for robot-like characteristics over non robotic toys [...] and, in some circumstances, respond faster when cued by robotic movement than by human movement." (Messinger et al. 2015, 527) Es scheint, dass in der AC-Forschung alte Vorstellungen Aspergers – der seine kindlichen Patienten als ‚Intelligenzautomaten' betitelte – von Personen mit Autismus als automatisiert agierende Subjekte fortleben, was sich die computergestützte Autismustherapie für die Indienstnahme künstlicher Intelligenzen zunutze macht.

Autismustherapie zwischen Disziplinierung und Förderung

Seit der ‚Entdeckung' des autistischen Syndroms in den 1940er Jahren betrachten Psychiater*innen Menschen mit Autismus vor allem als Risikosubjekte. Bekannt dafür ist die Forschung des US-amerikanischen Psychoanalytikers und Kinderpsychiaters Bruno Bettelheim. In seinem Buch *The Empty Fortress. Infantile Autism and the Birth of the Self* (1967) beschreibt er Autismus als Schizophrenie, die auf eine pathologische Eltern-Kind-Beziehung zurückgehe. Als Behandlung sieht Bettelheim die Internierung der betroffenen Kinder in der Psychiatrie und eine Psychoanalyse für die Mütter vor (Donvan und Zucker 2016, 307–308; Bettelheim 1967). In

---

7   Insbesondere die ‚ältere Wissenschaftsgeschichte' begreift die Metapher als begriffliches Werkzeug zur Veranschaulichung neuer oder unerklärlicher Phänomene (Müller und Schmieder 2016, 609).

Abgrenzung zu Bettelheims psychiatrischem Ansatz, der die Ursache der Störung im Sozialen verortet, gründete die Autismusforscherin Wing in den 1960er Jahren eine Elternbewegung, um sich für die Rechte der Eltern und ihrer Kinder einzusetzen. Einen der Höhepunkte der Emanzipationsbewegung bildet die Einführung von Handbüchern, die alternative Behandlungsmöglichkeiten für Eltern jenseits psychiatrischer Methoden vorstellen. Anstelle der psychiatrischen Behandlung der Kinder und der Therapie der Mütter verband Wing mit der Entwicklung von Manualen wie *Autistic Children* (1985) einen emanzipatorischen Anspruch, und zwar die Entpathologisierung der Mütter bei gleichzeitiger Selbstermächtigung der Eltern durch ein Programm zur täglichen Förderung der sozialen und kommunikativen Kompetenzen ihrer Kinder (Wing 1985). Im Zuge von Wings Elternbewegung fand damit eine Wende von der Einschließung der Kinder in die Psychiatrie und der Behandlung vermeintlicher Ursachen hin zur Normalisierung der ‚Verhaltensdefizite' außerhalb der psychiatrischen Institutionen statt. Betrachtete Bettelheim das Verhalten der Eltern noch als Auslöser von Autismus, will man sie neuerdings als „Kotherapeuten" (Kamp-Becker und Bölte 2011, 81) und „Mediatoren" (ebd.) verstanden wissen, denen eine zentrale Rolle in der Einübung von „angemessenen Verhaltensweisen" (ebd.) und beim Abbau „unangemessener Verhaltensweisen" (ebd.) zugeschrieben wird. Zwar kritisieren heute einige Psycholog*innen, dass im Zuge der pädagogischen Vorhaben Menschen mit Autismus zum Objekt der „Zurichtung [...] für die Verwertungsinteressen der Gesellschaft" (Mühlum 2007, 37–41) geworden sind und zunehmend unter „Normalisierungsdruck" (Dziobek, Lucke und Manzeschke 2017, 369) geraten. Die Befürworter*innen begreifen therapeutische Maßnahmen, die auf die Normalisierung des Verhaltens abzielen, hingegen als legitime Strategie, um Menschen mit Autismus vor sozialen Risiken wie Vereinsamung, Ausgrenzung und Arbeitslosigkeit zu schützen (ebd.).

Im Rahmen dessen wird auch heute noch das 1972 entwickelte Autismusprogramm TEACCH® zur Förderung von Kindern und Erwachsenen mit Autismus genutzt. Bei dem nach einer Einrichtung für autistische Kinder in North Carolina (Treatment and Education of Autistic and Related Communication Handicapped Children) benanntem Programm handelt es sich um ein pädagogisch-therapeutisches Konzept mit ganzheitlicher Entwicklungsförderung. Im Zentrum von TEACCH® stehen die Gestaltung und Anpassung der Lern- und Lebensumwelt an die individuellen Bedürfnisse der Betroffenen, um eine Umgebung zu schaffen, im Rahmen derer Orientierung und selbstständiges Handeln ermöglicht wird. Dabei arbeitet das Programm vor allem mit visualisierenden und strukturierenden Strategien, die im Unterschied zu sprachlichen Methoden eine effektive Vermittlung von Kompetenzen im Sinne der Bedürfnisse der Kinder ermöglichen würden (Häußler 2022, 13, 16). Ebenfalls große Aufmerksamkeit ist dem Programm SOKO-Autismus (Gruppenangebot zur Förderung sozialer Kompetenzen bei Menschen mit Autismus) zuteilgeworden, das in Anlehnung an TEACCH® Maßnahmen zur Therapie in der Gruppe bereitstellt (Häußler et al. 2003, 9). Beide pädagogischen Programme streben die „weitestgehende[] Selbstständigkeit, Selbstbestimmung und soziale[] Inklusion" (Häußler 2022, 13) der Betroffenen sowie die „Eingliederung in Arbeit, Beruf und Gesellschaft" (Häußler et al. 2003, 9) an. TEACCH® und SOKO-Autismus liegt ein Verständnis von Autismus als Erbkrankheit zugrunde, die Auswirkungen auf die neurologischen Prozesse hat und deren Ausprägung von physischen und psychischen Faktoren in der frühkindlichen Entwicklung abhängig ist. Dies führt zu einer ‚anderen' Verarbeitung von Informationen (Häußler et al. 2003, 33). Dazu zählt eine „zu starke oder zu geringe Reaktion auf Reize" (ebd., 36), eine hohe Aufmerksamkeit für „nicht-soziale Reize wie Objekte und Spielzeug" (ebd.), eine hohes Interesse an Details, bessere Verarbeitung von räumlich-visuellen Informationen als auditiven, Einordung von Informationen in ein räumliches anstelle eines zeitlichen Bezugssystems, eine ungewöhnliche Gedächtnisleistung, Vorliebe für Routinen usw. (ebd., 36–39). Dieser „kognitive Stil" (ebd., 36) wird in der Psychologie jedoch negativ als Beeinträchtigung für das Durchführen von Alltagshandlungen und die soziale Kommunikation betrachtet, was als Grund für die pädagogische Förderung betrachtet wird (ebd., 44). Beiden Programmen ist gemeinsam, dass sie das Einüben standardisierter Regeln ablehnen, die in automatisierten Verhaltensweisen münden und mit einem Zwang zur sozialen Unauffälligkeit einhergehen (Häußler 2022, 13). SOKO-Autismus, das die autistische Störung vor allem als Mangel an positiven und „frühe[n] soziale[n] Grunderfahrungen" (Häußler et al. 2003, 16, 19) begreift, zielt auf den „Umgang mit konkreten Situationen oder die Vermittlung allgemeiner Strategien" (Häußler et al. 2003, 18) ab, mit der Absicht, vorwiegend „positive[] und bedeutungsvolle[] Erfahrungen mit Gleichaltrigen" (ebd., 19) herzustellen. Zur Umsetzung dieses Vorhabens setzt das Programm auf die Interaktion in der Gruppe als „lebendige[s] soziale[s] Gefüge" (ebd., 13). Ziel ist es, soziale Strategien und heterogene Kommunikationspraktiken in der Gemeinschaft einzuüben, um damit die Komplexität realer Kommunikationssituationen realistisch zu simulieren (ebd., 26).

Im Unterschied zu SOKO-Autismus legt das TEACCH®-Programm seinen Schwerpunkt auf die räumliche und zeitliche Strukturierung der Umgebung mit visuellen Hilfen bei gleichzeitiger Berücksichtigung der individuellen Bedürfnisse der Betroffenen, um Unterstützung bei der Erschließung des Alltags zu geben (Häußler 2022, 54). Ziel ist es, die Umgebung, die für die Patient*innen als Übermaß an Informationen erscheint, zu organisieren und zu kategorisieren, damit eigenständige Aktivitäten möglich werden. Dazu zählen die „Strukturierung der dinglichen Umwelt" aber auch und „die Strukturierung von Abläufen" (ebd., 57) wie Zeit-, Aufgaben- und Instruktionspläne. Hinsichtlich der Strukturierung des Raumes schreibt die Autorin des TEACCH®-Handbuchs beispielsweise:

> Regale und Raumteiler, Stellwände und Möbel lassen sich nutzen, um Nischen zu bilden und einzelne Bereiche abzuteilen. Solche offensichtlichen und körperlich spürbaren Trennungslinien geben eine klare Rückmeldung hinsichtlich der Grenzen eines Bereichs. [...] Neben den spürbaren Grenzen lassen sich auch viele rein visuelle Hinweise einsetzen, um räumliche Abtrennungen zu verdeutlichen. So können ein Strich oder Klebestreifen auf dem Boden als Grenzlinie dienen, unterschiedliche Bereiche können durch verschiedene Bodenbeläge definiert werden, und auch die farbliche Ausgestaltung lässt sich für räumliche Strukturierung nutzbar machen. [...] Die Kennzeichnung von ‚Standpunkten' hat sich besonders bewährt, wenn es darum geht, mehrere Personen in einer bestimmten Weise anzuordnen [...]. Werden zusätzlich Fußabdrücke eingesetzt, lässt sich sogar die Standrichtung anzeigen! (ebd., 59–60)

Die Kennzeichnung des Raumes folgt dem Zweck, Menschen mit Autismus, die von Reizen schnell überfordert sind, Orientierung und Sicherheit zu geben, um in dieser gesicherten Umgebung zu lernen, ihre sozialen und alltäglichen Kompetenzen zu erweitern. Der Vorrang von visuellen Informationen vor sprachlichen Anweisungen ist der Annahme geschuldet, dass visuelle Eindrücke die Betroffenen weniger mit Informationen überladen. Zwar verzichtet TEACCH® nicht vollständig auf Sprache. Visuelle Hinweise werden jedoch vorgezogen, insofern sie „beständige" (ebd., 54), einfach zu verarbeitende Informationen sowie interpretations- und kontextunabhängiges Wissen versprechen. Da die betroffenen Personen mit visuellen Methoden unabhängig von anderen Bezugspersonen arbeiten können, werde die Eigenständigkeit gefördert (ebd.). Im Zentrum von TEACCH® steht also die Frage, wie Informationen kommuniziert werden müssen, sodass Menschen mit Autismus sie verarbeiten können. Dieser Ansatz basiert allerdings auf einem zweifelhaften Verständnis von Visualität. Visuelle Informationen werden als Medien mit eindeutigem Informationsgehalt begriffen, die unabhängig von Deutung oder Interpretation sind. Zudem arbeitet das Programm mit einem widersprüchlichen Verständnis von Selbstständigkeit. So ist eigenständiges Handeln nur im Rahmen festgelegter Handlungsprogramme möglich, wobei alle autonomen Entscheidungen, die auf Basis eigener Vorstellungen getroffen werden, ausklammert sind.

Während also SOKO-Autismus auf die Potenziale der direkten menschlichen Interaktion und das TEACCH®-Programm auf die zeitliche und räumliche Organisation mittels einer vermeintlichen Eindeutigkeit von Visualität setzen, konfigurieren beide Programme das Leben von Menschen mit Autismus vor der Folie der psychologischen Wissenschaften als risikobehaftetes Leben, das geschützt, gefördert und sozial kompatibel gemacht werden soll. Mit dieser Absicht erinnern die pädagogischen Programme der Autismustherapie an die Disziplinartechniken, die Foucault in seinem Werk *Überwachen und Strafen* analysiert (Foucault 1994). Die im Hochmittelalter im Kloster entwickelten Disziplinen, die als klösterliche Verhaltensregeln einen klar strukturierten Tagesablauf und ein asketisches Leben vorsahen, wurden laut Foucault im 17. und 18. Jahrhundert in Bereichen wie dem Gefängnis, den Pestreglements und dem Militär in verschiedenen Formen verweltlicht. So entwarf der Jurist, Philosoph und Sozialreformer Jeremy Bentham im 18. Jahrhundert für das Gefängnis eine Beobachtungsapparatur zur Selbstdisziplinierung der Individuen. Das sogenannte Panoptikon beruht auf einem festen, architektonisch verankerten Blickregime, in dem die Inhaftierten sich von einem Wächter durchgängig überwacht fühlen. Aufgrund der spezifischen Architektur des Gefängnisses wird der Aufseher von den Inhaftierten nicht gesehen. Wegen des Wissens um die Beobachtungsstruktur meinen die Insassen dennoch konstant unter Beobachtung zu stehen, in Konsequenz dessen sie ihr Verhalten der vermeintlichen Beobachtungsinstanz unterwerfen. Das dem panoptischen Modell zugrunde liegende Prinzip beruht dabei auf einer spezifischen Anordnung von Körpern, Oberflächen, Lichtern und Blicken im Raum (ebd., 221). In den protestantischen Armeen wurden die Disziplinartechniken hingegen zur militärischen Dressur der Soldaten angewendet. Die Disziplinartechniken als soldatischer Drill zielten auf die Transformation kleinster Körperbewegungen anhand standardisierter Schemata, an deren Horizont nicht nur die Kontrolle und Unterwerfung, sondern die Nutzbarmachung der Körperkräfte und Gesten stand. Das Funktionieren der militärischen Disziplinarmaßnahmen beruhte auf einem „präzisen Befehlssystem" (ebd., 214), bei dem es nicht um das „Verstehen des Befehls, sondern um die Wahrnehmung des Signals und die alsbaldige Reaktion darauf entsprechend einem vorgegebenen Code" (ebd.) ging. Auch wenn es Techniken der Disziplinierung bereits seit der Antike gibt, handelt es sich nach Ansicht von Foucault bei den Disziplinartechniken um 1800 um eine neue Form der Verfügbarmachung des Körpers. Neu daran sei die Skala und die Größenordnung der Kontrolle, die sich auf die Details des Körpers, das heißt auf die kleinsten „Bewegungen, Gesten, Haltungen, Schnelligkeit" (ebd., 174) richtet, um die Effizienz des Körpers und seiner Bewegungen zu steigern.

Charakteristisch für die Formen der Disziplinierung des 17. und 18. Jahrhunderts ist laut Foucault die Durchführungsweise, d. h. die kontinuierliche Kontrolle der Körpertätigkeiten als eine durchgängige Zwangsausübung und die Einordnung der Körper in standardisierte Zeiten und Räume wie etwa das Kloster oder die Fabrik (ebd., 175). Operabel werden die Disziplinarmethoden durch die Parzellierung des Raumes, in dem die Individuen verteilt werden und einen spezifischen Platz erhalten. Der Zweck der Verortung der Individuen ist die Kontrolle der Individuen, die Einhegung von Menschenmengen, die Identifizierung des Einzelnen, die Verhinderung unnützer, gefährlicher Aktivitäten und damit auch die Schaffung eines „nutzbaren Raumes" (ebd., 184). Die Disziplinartechniken beschreiben laut Foucault jedoch nicht nur einen Zugriffsmodus der Institutionen auf das Individuum, sondern sind Teil einer Disziplinarmacht, die im 17. und 18. Jahrhundert zur allgemeinen Herrschaftsform aufgestiegen ist. Diese moderne Macht liege zwar „unterhalb der großen Apparate" (ebd., 286) und „politischen Kämpfe" (ebd.), dringe jedoch „in die feinsten und entlegensten Elemente" (ebd., 277) des Körpers ein, wo die Disziplinartechniken ihre Wirkung entfalten. Im Unterschied zu Regierungsformen totalitärer Regime, die ihre Macht mit Gewalt durchsetzen, ist für die Disziplinarmacht die „Vermehrung des Nutzens" (ebd., 174) des Körpers und die „Steigerung der Körperkräfte" (ebd.) kennzeichnend, die der Nützlichkeit und Leistungsfähigkeit der politischen Apparate zugeführt wird.

Insbesondere das TEACCH®-Programm der Autismustherapie korrespondiert mit Foucaults Konzept der Disziplinartechniken in dem Ansatz, das Verhalten von Menschen mit Autismus zu beobachten, zu kontrollieren, nutzbar und produktiv zu machen, ein spezifisches Verhalten zu fördern und ‚unnützes' Verhalten zu vermeiden. Umgesetzt wird dieses Ziel mit der räumlichen und zeitlichen Verortung der Individuen mittels visueller Ordnungs- und Erziehungsstrukturen.[8] Mit der Anpassung des Verhaltens an strukturierte Zeitpläne und der Einordnung in eine räumliche Struktur zielen die Autismusprogramme auf die Erziehung der Individuen, um die

---

8   Vgl. zur räumlichen Strukturierung von Wissen als Machtmodell (Sarasin 2005, 140–142).

Inklusion in die Gesellschaft zu ermöglichen. Während aber beispiels-
weise das Disziplinarmodell des militärischen Drills die vollständige
Disziplinierung und Automatisierung des „gesamten Körpers von der
Fußspitze bis zum Zeigefinger" (Foucault 1994, 196) beabsichtigt, um die
Kräfte des Körpers für die Disziplinarmacht produktiv zu machen und
zu unterwerfen, verfolgen die Autismusprogramme die Einbindung der
Betroffenen in eine Ordnung, um ihnen Orientierung zu geben und damit
Handlungsmacht zu verleihen. Orientiert sich die Disziplinierung der Soldaten an vorgegebenen Normen, die von den Individuen inkorporiert und
automatisiert ausgeführt werden, so richtet sich das TEACCH®-Programm
mit der strukturellen Organisation von Zeit und Raum nicht nur an den Vorstellungen der Pädagog*innen, sondern auch an den individuellen Bedürf-
nissen der Kinder aus. Vor diesem Hintergrund handelt es sich bei dem
Autismusprogramm um eine gemäßigte Form der Disziplinartechnologien.
Die Produktivmachung der Einzelnen beruht weniger auf der Unterwerfung
der Körper, sondern auf der Einpassung der Subjekte in eine penible
räumliche und zeitliche Ordnungsstruktur. Am Horizont der Disziplinen
der Autismusinterventionen steht die Produktivmachung der Betroffenen,
das Hervorbringen spezifischer kognitiver Kompetenzen, die Herstellung
einer begrenzten Eigenständigkeit bei gleichzeitiger Ausklammerung
vermeintlich nicht sinnvoller Fähigkeiten. Vor diesem Hintergrund offenbaren sich die Programme der Autimustherapie, welche die Folie für
den Einsatz von Robotern bilden, nicht nur als Förder-, sondern auch als
Disziplinarmaßnahme.

Robotermimik in der Therapie

Seit einigen Jahren entwickelt die IT-Branche in Zusammenarbeit mit
der Autismusforschung zusätzlich zu den vorhandenen pädagogischen
Programme computergestützte Lernsysteme und *Emotion AI* als Assistenz-
und Trainingssysteme zur Förderung kommunikativer und affektiver
Kompetenzen (Robins et al. 2005; Dziobek, Lucke und Manzeschke 2017).
Der Einsatz der Verfahren geht von der Annahme aus, dass Kinder mit
Autismus, denen eine Affinität für gleichförmige Strukturen zugeschrieben
wird, sich für standardisierte Handlungsabläufe artifizieller Agenten
interessieren. Einen Vorteil stellt auch die vermeintliche Anpassungsfähig-
keit adaptiver Systeme wie *emotion detection* dar, die sich an die Bedürfnisse ihrer Nutzer*innen anpassen (Dautenhahn und Werry 2004, 1, 4;
Dziobek, Lucke und Manzeschke 2017, 374–378; Bekele et al. 2014, 600). Im
gleichen Atemzug will die AC-Forschung anhand der Interaktion zwischen
Kind und Roboter „socio-emotional interactive data" (Mower et al. 2011,

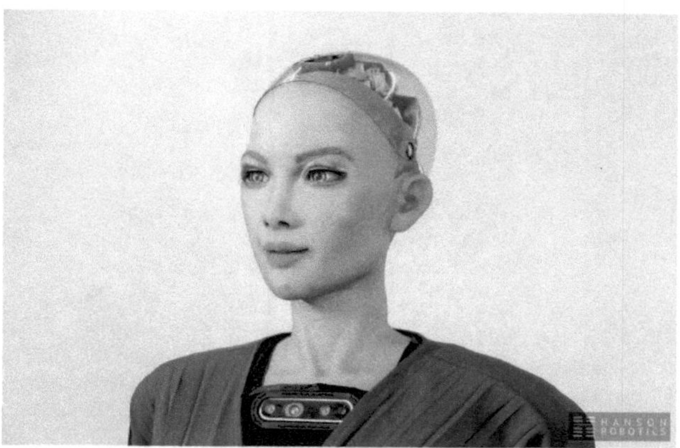

Abb. 16: Roboter Sophia der Firma Hanson Robotics, © Hanson Robotics.

1) erheben. Die Daten, die im Kontext der Mensch-Maschine-Interaktion erfasst werden, versprechen nicht nur Informationen über den mimischen Ausdruck, sondern über die wechselseitige Abhängigkeit der Mimik in der Interaktion zu liefern (Messinger et al. 2015, 516). Besonders kindliche Ausdrucksmuster sind dabei von großem Interesse für die KI. Diese seien „less impacted by social display rules [and] thus offering a rich environment for the automated detection and modeling of emotion." (ebd.)

Ähnlich wie Darwins evolutionstheoretische Forschung, die den Ausdruck von Kindern als Naturzustand definiert und als natürliche Mimik zum Gegenstand der evolutionsbiologischen Ausdrucksforschung gemacht hat (Darwin 2000, 172), favorisiert also auch die KI-Forschung kindliche Affektartikulationen als Forschungsgegenstand, um Zugang zum ‚natürlichen' Ausdrucksverhalten jenseits sozialer und kultureller Konventionen zu erhalten. In diesem Kontext spielen Roboter mit Gesicht eine besondere Rolle. Von der Anthropomorphisierung der Technologie erhofft sich die KI-Forschung, eine menschenähnliche Form der Interaktion zu simulieren, um möglichst ‚natürliche' Interaktionsdaten zu sammeln. Ein Beispiel für eine solche KI ist der mittlerweile weltberühmte Roboter Sophia, aktiviert im Jahr 2016, des chinesischen Unternehmens Hanson Robotics (Hanson Robotics 2022a; Mallonee 2018) (vgl. Abb. 16). Die Bekanntheit des Roboters geht auf seine angebliche Kommunikations- und Emotionsfähigkeit zurück. Sophia kann Antworten auf bereits vordefinierte Fragen geben. Die ‚emotionalen' Verhaltensmuster des Roboters werden mittels des neuesten Stands der KNN, Expertensysteme, visueller Datenverarbeitung, Gesichts- und Affekterkennung, dialogorientierter Natursprachverarbeitung,

Abb. 17: Forschungsroboter ZECA (Zeno Engaging Children With Autism) bzw. Zeno von Hanson Robotics, © Hanson Robotics.

adaptiver Motorsteuerung und kognitiver Architektur umgesetzt (ebd.). Was das Robotergesicht betrifft, so besteht es aus einer elastischen Silikontextur, die anhand von Motoren unter der Maske 62 verschiedenen Gesichtsausdrücke und detaillierte Falten an Augen und Mundwinkeln simulieren kann (Wiedemann 2017).

Die Entwicklungen der Firma Hanson Robotics stehen beispielhaft für die Fixierung der KI-Forschung auf die Konstruktion menschenähnlicher Robotergesichter, die entwickelt werden, um die KI als kommunikatives Gegenüber des Menschen zu etablieren. Mit dem Verbund aus KI-Forschung und Autismustherapie wird dieses Forschungsinteresse in die Behandlung von Kindern mit Autismus überführt. In Konsequenz daraus koppeln Therapeut*innen und Ingenieur*innen den Erfolg der computergestützten Therapieprogramme an die technologischen Möglichkeiten und die Ästhetik von Robotergesicht- und Ausdruck (Chevalier et al. 2017, Costa et al. 2014, 820–821). Im Unterschied zu Autismusprogrammen wie SOKO und TEACCH®, die Autismus als Mangel an sozialen Grunderfahrungen begreifen und den Fokus auf die Förderung der zwischenmenschlichen Interaktion und ihrer strukturellen Bedingungen legen, konzentrieren sich die AC-Forscher*innen auf das Training affektiver Kompetenzen mit einem humanoiden Roboter als Interaktionspartner. Die Informatiker*innen schreiben der spezifischen Robotermimik einen zentralen therapeutischen Effekt zu. Das übertriebene und reduktionistische Mienenspiel sei im Unterschied zur Komplexität der menschlichen Mimik für Kinder mit Autismus besser geeignet (Shamsuddina et al. 2012, 1448): „Children with ASD need the facial expressions to be strong and marked so they can perceive them as such" (Costa et al. 2014, 820). Für die Simulation dieser Robotermimik greift die KI-Forschung dabei auf die Deutungsmuster des FACS zurück, deren idealtypische Form im Licht der computergestützten Autismustherapie eine positive Bedeutung hat. Die standardisierte Matrix des Codierungssystems als Pose des Ausdrucks entspricht der Annahme der Forschung, dass Personen mit Autismus am besten mit einer regelhaften, an komplexen Reizen reduzierten Umgebung in Interaktion treten können.

Zu jenen Robotern, deren therapeutisches Versprechen auf einer auf standardisierten Posen und regelkonformen Mimik fußt, zählt der Roboter ZECA (Zeno Engaging Children With Autism), auch *Zeno* genannt, ebenfalls aus dem Hause Hanson Robotics aus dem Jahr 2011 (Costa et al. 2014, 820) (vgl. Abb. 17). *Zeno* ist ein Roboter in Gestalt eines kleinen Jungen, der mit einem selbstlaufenden Körper und einem Gesicht mit bewegter Mimik ausgestattet ist. Zusätzlich verfügt *Zeno* über Lautsprecher, Sensoren und HD-Kameras in jedem Auge (ebd., 821) sowie Programmen zur Gesichts-, Affekt- und Spracherkennung (Hanson et al. 2009, 9). Zur Dynamisierung des Gesichtsausdrucks verwenden die Entwickler*innen eine weiche Silikonmaske, die dem lebenden menschlichen Gewebe ähneln soll, und die von zehn Motoren in Bewegung versetzt wird. Für die Simulation fazialer Muster orientiert sich der Hersteller an den Deutungsmustern des FACS. Die fazialen Muster dienen als räumliches Modell, anhand dessen die Motoren unter der Robotermaske positionieren werden. Die Kombination aus Silikonmaske und Positionierung der Motoren am Vorbild der Struktur der Deutungsmuster erzeugen Bewegungen der Maske, die aus Perspektive der KI-Forscher*innen „naturalistic expressions including happy, sad, angry, disgust, fear, surprise, and neutral – the Ekman transcultural expressions" (Hanson et al. 2009, 3; Mazzei et al. 2012, 195–200) entsprechen.

Roboter wie Zeno werden im Kontext der Autismustherapie zum Einüben sozialer und affektiver Fähigkeiten eingesetzt. Dafür legen die Therapeut*innen den Kindern zunächst Zeichnungen und Fotografien schematisierter Mimikbilder vor, damit die Patient*innen das Erkennen fazialer Muster als Ausdruck von Basisemotionen einüben (Costa et al. 2014, 822). Die Zeichnungen entstammen dem *Picture Exchange Communication System* (PECS) (1985), das in den 1980er Jahren zur Ausbildung der funktionalen Kommunikation für Vorschulkinder mit Autismusdiagnose entwickelt wurde (Bondy und Frost 2011). Die Fotografien hingegen stammen aus der Cohn-Kanade-Datenbank, die in der AC-Forschung zum Training für Algorithmen zur Affekterkennung dient (Kanade, Cohn und Tian 2000) (Abb. 11). Obwohl die Fotografien Posen des Ausdrucks zeigen, die am Modell des FACS im Kontext einer Laborsituation in Szene gesetzt wurden (Grewe und Schreiber 2016, 282), gelten die Bilder der Laborexpressionen als Repräsentationen spontaner, individueller Affektartikulationen (Costa et al. 2014, 822). Beide Bildformen der Mimik in Form von fazialen Posen werden den Kindern zum Üben vorgelegt. Das erlernte Ausdruckswissen wird dann in der Interaktion mit dem Roboter überprüft und erneut trainiert. So bestimmen die Kinder den mimischen Ausdruck der künstlichen Agenten anhand einer vorliegenden Ausdrucksfotografie. Anschließend ahmen sie den künstlichen Roboterausdruck als Triade aus Schema – Gesicht – Roboter nach, um Ausdruck und Kommunikation der Gefühle zu trainieren. Die Verwendung verschiedener Bildformen fazialer Ausdrucksmuster wie der schematischen Zeichnung der Mimik, der Fotografie der fazialen Pose und dem Robotergesicht verspricht, dass sich die Kinder ein komplexes und variantenreiches ‚Mimikwissen' aneignen (ebd., 822–823). Tatsächlich handelt es sich bei all diesen Abbildungen um Variationen einer schematisierten, auf standardisierten Posen beruhenden Mimik. Was die Kinder in der Autismustherapie mit Robotern wie *Zeno* lernen, ist daher weniger das rekursive und individuelle Mienenspiel, das sich in der wechselseitigen Interaktion mit dem Gegenüber entwickelt, sondern den schematisierten Ausdruck mimischer Dispositionen.

In eine andere Richtung zielen die Roboter des Aurora-Projekts (AUtonomous RObotic platform as Remedial tool for children with Autism), das von der Informatikerin Kerstin Dautenhahn vom Department of Electrical and Computer Engineering der University of Waterloo in Kanada, geleitet wird. Zu diesem Projekt gehört KASPAR, ein humanoider Roboter in der Größe eines Schulkindes, der in der Therapie als Interaktionspartner zum Einüben von Augenkontakt, Kontaktaufnahme, sozialem Rückzug und mimischer Interaktion eingesetzt wird (Dautenhahn et al. 2009, 372, 382) (vgl. Abb. 18). Im Unterschied zu *Zeno* ist KASPAR mit einem minimalistischen Mienenspiel ausgestattet, um die autistischen Kinder mit einem komplexen Ausdruck nicht zu überfordern (ebd., 391, 381). So erzeuge die Gesichtsmaske lediglich vier verschiedene

Abb. 18: Roboter Kasper in der Interaktion mit einem Kind, © Adaptive System Research Group / University of Hertfordshire.

Ausdrucksvariationen, „neutral, small, medium and large smiles" (ebd., 379) (Abb. 19). Dabei setzten die Forscher*innen auch auf die Effekte des subtilen Ausdrucks als Projektionsfläche, der gerade aufgrund seiner Reduktion die Imagination des Gegenübers anrege (ebd., 378). Das Wissen dafür liefert das traditionellen japanische Nō Theater, dessen Schauspieler Holzmasken mit einem neutralen, statischen Gesichtsausdruck tragen. Für das Publikum erscheint der Ausdruck keinesfalls unbewegt, lässt sich doch durch Positionsveränderungen der Lichteinfall variieren, womit Ausdrucksvariationen und Bewegungsillusionen erzeugt werden (ebd., 373). Im Unterschied zum Ausdruck der statischen Theatermasken ist die Robotermimik dynamisch, die über die mechanische Bewegung einer form-baren Gesichtsmaske aus Silikonkautschuk mit Stellmotoren angetrieben wird. Nach Ansicht der Informatiker*innen weise dabei eine Variation des Lächelns eine Ähnlichkeit zu einem in Ekmans FACS beschriebenen fazialen Muster auf, und zwar zu dem sogenannten *Duchenne smile* (ebd., 378). Damit benennt Ekman einen Lächeltypus, der unwillkürlich beim ‚echten' Erleben von Freude aktiviert werde. Im Unterschied zum kontrollierten, kommunikativen Lächeln bezeichnet der Psychologe das *Duchenne smile* deshalb auch als „genuine smile" (Ekman, Davidson und Friesen 1990, 275) oder „true smile" (ebd., 276). Zwar orientieren sich die Entwickler*innen nicht an den FACS-Deutungsmustern als Modell für die Simulation der Robotermimik, um Ausdrucksposen zu vermeiden, dennoch scheinen

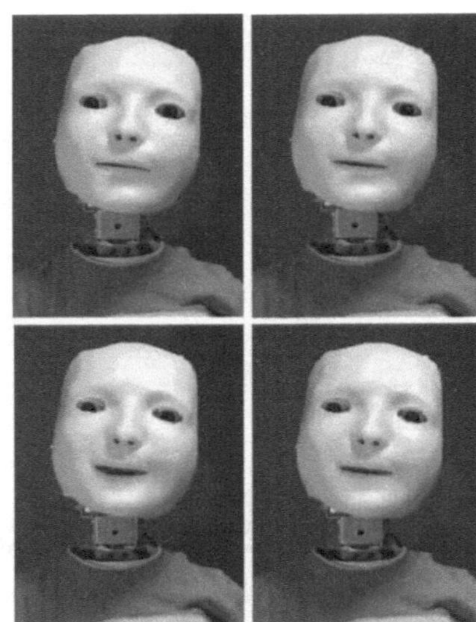

Abb. 19: Vier Ausdrucksformen der Silikonmaske von KASPAR, entwickelt im *Aurora-Projekt* von Kerstin Dautenhahn, University of Waterloo, Kanada, Fotografien (Dautenhan et al. 2009).

sie dem FACS-Paradigma nicht zu entkommen, da doch eine Version des Lächelns mit dem Ekman'schen *Duchenne-smile* harmoniere. Aufgrund der Ähnlichkeit des künstlich erzeugten Roboterausdrucks mit dem von Ekman beschriebenen Muster, das als ‚natürliche' Ausdrucksform begriffen wird, erhält die künstlich simulierte Mimik aus Perspektive der AC-Forschung den Status eines ‚natürlichen' fazialen Ausdrucks (Dautenhahn et al. 2009, 378).

Neben der Mimik stellt auch die Ästhetik des Robotergesichts einen zentralen Aspekt in der Entwicklung von KASPAR dar. Denn KASPARs faziale Maske ist die Kinderversion der Gummimaske der Wiederbelebungspuppe Resusci-Anne der Firma Laerdal, einem norwegischen Hersteller von Medizin- und Trainingsprodukten für medizinische Ausbildungen. Den Angaben des Herstellers zufolge ist diese Maske der berühmten Totenmaske der *Unbekannten aus der Seine* nachempfunden. Der Gipsabdruck vom Gesicht einer unbekannten Frauenleiche, die um 1900 in der Seine gefunden wurde, wurde wegen ihres friedvollen Ausdrucks bewundert und erlangte große Berühmtheit (ebd.) (Abb. 20). Ihre Reproduktion war um 1900 in vielen Künstlerwohnungen zu finden und führte als eine der wenigen weiblichen Masken dieser Art in Literatur und Kunst zu Projektionen männlicher Künstler (Sykora 2017,

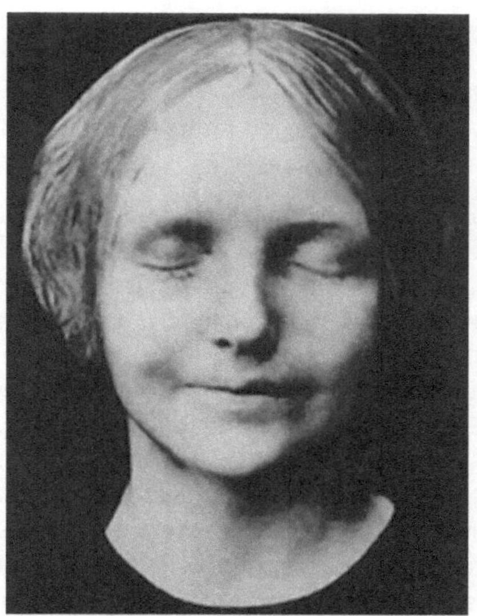

Abb. 20: Totenmaske ‚Die Unbekannte aus der Seine', ca. 1900, Fotografie, Fotograf unbekannt.

164). Als Totenmaske ist für die Maske der Unbekannten eine spezifische Indexikalität charakteristisch. Totenmasken beanspruchen für sich als „direkter physischer Abdruck des ‚letzten Gesichts' die Qualitäten eines sich selbst hervorbringenden Porträts und potenzierte Ebenbildlichkeit" (ebd., 163). Die Gummimaske als das Ebenbild der *Unbekannten aus der Seine* ist für die KI-Forschung aufgrund ihres neutralen Ausdrucks, ihrer geschlechtslosen Erscheinung und hautähnlichen Textur interessant. Aufgrund ihrer Neutralität, Rätselhaftigkeit sowie des Abdrucks- und Ähnlichkeitsverhältnisses zum Totengesicht der Französin ist sie zur Projektionsfläche geworden, in die die Betrachter*innen ihre individuellen Vorstellungen von Geschlecht und Persönlichkeit des künstlichen Agenten projizieren können: „The mysterious and beautiful, ‚timeless' quality of the mask may contribute to its appeal to participants in human–robot interaction studies [...] to allow viewers/interaction partners to impose different interpretations of personality/gender etc." (Dautenhahn et al. 2009, 378) Aus dieser Perspektive betrachtet ist die Ausdruckshaftigkeit des Robotergesicht nicht allein das Resultat neuer Technologien der AC-Forschung im Verbund mit der Materialität der Maske, sondern auch der Imaginationsleistung der Betrachter*innen, die das Robotergesicht als belebt erscheinen lassen und mit ihren individuellen Vorstellungen versehen. Die Totenmaske, deren Funktion das letzte, unveränderbare Abbild der Toten ist, ist in der KI-Forschung, die sich für die Erzeugung einer ‚lebendigen‘ Interaktion zwischen Mensch und Technologie interessiert, ‚revitalisiert‘ worden.

Der Erfolg von KASPAR in der Autismustherapie wird dabei von den Annahmen der AC-Forschung über eine funktionierende Mensch-Maschine-Interaktion bestimmt. Gemeint ist die Vorstellung, wie menschenähnliche Roboter gestaltet sein müssen, damit sie von den Nutzenden als kommunikatives Gegenüber akzeptiert werden und sich die Kinder überhaupt mit den künstlichen Agenten in der erwartenden Weise beschäftigen. Aus diesem Grund richtet sich die Anstrengung der Forschung auf die ästhetische Gestaltung der Agenten. So dürfen die Roboter aus Perspektive der KI-Forschung keine zu große Menschenähnlichkeit aufweisen, um den berühmten ‚Uncanny-Valley‘-Effekt zu vermeiden (Mori 1970). Mit dem ‚Uncanny-Valley‘ bezeichnet der japanische Robotiker Masahiro Mori einen Wahrnehmungseindruck, der bei großer Ähnlichkeit zwischen Mensch und Roboter entsteht, so dass der Unterschied zwischen Original und Kopie nicht mehr eindeutig erkennbar ist. Diese Ähnlichkeitsrelation, die an der Schwelle zur naturgetreuen Imitation steht, erzeugt laut Mori ein unheimliches Gefühl. Für die Mensch-Maschine-Interaktion bedeutet dies aber, dass der Roboter damit seinen Status als Kommunikationspartner verliert und stattdessen Objekt einer kritischen Betrachtung wird. Üblicherweise reagiert die KI-Forschung auf diese Herausforderung mit der Infantilisierung ihrer Produkte, die in Gestalt von Kindern oder kleinen Tieren die Ängste der Nutzenden zu mindern behaupten (Dautenhahn und Werry 2004, 2; Dautenhahn et al. 2009, 371, 373; Samuel 2017, 134). Auch Dautenhahn und ihr Team antworten darauf mit einer Verniedlichung der künstlichen Agenten in Gestalt eines kleinen Jungen und der expliziten Zurschaustellung der Mensch-Computer-Differenz. So stellt der Roboter durch Einblicke in das Roboterinnere (Kabel, Material etc.) seinen Ursprung in den Werkstätten und Computerlabs zur Schau und präsentiert sich explizit als Konstruktion: „We did not try to hide the fact that KASPAR is a robot, on the contrary we left the neck and wrist uncovered so that cables and pieces of metal can be seen." (Dautenhahn et al. 2009, 379) Die Unterscheidbarkeit zwischen Mensch und Roboter stellt damit paradoxerweise eine notwendige Voraussetzung für das Training menschenähnlicher sozialer Fähigkeiten mit humanoiden Robotern dar.

Tatsächlich sind die Erwartungen an die Verniedlichung der Computer hoch. Studien zur Effektivität der Roboter in der Autismustherapie zeigen, dass

die Reaktionen der Kinder auf die künstlichen Agenten unterschiedlicher
nicht sein könnten:

> One child, May, enjoyed taking off the robot's wig which revealed wires
> and circuit boards underneath. Another child, Noah, enjoyed slapping
> the robot across its face and poking the robot directly in its eyes.
> Mark and Patrick imitated the remote-controlled actions of the robot.
> Other children, such as John and Ben preferred to imitate the buzzing
> sounds of the crane's motors as they took charge and operated the
> remote-control. Anthony did not spend time at all interacting with the
> robot, instead he would roam around the room, ignoring my attempts
> to encourage him to play: our time together rarely lasted more than
> around three minutes. (Richardson 2019, 133)

Während die Versprechen der Roboterentwicklung für die Autismustherapie auf einer spezifischen Ästhetik der Robotergestalt und der vermeintlichen Affinität von Personen mit Autismus für Computertechnologien
aufbauen, so stellen sich die theoretischen Annahmen in der Praxis als
Trugschluss heraus. Menschen mit Autismus mögen sich tendenziell mehr
für Computertechnologien interessieren, das schließt aber nicht nur
die Interaktion mit dem Roboter ein, sondern auch das Interesse für die
Materialität, die Beschaffenheit, das Funktionieren oder die Geräusche
der künstlichen Puppen, die von den kindlichen Nutzer*innen in der
Interaktion erforscht, getestet und imitiert werden. Die Annahme, dass
Kinder mit Autismus in vorgesehener Weise mit dem Roboter interagieren
und sich in gleicher Weise für die Computertechnologie interessieren,
wird zur Fehlannahme. Trotz hohem Interesse an der Technologie folgen
die von Autismus Betroffenen individuellen Verhaltensmustern und
Affinitäten, die quer stehen zu den Vorstellungen der Therapeut*innen und
Entwickler*innen.

Trainingsroboter und Robotertraining

Zusammenzufassend ist festzuhalten, dass mit dem Zusammenschluss
aus AC-Forschung und Autismustherapie zwei spezifische Aspekte der ASS
akzentuiert werden, die mit *emotion detection* therapierbar erscheinen.
Gemeint sind das Verständnis von Autismus als Störung des Affektvermögens und die Affinität für regelhafte Prozesse, wobei letztere in der
Annahme eines ausgeprägten Interesses für Computertechnologien
popularisiert wird. Damit wird allerdings nicht nur Aspergers Narration
einer Vorliebe von Menschen mit Autismus für Automaten wiederbelebt,
sondern die Komplexität des Krankheitsbilds auf eine für die KI-Forschung

interessante Formel heruntergebrochen. Mit dieser Perspektive geraten die unterschiedlichen Facetten des Syndroms wie die schwerwiegenden Behinderungen, die besonderen Begabungen einiger Personen mit Asperger-Syndrom, die Herausforderungen der Behandlung oder die Erfahrungen, Bedürfnisse und individuellen Affinitäten der Betroffenen zur Nebensache. Stattdessen betrachtet die AC-Forschung die angesprochenen Formen der Roboterentwicklung als mögliche Versuche, die Distanz zwischen den betroffenen Kindern und ihrer Umwelt über das Kommunikationstraining mit Robotern aufzulösen. Womöglich ist jedoch das Umgekehrte der Fall. Denn mit der Robotertherapie werden die Kinder von der zwischenmenschlichen Interaktion, von der Ausbildung sozialer Schlüsselkompetenzen und vom Erwerb gruppen- und klassenspezifischer Habitusformen abgekoppelt. Pierre Bourdieu zufolge ist Habitus die in „einer homogenen Gruppe erworbene kulturelle Kompetenz" (Bourdieu 2012, 181), die durch die primäre Sozialisation jedem Individuum mitgegeben werde (ebd., 178). Der Erwerb dieser Kompetenz sei dabei nicht das Ergebnis einer zielgerichteten Pädagogik, die auf Wissenstransfer oder Regelbefolgung beruht, sondern auf einer „praktischen Handlung" (ebd., 190). Gemeint ist damit die rekursiv funktionierende Verinnerlichung von sozialen, gruppenspezifischen Interaktionsmustern durch die praktische Beobachtung und Nachahmung.[9]

> In allen Gesellschaften zeigen die Kinder für die Gesten und Posituren, die in ihren Augen den richtigen Erwachsenen ausmachen, außerordentliche Aufmerksamkeit; also für ein bestimmtes Gehen, eine spezifische Kopfhaltung, ein Verziehen des Gesichts, für die jeweiligen Arten, sich zu setzen, mit Instrumenten umzugehen, dies alles in Verbindung mit einem jeweiligen Ton der Stimme, einer Redeweise und – wie könnte es anders sein? – mit einem spezifischen Bewußtseinsinhalt. (ebd.)

Gegenstand der Einverleibung sind nicht isolierte Ausdrucksformen wie mimische Muster, sondern die Verbindung von Gestik, Mimik, Stimme, Stil und der damit einhergehenden klassenspezifischen Bedeutung, so Bourdieu. Die Einübung sozialer Codes stellt dabei die Voraussetzung für die Ausbildung eines „einheitlichen Lebensstils" (Bourdieu 1998, 21) und eines „Sinns für die eigene Stellung im sozialen Raum" (Balke 2018, 30) dar. Dieses Bewusstsein führt zur Bereitschaft und Fähigkeit des Einzelnen, sich in die soziale Ordnung einzufügen, so Bourdieu.

---

9   Vgl. zu den performativen Dimensionen der Mimesis bei Bourdieu die Forschung von Balke (2018, 29, 31).

Das Robotertraining der Kinder mit Autismus unterscheidet sich jedoch von der Ausbildung des klassenspezifischen Habitus. Bei Letztgenanntem beruht die Inkorporierung sozialer Konventionen auf der Einbindung der Individuen in eine spezifische Gesellschaftsschicht, im Rahmen derer sie die entsprechenden Verhaltensformen als soziale Codes identifizieren. Im Fall der computergestützten Autismustherapie werden die verhaltensmäßigen Vorbilder von der AC-Forschung programmiert. Die Entscheidung, welche Rollenbilder Gegenstand der Ausbildung sozialer Schlüsselkompetenzen sind, hängt nicht von der Situierung der Kinder in der sozialen Klasse und ihrer Beobachtungsgabe ab, sondern wird von den Interessen der AC-Forscher*innen bestimmt. Was die zu therapierenden Kinder durch die Ersetzung des menschlichen Gegenübers mit künstlicher Intelligenz einüben, sind weder klassenspezifische Codes noch die Relationen verschiedener Affektmodi (Körperausdruck, Intonation der Stimme, Mimik etc.), welche die Voraussetzung für soziale Integration bilden. Stattdessen wird erwartet, dass sie unveränderbare, standardisierte mimische Posen lernen, die den Vorstellungen der AC-Forschung von einer effizienten Kommunikation entsprechen.

Wie die Praxisberichte gezeigt haben, unterschätzt die AC-Forschung zugleich die Individualität der Betroffenen und das „mimetische Vermögen" (Benjamin 1989b, 210) seiner kindlichen Nutzer*innen. Für Walter Benjamin, der sich in die „Lehre vom Ähnlichen" (1989a) und „Über das mimetische Vermögen" (1989b) mit der kindlichen Imitationsfähigkeit beschäftigte, stellt die Nachahmung der Umgebung für das Kind eine notwendige Voraussetzung dar, um sich soziale Kompetenzen und kulturelle Wissensbestände anzueignen. Diese Aneignung bezieht sich bei Benjamin jedoch auch auf eine große Bandbreite unterschiedlich gearteter Vorbilder:

> Das Kinderspiel ist überall durchzogen von mimetischen Verhaltensweisen; und ihr Bereich ist keineswegs auf das beschränkt, was wohl ein Mensch dem anderen nachahmt. Das Kind spielt nicht nur Kaufmann oder Lehrer sondern auch Windmühle und Eisenbahn. (ebd., 210)

Was Benjamin hier anspricht, ist eine Form der frühkindlichen Imitation, in der nicht in nützliche oder nutzlose Vorbilder für zukünftige Kompetenzen unterschieden wird. Das von Benjamin beschriebene mimetische Vermögen ist stattdessen „weit davon entfernt, sein mimetisches Verhalten auf die ‚Vorahmung' der späteren Erwachsenenrollen einzuschränken" (Balke 2018, 42). So führt die Fähigkeit zur mimetischen Aneignung auch zur Nachahmung und Inkorporierung weniger wichtiger, nutzloser oder unangemessener Fähigkeiten. Das beweist das Praxisbeispiel der

Roboternutzung. Während einige Kinder die Roboterbeschaffenheit testen oder lieber den Raum erkunden als den Anweisungen der Pädagog*innen zu folgen, beschränken andere ihre Imitationslust nicht auf die Mimik, sondern ahmen die Bewegungen des Roboterkörpers oder die Geräusche der Motoren nach. Das mimetische Vermögen beschränkt sich also nicht auf die Nachahmung des Gesichts, sondern bezieht sich auf die Gestalt des Roboters in seiner Gesamtheit als technologisches Ensemble in einer bestimmten situativen Umgebung.

Vor diesem Hintergrund ist davon auszugehen, dass die Roboter die Distanz zwischen den Kindern und ihrer Umgebung nicht auflösen, sondern umgekehrt zum *social distancing*[10] der Betroffenen beitragen. Denn auch wenn die kindlichen Nutzer*innen den Anweisungen der Pädagog*innen folgen würden, nämlich die idealtypischen Posen der Robotermimik zu imitieren, würde sich ihr Verhalten am Ende nicht an der zwischenmenschlichen, affektiven Interaktion, sondern an den laborspezifischen FACS-Deutungsmustern orientieren. Das mimetische Vermögen auch zweckfreier Kompetenzen verleitet die Kinder zudem, spezifische Roboterqualitäten wie standardisierte Bewegungen, Geräusche oder andere Eigenschaften der Technologie einzuüben und zu inkorporieren. Ausgehend davon ist die These, dass die betroffenen Kinder in der Robotertherapie langfristig betrachtet weniger sozial-, sondern FACS- und Roboter-kompatibel werden. Zumindest für die IT-Forschung ist diese Formierung der Betroffenen womöglich nicht problematisch. Für die Big-Data-Forschung sind die Kinder nämlich nicht nur zu therapierende Patient*innen, sondern Datenarbeiter*innen, die unwissentlich als „freiwillige menschliche Mitarbeiter" (Mühlhoff 2019, 57) zur Gewinnung ‚wertvoller' Daten rekrutiert werden. Die Interaktion von Roboter und Kind wird zum Forschungsfeld, in dem die Programme und Technologien getestet und optimiert werden. Roboter des *Emotion AI* und autistische Kinder – die beide mit ähnlichen affektiven Defiziten starten –, stehen also weniger in Relation zum Sozialen, sondern in einem sich bedingenden, rekursiven und voneinander abhängigen Wechselverhältnis. Denn nicht nur die Triade von Roboter – Robotergesicht – historischem Ausdrucksschema ist zum Modell in der Autismustherapie geworden, auch die Körperdaten der Betroffenen dienen als Vorbild und Forschungsobjekt für das ‚Robotertraining', die Weiterentwicklung der KI sowie für die Methoden und Programme des *Machine Learning*.

---

10   Der Begriff *social distancing* bzw. *physical distancing* ist im Kontext des Infektionsschutzes während der Corona-Pandemie im Jahr 2020 entstanden. Er bezeichnet die Reduktion physischer Kontakte als räumliche Maßnahme zur Vermeidung der Ansteckung mit Covid-19, mit der allerdings auch eine soziale Distanz einhergeht.

Schluss: Zur Kulturalisierung des empirischen Gefühlsparadigmas

Ausgangspunkt des vorliegenden Buchs war eine Kritik an dem vom *Affective Computing* ausgehenden Phantasma einer objektiven, universalen und ahistorischen Erfassung der Gefühle. Für dieses Vorhaben wurde die von *emotion detection*-Verfahren getragene Annahme einer empirischen, sprach- und beobachterunabhängigen Messbarkeit der Gefühle anhand der algorithmischen Auswertung der Mimik problematisiert. Die Arbeit zeigt, dass diese Vorstellung auf die Experimentalwissenschaften der Medizin des 19. Jahrhunderts zurückgeht, in der physiologische Messtechniken zur Erfassung von Lebensfunktionen entwickelt und physiologische Erregungen als direkte Repräsentationen und messbare Symptome von Krankheiten verstanden wurden. Im Unterschied dazu bezieht sich *emotion detection* mit der Absicht der Auswertung fazialer Expressionen in Hinblick auf Gefühle jedoch auf eine andere Art von somatischen Merkmalen. Hier handelt es sich um kulturell codierte visuelle Deutungsmuster aus dem FACS-Manual. Diese Bildform der Mimik und ihre einzelnen Bildelemente stellen nicht, wie etwa in der Informatik oder Psychologie angenommen, eine direkte Repräsentation der Gefühle dar, sondern sind das Ergebnis von kulturellen, medialen, epistemischen und situativen Aushandlungsprozessen. Dies zeigt insbesondere der Rückgang in die Wissens- und Kulturgeschichte der Gefühle. So geht die Vorstellung, dass sich im posierten mimischen Ausdruck eine natürliche Manifestation der Gefühle zeigt, auf die Laborforschung von Ekman und Friesen im 20. Jahrhundert zurück. Das anatomische Repräsentationsmodell der Gefühle stammt wiederum aus der Neurologie des 19. Jahrhunderts, während der Vorzug somatischer Affektartikulationen als wahrhafter Ausdruck der Gefühle vor der Sprache für die physiognomischen Lehren des 18. Jahrhunderts charakteristisch ist. Die positiv bewertete faziale Schematisierung kommt bereits in Lavaters Schattenrissen zum Ausdruck. Und das Schema der Mimik in der Frontalperspektive, das als Einschreibe- und Projektionsfläche für Affekttheorien dient, findet sich schon in der kunstwissenschaftlichen Praxis des 17. Jahrhunderts.

All diese Elemente einer historischen Ausdrucksforschung bündeln sich im empirischen Gefühlsparadigma des FACS und führen mit der Nutzung des Ekman'schen Codierungssystems in *emotion detection*-Verfahren ein Nachleben im *Affective Computing* und seinen Anwendungsfeldern. Damit zeigt die Arbeit auch, dass sich *Affective Computing* nicht auf eine zeitgenössische digitale Version historischer Kriminaltechniken beschränken lässt. Auch wenn die Verfahren unter anderem zur sicherheitspolitischen Nutzung und zur Personenidentifizierung verwendet werden, so erweist sich die Wirkmächtigkeit des *Affective Computing* vor allem in den Feldern der Selbstsorge und Selbstüberwachung, in denen es als mächtiges Instrument über das Dasein und das Verhalten der Subjekte bestimmt. Während die Nutzung der Verfahren offiziell unter den Stichworten Freiheit und Souveränität läuft, basieren die Zugewinne auf einer Unterwerfung der Subjekte unter den Pragmatismus der KI-Forschung. Für diese versprechen das empirische Paradigma und standardisierte Affektvorstellungen eine effiziente und wahrhafte Erfassung affektiver Dispositionen, während subjektive, auf der Sprache beruhende Ansätze als zu ambivalent, kompliziert und zeitaufwendig betrachtet werden, um zum Gegenstand der Verfahren zu werden. Das *Affective Computing* favorisiert die computergestützte Erfassung körperlicher, idealtypischer Ausdrucksmodi zugunsten der Fähigkeit der Nutzenden, in der eigenen Sprache über sich selbst zu sprechen.

Zu diesen Applikationen zählen die Inanspruchnahme von *emotion detection* als wissenschaftliches Instrumentarium in der computergestützten Depressionsforschung oder von *Emotion AI* in der computergestützten Autismustherapie, in der sich damit auch das FACS-Gefühlsparadigma wiederfindet. Während das FACS in der Psychologie und der Kultur- und Medienwissenschaft in den letzten Jahren allerdings massiv unter Druck geraten ist und als untauglich bezeichnet wird, erfährt das Codierungssystem im Bereich der Anwendungen, die von den kritischen theoretischen Diskussionen unbeeinträchtigt sind, eine andere Bewertung. In der computergestützten Depressionsforschung etwa wird es aufgrund der Übereinstimmung zwischen den Annahmen des Gefühlsparadigmas und dem empirischen Ansatz der Psychologie, der zurückgehend auf Kraepelin von der Logik der empirischen Erfassbarkeit der Psyche anhand körperlicher Ausdrucksmuster ausgeht, positiv bewertet. Hier wird das Klassifikationssystem als Lösung für das Dauerproblem der Psychologie, einen Zusammenhang zwischen Körperausdruck und Psyche herzustellen, betrachtet. Im Zuge der Aufwertung des FACS, seiner Indienstnahme in der psychologischen Prognosekultur und in Zusammenhang mit der Technologie des *Affective Computing* erhält das Codierungssystem zudem eine neue Funktion als Frühwarnsystem zur Erfassung zukünftiger psychischer Zustände.

Auch in der computergestützten Autismustherapie werden die prototypischen FACS-Deutungsmuster neu bewertet. Hier entsprechen sie den Vorstellungen der Autismusprogramme und KI-Forschung, die in den vermeintlich eindeutig identifizierbaren Ausdrucksmustern des FACS ein ideales Modell zum Training affektiver Fähigkeiten für Personen mit Autismus sehen. Die reduktionistische Matrix der Mimik, das auf Posen des Ausdrucks beruhende und für Menschen mit Autismus gut lesbare Mienenspiel, wird als nützliche und natürliche Ausdruckserscheinung definiert. Dabei werden die FACS-Deutungsmuster im Kontext der computergestützten Autismustherapie zur Norm, an der das affektive Verhalten der autistischen Patient*innen ausgerichtet wird.

Im Zuge der Dominanz dieses Deutungsmusters werden auch die Gegenstände der Forschung und Subjekte der Therapie an die Annahme des Gefühlsparadigmas angepasst. Im Kontext der computergestützten Depressionsforschung erscheinen Depressionen als psychische Störungen, die bereits anhand von latenten Vorzeichen und spezifischen fazialen Symptomen mit den Algorithmen des *emotion detection* erfassbar sein sollen. Nach diesem Verständnis äußern sich psychische Pathologien nicht in großen Gesten wie einst bei den ‚Hysterikerinnen' im Hôpital de la Salpêtrière in Paris, sondern in unscheinbaren fazialen Details, die nicht mit dem menschlichen Auge, sondern ausschließlich mit der Technologie ausgewertet werden können. Dem Gefühlsparadigma entsprechend werden die unwillkürlichen, ‚wahren' Ausdrucksmuster als normaler bzw. gesunder Ausdruck betrachtet, während die willkürlichen, ‚falschen' fazialen Expressionen als pathologischer Ausdruck verstanden werden. Anstelle der Diskussion um die Ursachen (z. B. biologisch oder situativ), aus der sich eine entsprechende Behandlung (z. B. Antidepressiva oder Therapie) ableitet, steht die Frage der Früherkennung und Identifizierung charakteristischer Symptome im Vordergrund. Es geht nicht darum, ‚warum' eine Person depressiv geworden ist und ‚wie' man diese am besten behandelt kann, sondern vorrangig ‚ob' eine Person Depressionen hat und ‚wie' sich diese zeigen und erkennen lassen. Die Aussage, ob eine Person krank ist, wird vorzugsweise von der Technologie getroffen, während die subjektive Einschätzung der Betroffenen zunächst einmal nachrangig ist. Die Technologie wiederum erfasst eine Vielzahl an unterschiedlichen Artikulationen – von Verhaltensmustern zur Mediennutzung – und wertet sie als Anzeichen für Depressionen aus. Damit dehnt sich auch der Bereich derjenigen Merkmale aus, die als pathologisch gelten, was eine Erweiterung der Risikogruppe und eine zunehmende Pathologisierung der Nutzenden zur Folge hat. Mit anderen Worten: die Verfahren des *emotion detection* sind mit am Problem der Zunahme der Depressionsdiagnosen beteiligt, für dessen Lösung sie eigentlich entwickelt wurden.

Auch in der computergestützten Autismustherapie findet eine Angleichung der Gegenstände an das Gefühlsparadigma statt. Mit der Nutzung von

Emotion AI ist eine Verengung des autistischen Syndroms auf eine Störung des Affektvermögens mit besonderem Interesse an Computertechnologien zu beobachten, womit als überwunden geglaubte Autismusvorstellungen revitalisiert werden. Zudem scheinen die kindlichen Nutzer*innen durch die Interaktion mit Robotern zunehmend ‚roboterkonform' zu werden. Statt soziale Kontakte zu ermöglichen, führen die pädagogischen Programme eine rekursive Schleife ein, in der die zu therapierenden Kinder auf Roboter bezogen und vom Bereich des Sozialen isoliert werden. Dies rührt aus einem Zusammenschluss der Psychotherapie mit der IT-Industrie. Letztere interessiert sich nicht nur für die Therapie der Kinder, sondern auch für die Weiterentwicklung der Technologie mittels Datengewinnung, weshalb die betroffenen Kinder nicht nur Patient*innen sondern Datenarbeiter*innen zugleich sind. Den Vorstellungen der Pädagog*innen entsprechend beruht der Wissenstransfer auf Regelbefolgung und praktischer Anleitung sowie der Nachahmung spezifischer, idealtypischer Verhaltensmuster der künstlichen Agenten. Was die Kinder nicht lernen, ist die Komplexität der individuellen, zwischenmenschlichen und kulturspezifischen Kommunikation. Zudem imitieren die kindlichen Patient*innen nicht nur die von ihnen erwarteten fazialen Ausdrucksformen, sondern für das Ziel der Therapie ‚nutzlose' Aktionen der Roboter wie Geräusche oder automatisierte Bewegungen der Maschinen. In dem Versuch, die Kinder dem Programm der Autismus- und Robotertherapie unterzuordnen, unterschätzt die computergestützte Autismustherapie das kindliche mimetische Vermögen, jedes mögliche Verhaltensmuster jenseits von Sinn und Verwertbarkeit nachzuahmen.

Bemerkenswert ist zudem, dass mit der Verbreitung des empirischen Gefühlsparadigmas durch die Technologie der KI- und AC-Forschung die Verfahren eine ähnliche Rolle annehmen wie einst der Stummfilm. Folgt man dem Filmkritiker Béla Balázs brachte die Entwicklung des Stummfilms in den Anfangsjahren des Kinos Ende des 19. Jahrhunderts eine neue visuelle Kultur des Ausdrucks hervor, die nicht nur für die Schauspielkunst, sondern auch für die Gesellschaft prägend war. Mit seinem Fokus auf die Mimik und Gestik der Schauspieler*innen entwickelte der Film ein visuelles „Lexikon der Gebärden und der Mienen" (Balázs 1982, 54) als universale Ausdrucksgebärden. Balázs begreift das Kino dabei nicht als mittelbares Medium, sondern als „visuelle Korrespondenz der unmittelbar Gestalt gewordenen Seele" (ebd., 53). In diesem Sinne beerbt die filmische Repräsentation des Ausdrucks den physiognomischen Diskurs Lavaters, der durch die Großaufnahme zugleich auf die Dinge verschoben wird. In der filmischen Vergrößerung zeigen die Dinge laut Balázs nicht nur ihre

„starre Physiognomie, sondern ihr geheimnisvoll-geheimes Mienenspiel"
(ebd., 93). Folgt man Balázs, so trägt der Stummfilm mit seiner internationalen Reichweite und seinem unmittelbaren Einfluss auf das Publikum zu
einer Kulturalisierung des Ausdrucks und der Angleichung der Gestik und
Mimik aller Menschen und Dinge bei (ebd.). Damit trifft sich die Wirkung des
Stummfilms mit den Effekten, die der zunehmende Gebrauch von *emotion
detection* und *Emotion AI* tendenziell nach sich zieht. Die digitale Technologie
verbreitet das visuelle Ausdrucksschema des FACS in unterschiedlichen
Bereichen des Lebens, womit eine Anpassung der Mimik der Subjekte an
das mit der Technologie transportierte visuelle Schema zu erwarten ist.
Zugleich wird damit ein physiognomischer Diskurs revitalisiert, der nicht
nur auf die Subjekte, sondern auch auf Dinge wie künstliche Intelligenzen
und humanoide Roboter übertragen wird. In Folge dessen hängt deren vermeintliche Affektivität nicht nur von der Wirksamkeit adaptiver Systeme,
maschineller Lernverfahren oder der Quantität und Qualität der Daten ab,
sondern ist das Resultat der Projektion eines physiognomischen Diskurses
auf die Roboter und Verfahren der KI.

Hiervon ausgehend lässt sich schlussfolgern, dass sich das empirische
Gefühlsparadigma des FACS in einer Weise verbreitet und stabilisiert hat,
dass es den Diskurs über die Frage, wie Gefühle gedeutet und erfasst
werden, seit Jahrzehnten bestimmt. Ohne Frage sind Widerstände gegen
die machtvolle Vorrangstellung des Paradigmas nicht ausgeblieben. Dazu
zählen die Kritik der Psychologie und der Kultur- und Medienwissenschaft
oder die künstlerischen Interventionen von Paglen und Chabrowski, welche
die Schwachstellen des Codierungssystems visuell offenbaren. Und auch
große IT-Konzerne wie Microsoft gestehen sich neuerdings die Grenzen
der Gesichts- und Emotionserkennung ein und versprechen, die Tools
nur noch für Probleme einzusetzen, die sie auch wirklich lösen können
(Menhard 2022). Nichtsdestotrotz sind Forschung und Wirtschaft von
einem tatsächlichen Paradigmenwechsel weit entfernt. Ein Grund dafür
ist, dass viele Tools in den Händen privater Anbieter liegen, die sich vom
Verkauf der Emotionserkennungstools Profit versprechen. Zwar lässt sich
bei Microsoft eine Selbstregulierung des eigenen Angebots beobachten,
für ausgewählte Kund*innen werden die Systeme jedoch weiterhin ange-
boten. Die entstehende Lücke wird gefüllt von kleineren Unternehmen wie
PimEyes und ClearViewAI, die sich von Microsofts Rückzug die Eroberung
des Marktes versprechen (ebd.). Neben der fehlenden politischen
Regulierung privater Anbieter trägt jedoch auch die lange Tradition des
Paradigmas in der Wissens- und Kulturgeschichte der Gefühle und die
daraus resultierende Macht der Gewohnheit dazu bei, dass an dem

Gefühlsparadigma festgehalten wird. Nicht zuletzt lässt sich die Beständigkeit des Ekman'schen Gefühlsparadigmas auch mit seiner Bedeutung in der Anwendung begründen. Zwar haben Psycholog*innen und Emotionsforscher*innen die Herausforderungen, Probleme und Schwachstellen des FACS ausführlich diskutiert und Künstler*innen Gegenaktionen ins Leben gerufen, angewendet wird das FACS jedoch in der ‚theoriefreien' Laborforschung der computergestützten Depressionsforschung oder der Autismustherapie. In diesen Kontexten wird das FACS als funktionierendes Instrumentarium begriffen, das den Prinzipien des Labors wie Standardisierung oder den Wünschen der Autismustherapie nach aussagekräftigen mimischen Mustern entspricht. In den spezifischen Anwendungskontexten scheint das FACS das zu leisten, was von ihm erwartet wird, während die in der Theorie und Kunst formulierte Kritik verhallt. Das FACS bezieht seine Tradierungsmacht daher sowohl aus der langen Tradition, als auch aus seinen digitalen Anwendungen und Applikationen. Vor diesem Hintergrund interessiert sich die vorliegende Arbeit für einen spezifischen Aspekt im Paradigmenbegriff von Kuhn, und zwar nicht für den Wechsel, sondern die Beständigkeit von Paradigmen.

Mit der Beobachtung, dass sich mit der Nutzung des FACS im *emotion detection* historische Vorstellungen vom Ausdruck der Gefühle aus der Neurologie, Kunst, Physiognomie und Rhetorik in die Algorithmen eingeschrieben haben, schließt die Arbeit zudem an Debatten der Intermedialitätsforschung an. So stellt die Einschreibung des historischen Bilderwissens in digitale Verfahren eine Form der *remediation* im Sinne von David Bolter und Richard Grusin dar (Bolter und Grusin 1999). Mit *remediation* beschreiben die Computer- und Medienwissenschaftler, für die mediale Prozesse nie isoliert voneinander zu betrachten sind, intermediale Zusammenhänge von Formen, Strukturen und Inhalten (Rajewsky 2014, 197). Im Unterschied zu Intermedialitätskonzepten, welche knapp formuliert das „mediale Dazwischen" (ebd.) und mediengrenzenüberschreitende Qualitäten betonen, und Multimedialitätsansätzen, welche die mediale Vielheit und Kombination verschiedener Medien akzentuieren, beschreibt *remediation* die Wiederaufnahme vorausgegangener medialer Prozesse im neuen Medium (ebd.). Insbesondere digitale Medien rekurrieren auf ihre medialen Vorgänger, deren Prozesse und Materialität sie erneut aufnehmen und umgestalten: „They [new digital media] emerge from within cultural context, and they refashion other media, which are embedded in the same or similar context." (Bolter und Grusin 1999, 19) Für Balke, der *remediation* auch als eine Form der medialen Mimesis begreift, stellt die digitale Retrofotografie ein Beispiel dar. Mit Filtern auf ihrer

Oberfläche simuliert sie eine analoge Ästhetik älterer Medien und ahmt Störungen analoger Medien täuschend echt nach, obwohl sie hinsichtlich ihres technologischen Funktionierens nicht wie diese Medien operieren (Balke 2018, 190; Schrey 2017).

Die *remediation* von *emotion detection* und *Emotion AI* unterscheidet sich jedoch von jener Form der digitalen „Rückverwandlung" (Balke 2018, 190) vorausgegangener medialer Prozesse. Die Verfahren imitieren nicht die Ästhetik eines spezifischen anderen Mediums, sondern mimen ältere Auffassungen und Darstellungen von Affekten. Ihre mimetischen Strategien finden ihren Niederschlag nicht nur auf den Oberflächen der Medien, sondern im Herstellungsprozess der Algorithmen. Aufgrund der Intransparenz und Fetischisierung der Algorithmen ist die ästhetisch-epistemische Mimesis maschineller Lernprozesse von *emotion detection*-Verfahren jedoch verdeckt. Wird im Fall der Retrofotografie „die Differenz zwischen neuem Medium und analoger Rückverwandlung" (ebd., 252, Fußnote 170) ausgestellt, verschwinden die Hinweise auf die Nachahmung historischer Wissensbestände in der Black Box der Algorithmusformeln und den Trainingsdatenbanken. Stattdessen werden *emotion detection*-Verfahren im *Affective Computing* als neue Form des Zugriffs auf den Körper beschworen, während die ästhetisch-epistemische Mimesis der Wissens- und Kulturgeschichte der Gefühle unreflektiert bleibt.

Ausgehend davon ist festzuhalten, dass die künstlichen Intelligenzen des *Affective Computing*, die dazu entwickelt wurden, menschliche Fähigkeiten nachzuahmen, in der Tat historische Affektkonzepte und Bildformen wiederholen. Bei der Inanspruchnahme der historischen Ausdruckskunde in der digitalen Technologie kann jedoch nicht von einer reinen Nachahmung gesprochen werden. Denn die Arbeitsweise der Algorithmen hängt von der Qualität der Ausdrucksfotografien ab, die als Trainingsdaten für die maschinellen Lernprozesse genutzt werden. Dazu zählen die Diversität der fotografierten Personen, was Auswirkungen auf die Erkennung von Hautfarbe und Geschlecht hat, oder visuelle Störungen wie Unschärfen, Verzerrungen durch ungünstigen Lichteinfall oder andere visuelle Uneindeutigkeiten. Werden die Bildstörungen von den selbstlernenden Verfahren als faziale Muster entsprechend der Bildformen des FACS erkannt, ziehen sie als AU-Codes ‚getarnt' in die Algorithmen ein und wirken für die Nutzer*innen unerkannt an der algorithmischen Mustererkennung mit. Das Gelingen der automatischen Affekterkennung wird also auch von zufälligen Bildphänomenen mitbestimmt. Aufgrund der Opazität der Algorithmen sind analoge Bildstörungen, die im Machine Learning wirksam sind, jedoch kaum mehr nachvollziehbar. Vor diesem Hintergrund schließt die vorliegende Untersuchung auch an die Debatte um die Differenz zwischen dem Analogen und Digitalen an. Während die einen von einer Entmaterialisierung digitaler Medien im Zuge der zunehmenden Digitalisierung und Virtualisierung sprechen (Rajewsky 2014, 203), betonen andere die Wirksamkeit analoger Prozesse in digitalen Medien (Schröter 2008, 585). Mit dem Fokus auf das Nachleben der historischen Ausdrucksforschung im *Affective Computing* – auch verstanden als Einschreibung fotografischen Bilderwissens in die Algorithmen – und die Effekte, welche materielle Bildstörungen auf das Funktionieren der Algorithmen haben, lässt sich beispielhaft zeigen, wie historische Vorstellungen und analoge Phänomene unbemerkt in „digitalen Simulationsmedien" (Rajewsky 2014, 203) wie *emotion detection* walten und somit die Annahme es gäbe ‚reine' digitale Medien auf den Prüfstand stellen.

Literatur

Affectiva. 2018a. „Solutions." Letzter Zugriff am 30. Juli 2022. https://go.affectiva.com/affdex-for-market-research.

———. 2018b. „Automotive AI." Letzter Zugriff am 30. Juli 2022. https://go.affectiva.com/auto.

———. 2018c. „How it Works." Letzter Zugriff am 30. Juli 2022. https://blog.affectiva.com/the-worlds-largest-emotion-database-5.3-million-faces-and-counting.

Affective Computing Group. 2020a. „Projects." Letzter Zugriff am 30. Juli 2022. https://www.media.mit.edu/groups/affective-computing/projects/.

———. 2020b. „Project: Leveraging Artificial Intelligence for the Assessment of Severity of Depressive Symptoms." Letzter Zugriff am 30. Juli 2022. https://www.media.mit.edu/projects/leveraging-artificial-intelligence-for-the-assessment-of-severity-of-depressive-symptoms/overview/.

———. 2020c. „ Advancing Human Wellbeing by Developing New Ways to Communicate, Understand, and Respond to Emotion." Letzter Zugriff am 30. Juli 2022. https://www.media.mit.edu/groups/affective-computing/overview/.

Alberti, Leon Battista. 2002. *Della Pittura: Über die Malkunst.* Darmstadt: Wissenschaftliche Buchgesellschaft.

Allen, Nicholas B. und Paul B. T. Badcock. 2003. „The Social Risk Hypothesis of Depressed Mood: Evolutionary, Psychosocial, and Neurobiological Perspectives." *Psychological Bulletin* 129 (6): 887–913.

Allesch, Gustav Johannes von. 1925. „Die ästhetische Erscheinungsweise der Farben." *Psychologische Forschung: Zeitschrift für Psychologie und ihre Grenzwissenschaften* 6: 1–91.

American Psychiatric Association (Hg.). 2013. *Diagnostic and Statistical Manual of Mental Disorders (DSM-V).* Washington, D. C.: American Psychiatric Association.

Andreas, Michael, Dawid Kasprowicz und Stefan Rieger. 2016. „Technik | Intimität: Einleitung in den Schwerpunkt." *Zeitschrift für Medienwissenschaft: Technik, Intimität* 8 (15): 10–17.

Angerer, Marie-Luise. 2017. *Affektökologie: Intensive Milieus und zufällige Begegnungen.* Lüneburg: meson press.

Angerer, Marie-Luise und Bernd Bösel. 2015. „Capture All, oder: Who's Afraid of a Pleasing Little Sister?" *Zeitschrift für Medienwissenschaft: Überwachung und Kontrolle* 7 (13): 48–56.

Ankele, Monika. 2012. „Ausdrucksbewegungen im Fokus des psychiatrischen Blicks um 1900: Aspekte einer ‚Diskursivierung des Alltäglichen.'" In *Wissen und Nicht-Wissen in der Klinik: Dynamiken der Psychiatrie um 1900,* hg. v. Martina Wernli, 87–113. Bielefeld: transcript.

Apprich, Clemens. 2019. „Die Maschine auf der Couch. Oder: Was ist schon ‚künstlich' an Künstlicher Intelligenz?" *Zeitschrift für Medienwissenschaft: Künstliche Intelligenzen* 11 (21): 20–28.

Asperger, Hans. 1944. „Die ‚Autistischen Psychopathen' im Kindesalter." *Archiv für Psychiatrie und Nervenkrankheiten* 117 (1): 76–136.

Bächle, Thomas Christian. 2016. *Digitales Wissen, Daten und Überwachung zur Einführung.* Hamburg: Junius.

Bächle, Thomas Christian, Christoph Ernst, Jens Schröter und Caja Thimm. 2018. „Selbstlernende autonome Systeme? Medientechnologische und medientheoretische Bedingungen am Beispiel von Alphabets Differentiable Neural Computer (DNC)." In *Machine Learning: Medien, Infrastrukturen und Technologien der Künstlichen Intelligenz,* hg. v. Christoph Engemann und Andreas Sudmann, 167–192. Bielefeld: transcript.

Balázs, Béla. 1982. „Der sichtbare Mensch oder die Kultur des Films." In *Schriften zum Film: Der sichtbare Mensch – Kritiken und Aufsätze 1922-1926* I, hg. v. Helmut H. Diederichs,

Wolfgang Gersch und Magda Nagy, 45–143. München: Hanser; Berlin: Henschelverl. Kunst u. Gesellschaft; Budapest Akadémiai Kiadó.

Balke, Friedrich. 2009. *Figuren der Souveränität*. München: Fink.

———. 2012. „Sichtbarmachung." In *Handbuch der Mediologie: Signaturen des Medialen*, hg. v. Christina Bartz, 253–264. München: Fink.

———. 2014. „System- und Netzwerktheorie: Bilder in Umgebungen." In *Bild: Ein interdisziplinäres Handbuch*, hg. v. Stephan Günzel und Dieter Mersch, 109–117. Stuttgart/Weimar: Metzler.

———. 2018. *Mimesis zur Einführung*. Hamburg: Junius.

Balke, Friedrich und Oliver Fahle. 2014. „Dokument und Dokumentarisches: Einleitung in den Schwerpunkt." *Zeitschrift für Medienwissenschaft: Dokument und Dokumentarisches* 6 (11): 10–17.

Baron-Cohen, Simon. 2000. „Is Asperger Syndrome/High-Functioning Autism Necessarily a Disability?" *Development and Psychopathology* 12 (3): 489–500.

———. 2004. *Vom ersten Tag an anders: Das weibliche und das männliche Gehirn*. Düsseldorf/Zürich: Walter.

Baron-Cohen, Simon, Emma Ashwin, Chris Ashwin, Teresa Tavassolia et al. 2009. „Talent in Autism: Hyper-systemizing, Hyper-attention to Detail and Sensory Hypersensitivity." *Philosophical Transaction: Biological Sciences* 364 (1522): 1377–1383.

Baron-Cohen, Simon, Alan M. Leslie und Uta Frith. 1985. „Does the Autistic Child Have a ‚Theory of Mind'?" *Cognition* 21 (1): 37–46.

Barthes, Roland. 1989. *Die Helle Kammer: Bemerkung zur Photographie*. Berlin: Suhrkamp.

Bekele, Esubalew, Julie A. Crittendon, Amy Swanson, Nilanjan Sarkar et al. 2014. „Pilot Clinical Application of an Adaptive Robotic System for Young Children with Autism." *Autism* 18 (5): 598–608.

Belting, Hans. 2001. *Bild-Anthropologie: Entwürfe für eine Bildwissenschaft*. München: Fink.

———. 2013. *Faces: Eine Geschichte des Gesichts*. München: C. H. Beck.

Benjamin, Walter. 1977. „Kleine Geschichte der Photographie." In *Walter Benjamin: Gesammelte Schriften* II.I, hg. v. Rolf Tiedemann und Hermann Schweppenhäuser, 368–385. Frankfurt/Main: Suhrkamp.

———. 1989a. „Lehre vom Ähnlichen." In *Walter Benjamin: Gesammelte Schriften* II.I, hg. v. Rolf Tiedemann und Herrmann Schweppenhäuser, 204–210. Frankfurt/Main: Suhrkamp.

———. 1989b. „Über das mimetische Vermögen." In *Walter Benjamin: Gesammelte Schriften* II.I, hg. v. Rolf Tiedemann und Herrmann Schweppenhäuser, 210–213. Frankfurt/Main: Suhrkamp.

———. 1991. „Strenge Kunstwissenschaft: Zum ersten Bande der ‚Kunstwissenschaftlichen Forschungen'." In *Walter Benjamin. Kritiken und Rezensionen. Gesammelte Schriften* III, hg. v. Rolf Tiedemann und Hermann Schweppenhäuser, 363–369. Frankfurt/Main: Suhrkamp.

Bernard, Andreas. 2016. „Das totale Archiv: Zur Funktion des Nicht-Wissens in der digitalen Kultur." *Merkur: Deutsche Zeitschrift für europäisches Denken* 70 (801): 5–17.

———. 2017. *Komplizen des Erkennungsdienstes: Das Selbst in der digitalen Kultur*. Frankfurt/Main: S. Fischer.

Bettelheim, Bruno. 1967. *The Empty Fortress: Infantile Autism and the Birth of the Self*. New York: Free Press.

Bickmore, Timothy W. und Rosalind W. Picard. 2005. „Establishing and Maintaining Long-Term Human-Computer Relationships." *ACM Transactions on Computer-Human Interaction* 12 (2): 293–327.

Blümle, Claudia. 2014. „Gesicht – Maske – Antlitz." In *Bild: Ein interdisziplinäres Handbuch*, hg. v. Stephan Günzel und Dieter Mersch, 329–346. Stuttgart/Weimar: Metzler.

Boehm, Gottfried. 1985. *Bildnis und Individuum: Über den Ursprung der Porträtmalerei in der italienischen Renaissance*. München: Prestel.

———. 2003. „‚Mit durchdringendem Blick': Die Porträtkunst und Lavaters Physiognomik." In *Im Lichte Lavaters: Lektüren zum 200. Todestag*, hg. v. Ulrich Stadler und Karl Pestalozzi, 21–40. Zürich: NZZ libro.

Bondy, Andy und Lori Frost. 2011. *Das Picture Exchange Communication System Trainingshandbuch*. Herrsching: Pyramid Educational Products.

Bösel, Bernd. 2017. „Affektive Differenzen, oder: Zwischen Insonanz und Resonanz." In *Resonanzen und Dissonanzen: Hartmut Rosas kritische Theorie in der Diskussion*, hg. v. Christian Helge Peters und Peter Schulz, 33–51. Bielefeld: transcript.

Bogost, Ian. 2015. „The Cathedral of Computation." *The Atlantic*, 15. Januar. Letzter Zugriff am 01. August 2019. https://www.theatlantic.com/technology/archive/2015/01/the-cathedral-of-computation/384300/.

Bolter, Jay David und Richard Grusin. 1999. *Remediation: Understanding New Media*. Cambridge, MA: The MIT Press.

Bourdieu, Pierre. 1998. *Praktische Vernunft: Zur Theorie des Handelns*. Frankfurt/Main: Suhrkamp.

———. 2012. *Entwurf einer Theorie der Praxis: Auf der ethnologischen Grundlage der kabylischen Gesellschaft*. Frankfurt/Main: Suhrkamp.

Bowker, Geoffrey C. und Susan Leigh Star. 1999. *Sorting Things Out: Classification and Its Consequences*. Cambridge, MA: The MIT Press.

———. 2017. „Kategoriale Arbeit und Grenzinfrastrukturen: Bereichernde Klassifikationstheorie." In *Susan Leigh Star: Grenzobjekte und Medienforschung*, hg. v. Sebastian Gießmann und Nadine Taha, 167–203. Bielefeld: transcript.

Brandstetter, Gabriele, Bettina Brandl-Risi und Stefanie Diekmann. 2012. „Posing Problems: Eine Einleitung." In *Hold it! Zur Pose zwischen Bild und Performance*, hg. von dies., 7–21. Berlin: Theater der Zeit.

Brave, Scott, Clifford Nass und Kevin Hutchinson. 2005. „Computers that Care: Investigating the Effects of Orientation of Emotion Exhibited by an Embodied Computer Agent." *International Journal of Human-Computer Studies* 62 (2): 161–178.

Brückner, Burkhart. 2010. *Geschichte der Psychiatrie*. Bonn: Psychiatrie Verlag.

Buolamwini, Joy und Timnit Gebru. 2018. „Gender Shades: Intersectional Accuracy Disparities in Commercial Gender Classication." *Proceedings of Machine Learning Research 81, Conference on Fairness, Accountability, and Transparency 2018*: 1–15.

Burkhardt, Marcus. 2015. *Digitale Datenbanken: Eine Medientheorie im Zeitalter von Big Data*. Bielefeld: transcript.

Burrows, Adrienne und Iwan Schumacher. 1979. *Doktor Diamonds Bildnisse von Geisteskranken*. Frankfurt/Main: Syndikat.

Calvo, Rafael A., Sidney D'Mello, Jonathan Gratch und Arvid Kappas (Hg.). 2015. *The Oxford Handbook of Affective Computing*. New York, NY: Oxford University Press.

Canguilhem, Georges. 2009. „Das Normale und das Pathologische." In *Die Erkenntnis des Lebens*, 281–308. Berlin: August.

Castelvecchi, Davide. 2016. „Can We Open the Black Box of AI?" *Nature*, 05. Oktober. Letzter Zugriff am 29. Juli 2019. https://www.nature.com/news/can-we-open-the-black-box-of-ai-1.20731.

Center for Digital and Mental Health. 2017. „Mission." Letzter Zugriff am 01. November 2020. https://www.c4dmh.net/mission.

Chabrowski, Yvon. 2017. „Facial Emotions One to Six and A to F." *Yvon Chabrowski*. Letzter Zugriff am 27. Juli 2022. http://www.chabrowski.info/works/facial-emotions-one-to-six-and-a-to-f/.

Charcot, Jean-Martin. 1886-1893. „Anhang 17: *Geste und Ausdruck: zerebraler Automatismus*." In Georges-Didi Huberman. 1997. *Erfindung der Hysterie: Die photographische Klinik von Jean-Martin Charcot*, 326–327. München: Fink.

Chevalier, Pauline, Jamy J. Li, Eloise Ainger, Alyssa M. Alcorn et al. 2017. „Dialogue Design for a Robot-Based Face-Mirroring Game to Engage Autistic Children with Emotional Expressions." *Social Robotics. ICSR 2017. Lecture Notes in Computer Science* 10652: 546–555.

Cohn, Jeffrey F. 2020. „Projects." *Jeffrey Cohn*. Letzter Zugriff am 01. November 2020. https://www.jeffcohn.net.

Cohn, Jeffrey F. und Fernando De la Torre. 2015. „Automated Face Analysis for Affective Computing." In *The Oxford Handbook of Affective Computing*, hg. v. Rafael A. Calvo, Sidney D'Mello, Jonathan Gratch und Arvid Kappas, 131–150. New York, NY: Oxford University Press.

Colombetti, Giovanna und Achim Stephan. 2013. „Affektwissenschaft (affective science)." In *Handbuch Kognitionswissenschaft*, hg. v. Achim Stephan und Sven Walter, 501–510. Stuttgart/Weimar: Metzler.

Conrad, Klaus. 1971. *Die beginnende Schizophrenie: Versuch einer Gestaltanalyse des Wahns*. Stuttgart: Thieme.

Cootes, Timothy F., Gareth J. Edwards und Christopher J. Taylor. 1998. „Active Appearance Models." *Computer Vision: ECCV'98. ECCV 1998. Lecture Notes in Computer Science* 1407: 484–498.

Costa, Sandra, Filomena O. Soares, Ana Paula Silva Pereira und Christina Peixoto Santos. 2014. „Building a Game Scenario to Encourage Children with Autism to Recognize and Label Emotions Using a Humanoid Robot." *Proceedings: IEEE International Workshop on Robot and Human Interactive Communication, Edinburgh, Scotland UK*: 820–825.

Crawford, Kate und Vladan Joler. 2018. „Anatomy of an AI System: The Amazon Echo as an Anatomical Map of Human Labor, Data and Planetary Resources." *Anatomy of AI*. Letzter Zugriff am 29. Juni 2020. https://anatomyof.ai.

Cuntz, Michael. 2014. „Aufklärung über den Fetisch: Latours Konzept des *faitiche* und seine Verbindung zu Serres' Statuen." In *In Gegenwart des Fetischs: Dingkonjunktur und Fetischbegriff in der Diskussion*, hg. v. Christine Blättler und Falko Schmieder, 53–88. Wien/Berlin: Turia + Kant.

Curtis, Robin. 2009. „Einführung in die Einfühlung." In *Einfühlung: Zu Geschichte und Gegenwart eines ästhetischen Konzepts*, hg. v. Gertrud Koch, 11–29. München: Fink.

Cytowic, Richard E. 1993. *The Man Who Tasted Shapes*. New York, NY: G. P. Putnam's Sons.

Dachwitz, Ingo. 2017. „Verhaltensbasierte Werbung: Facebook identifiziert emotional verletzliche Jugendliche." *Netzpolitik.org*, 02. Februar. Letzter Zugriff am 01. November 2020. https://netzpolitik.org/2017/verhaltensbasierte-werbung-facebook-australien-analysiert-emotionen-und-aengste-von-jugendlichen/.

———. 2021a. „Jetzt also doch: Polizei in Singapur darf Daten der Kontakt-Tracing-Anwendung nutzen." *Netzpolitik.org*, 05. Januar. Letzter Zugriff am 08. Januar 2021. https://netzpolitik.org/2021/polizei-in-singapur-darf-daten-der-kontakt-tracing-anwendung-nutzen/.

———. 2021b. „Shoot the Messenger: Neue WhatsApp-AGB." *Netzpolitik.org*, 14. Januar. Letzter Zugriff am 24. Januar. https://netzpolitik.org/2021/neue-whatsapp-agb-shoot-the-messenger-alternativen-threema-signal-telegram/.

Damasio, Antonio R. 1994. *Descartes' Error: Emotion, Reason and the Human Brain*. London: Picador.

———. 1999. *The Feeling of What Happens: Body and Emotion in the Making of Consciousness*. New York, N.Y.: Harcourt Brace.

———. 2002. *Ich fühle, also bin ich: Die Entschlüsselung des Bewusstseins*. München: Ullstein.

Darwin, Charles. 2000. *Der Ausdruck der Gemütsbewegungen bei dem Menschen und den Tieren*, hg. v. Hans Magnus Enzensberger. Frankfurt/Main: Eichborn.

Daston, Lorraine. 2015. „Epistemic Images." In *Vision and Its Instruments: Art, Science, and Technology in Early Modern Europe*, hg. v. Alina Payne, 13–35. Pennsylvania: Penn State University Press.

Daston, Lorraine und Peter Galison. 2007. *Objektivität*. Frankfurt/Main: Suhrkamp.

Dautenhahn, Kerstin und Iain Werry. 2004. „Towards Interactive Robots in Autism Therapy: Background, Motivation and Challenges." *Pragmatics & Cognition* 12 (1): 1–35.

Dautenhahn, Kerstin, Chrystopher L. Nehaniv, Michael Leonard Walters und Ben Robins. 2009. „KASPAR: A Minimally Expressive Humanoid Robot for Human-Robot Interaction Research." *Applied Bionics and Biomechanics* 6 (3-4): 369–397.

Deleuze, Gilles. 1980. „Spinoza und wir." In *Kleine Schriften*, 75–85. Berlin: Merve.

———. 1990. „Postskriptum über die Kontrollgesellschaften." In *Unterhandlungen 1972-1990*, 254–242. Frankfurt/Main: Suhrkamp.

Demirci, Kadir, Mehmet Akgönül und Abdullah Akpinar. 2015. „Relationship of Smartphone Use Severity with Sleep Quality, Depression, and Anxiety in University Students." *Journal of Behavioral Addictions* 4 (2): 85–92.

Despret, Vinciane. 2004. *Our Emotional Makeup: Ethnopsychology and Selfhood*. New York: Other Press.

Diamond, Hugh Welch. 1979. „Über die Anwendung der Photographie auf die physiognomischen und seelischen Erscheinungen der Geisteskrankheit: Vortrag von Dr. H. W. Diamond vor der Royal Society am 22. Mai 1856." In *Doktor Diamonds Bildnisse von Geisteskranken*, g. v. Adrienne Burrows und Iwan Schumacher, 155–158. Frankfurt/Main: Syndikat.

Didi-Huberman, Georges. 1997. *Erfindung der Hysterie: Die photographische Klinik von Jean-Martin Charcot*. München: Fink.

Distelmeyer, Jan. 2018. „Drawing Connections: How Interfaces Matter." *Interface Critique* 1: 23–32. Letzter Zugriff am 6. August 2024, https://interfacecritique.net/journal/volume-1/distelmeyer-drawing-connections/.

Domingos, Pedro. 2015. *The Master Algorithm: How the Quest for the Ultimate Learning Machine Will Remake Our World*. New York, NY: Basic Books.

Donvan, John und Caren Zucker. 2016. *In a Different Key: The Story of Autism*. New York, NY: Crown Publisher.

Dotzler, Bernhard J. 2018. „,Down-to-earth resolutions': Erinnerungen an die KI als eine ,häretische Theorie'." In *Machine Learning: Medien, Infrastrukturen und Technologien der Künstlichen Intelligenz*, hg. v. Christoph Engemann und Andreas Sudmann, 39–54. Bielefeld: transcript.

Dror, Otniel E. 2001. „Techniques of the Brain and the Paradox of Emotions, 1880-1930." *Science in Context* 14 (4): 643–660.

Duchenne de Boulogne, Guillaume-Benjamin. 1862/1876. *Mécanisme de la physionomie humaine, ou Analyse électro-physiologique de l'expression des passion*. Paris: Librairie J.-B. Baillière et Fils.

Dziobek, Isabel, Ulrike Lucke und Arne Manzeschke. 2017. „Emotions-sensitive Trainingssysteme für Menschen mit Autismus: Ethische Leitlinien." In *INFORMATIK 2017, Lecture Notes in Informatics (LNI)*, hg. v. Maximilian Eibl und Martin Gaedke, 369–380. Bonn: Gesellschaft für Informatik.

Edge Hill University. 2022a. „Critical Autism Studies Research Network." Letzter Zugriff am 26. August 2022. https://sites.edgehill.ac.uk/casrn/.

———. 2022b. „What is Critical Autism Studies?" Letzter Zugriff am 26. August 2022. https://sites.edgehill.ac.uk/casrn/what-is-critical-autism-studies/.

Ehrenberg, Alain. 2004. *Das erschöpfte Selbst: Depression und Gesellschaft in der Gegenwart*. Frankfurt/Main: Campus.

Ekman, Paul. 1971. „Universals and Cultural Differences in Facial Expressions of Emotion." In *Nebraska Symposium on Motivation, 1971: Cultural Psychology* 19, hg. v. James Cole, 207–282. Lincoln, NE: Lincoln University of Nebraska Press.

———. 1976. Brief an Silvan Tomkins vom 30. November 1976. In *Suitland Maryland, The Human Studies Film Archives (HSFA)*.

———. 1977. „Facial Expression." In *Nonverbal Behavior and Communication*, hg. v. Aaron W. Siegman und Stanley Feldstein, 97–116. New Jersey: Lawrence Erlbaum Association.

———. 1987. „A Life's Pursuit." In *The Semiotic Web '86: An International Yearbook*, hg. v. Thomas A. Sebeok und Jean Omiker-Sebeok, 4–46. Berlin: Mauton de Gruyter.

———. 1993. „Pictures of Facial Affect (POFA)." *Paul Ekman Group LLC*. Letzter Zugriff am 18. September 2022. https://www.paulekman.com/product/pictures-of-facial-affect-pofa/.

———. 2000. „Sind Formen des Gefühlsausdrucks universal? Eine persönliche Geschichte des Streits." In Charles Darwin. *Der Ausdruck der Gemütsbewegungen bei dem Menschen und den Tieren*, kritische Edition, Einleitung, Nachwort und Kommentar von Paul Ekman, hg. v. Hans Magnus Enzensberger, 407–439. Frankfurt/Main: Eichborn.

———. 2009. *Telling Lies: Clues to Deceit in the Marketplace, Politics, and Marriage*. New York: Norton & Company.

Ekman, Paul, R. J. Davidson und Wallace V. Friesen. 1990. „The Duchenne Smile: Emotional Expression and Brain Physiology II." *Journal of Personal Social Psychology* 58 (2): 342–353.

Ekman, Paul, Phoebe Ellsworth und Wallace V. Friesen. 1972. *Emotion in the Human Face: Guidelines for Research and an Integration of Finding*. New York, NY: Pergamon Press.

Ekman, Paul und Wallace V. Friesen. 1968. „Nonverbal Behavior in Psychotherapy Research." In *Research in Psychotherapy* III, hg. v. John M. Shlien, 179–216. Washington: American Psychological Association.

———. 1969a. „Nonverbal Leakage and Clues to Deception." *Psychiatry: Journal for the Study of Interpersonal Processes* 32 (1): 88–106.

———. 1969b. „A Tool for the Analysis of Motion Picture Film or Video Tape." *American Psychologist* 24 (3): 240–243.

———. 1976. *Pictures of Facial Affect*. Palo Alto, CA: Consulting Psychologists Press.

———. 1978. *Facial Action Coding System: Investigator's Guide*. Palo Alto, CA: Consulting Psychologists Press.

———. 1982. „Felt, False, and Miserable Smiles." *Journal of Nonverbal Behavior* 6 (4): 238–252.

———. 2003. *Unmasking the Face: A Guide to Recognizing Emotions from Facial Clues*. Cambridge, MA: Malor Books.

El Kaliouby, Rana, Rosalind Picard und Simon Baron-Cohen. 2006. „Affective Computing and Autism." *New York Academy of Sciences* 1093: 228–248.

Ellgring, Heiner. 1989. *Nonverbal Communication in Depression*. New York, NY/Cambridge, MA: Cambridge University Press.

Engell, Lorenz und Bernhard Siegert. 2010. „Editorial." *Zeitschrift für Medien- und Kulturforschung* 1 (1): 5–9.

Engell, Lorenz, Bernhard Siegert und Joseph Vogl. 2009. „Editorial." *Archiv für Mediengeschichte* 9: 5–8.

Engemann, Christoph. 2018. „Rekursionen über Körper: Machine Learning – Trainingsdatensätze als Arbeit am Index." In *Machine Learning: Medien, Infrastrukturen und Technologien der Künstlichen Intelligenz*, hg. v. ders. und Andreas Sudmann, 247–265. Bielefeld: transcript.

———. 2020. „eHealth." In *Handbuch Virtualität*, hg. v. Dawid Kasprowicz und Stefan Rieger, 361–372. Wiesbaden: Springer Fachmedien.

Engemann, Christoph und Andreas Sudmann (Hg.). 2018. *Machine Learning: Medien, Infrastrukturen und Technologien der Künstlichen Intelligenz*. Bielefeld: transcript.

Engstrom, Eric J. 2006. „Die Ökonomie klinischer Inskription: Zu diagnostischen und nosologischen Schreibpraktiken in der Psychiatrie." In *Psychographien*, hg. v. Cornelius Borck und Armin Schäfer, 219–240. Zürich/Berlin: diaphanes.

———. 2007. „,On the Question of Degeneration' by Emil Kraepelin (1908)." *History of Psychiatry* 18 (3): 389–404.

Esquirol, Jean Étienne Dominique. 1838. *Des maladies mentales : considérées sous les rapports médical, hygiénique et médico-légal*. Paris: J. B. Baillière.

Feldman Barrett, Lisa, Batja Mesquita und Maria Gendron. 2011. „Context in Emotion Perception." *Current Directions in Psychological Sciences* 20 (5): 286–290.

Finn, Ed. 2017. *What Algorithms Want: Imagination in the Age of Computing*. Cambridge, MA: MIT Press.

Floridi, Luciano. 2015. *Die 4. Revolution: Wie die Infosphäre unser Leben verändert*. Berlin: Suhrkamp.

Foucault, Michel. 1974. „Nietzsche, die Genealogie, die Historie." In *Von der Subversion des Wissens*, hg. v. Walter Seitter, 83–109. München: Carl Hanser.

———. 1994. *Überwachen und Strafen: Die Geburt des Gefängnisses*. Frankfurt/Main: Suhrkamp.

———. 2005. „Diskussion vom 20. Mai 1978." In *Dits et Ecrits: Schriften in vier Bänden* IV, 1980–1988, hg. v. Daniel Defert und François Ewald, 25–43. Frankfurt/Main: Suhrkamp.

———. 2008. *Die Geburt der Klinik: Eine Archäologie des ärztlichen Blicks*. Frankfurt/Main: Fischer.

———. 2015. *Die Macht der Psychiatrie: Vorlesungen am Collège de France 1973–1974*. Frankfurt/Main: Suhrkamp.

Fried, Eiko I. 2015. „Problematic Assumptions Have Slowed down Depression Research: Why Symptoms, not Syndromes are the Way Forward." *Frontiers in Psychology* 6: 1–11.

Fried, Eiko I. und Randolph M. Nesse. 2015. „Depression is not a Consistent Syndrome: An Investigation of Unique Symptom Patterns in the STAR*D Study." *Journal of Affective Disorders* 172: 96–102.

Frith, Uta. 1991. „Asperger and His Syndrome." In *Autism and Asperger Syndrome*, hg. v. dies., 1–36. Cambridge: Cambridge University Press.

———. 1992. *Autismus: Ein kognitionspsychologisches Puzzle*. Heidelberg/Berlin/New York, NY: Spektrum Akademischer Verlag.

———. 2004. *Autism: Explaining the Enigma*. Malden, MA: Blackwell Publishing.

———. 2013. *Autismus: Eine sehr kurze Einführung*. Bern: Hans Huber.

Galison, Peter. 1997. „The Trading Zone: Coordinating Action and Belief." In *Image & Logic: A Material Culture of Microphysics*, 781–844. Chicago/London: The University of Chicago Press.

Geimer, Peter. 2015. „Die Farben der Geschichte und die ,Wahrheit des Schwarz-Weiß'." In *Schwarz-Weiß als Evidenz: „With black and white you can keep more of a distance"*, hg. v. Monika Wagner und Helmut Lethen, 246–258, Frankfurt/Main/New York, NY: Campus.

Geulen, Eva. 2019. „Was Stil sagt." *ZfL BLOG. Blog des Leibniz-Zentrums für Literatur- und Kulturforschung, Berlin*, 1. Februar. Letzter Zugriff am 29. Oktober 2023. https://www.zflprojekte.de/zfl-blog/2019/02/01/eva-geulen-was-stil-sagt/.

Ghandeharioun, Asma, Szymon Fedor, Lisa Sangermano, Dawn Inoescu et al. 2017. „Objective Assessment of Depressive Symptoms with Machine Learning and Wearable Sensors Data." *2017 Seventh International Conference on Affective Computing and Intelligent Interaction (ACII), San Antonio, TX*: 325–332.

Gilman, Sander L. 1982. *Seeing the Insane*. New York, NY: John Wiley & Sons.

Girard, Jeffrey M., Jeffrey F. Cohn, Mohammad H. Mahoor, Seyedmohammad Mavadati et al. 2013. „Social Risk and Depression: Evidence from Manual and Automatic Facial

Expression Analysis." *Proceedings of the International Conference on Automatic Face and Gesture Recognition*: 1–8.

Girard, Jeffrey M. und Jeffrey F. Cohn. 2015. „Automated Audiovisual Depression Analysis." *Current Opinion in Psychology* 4: 75–79.

Göhlsdorf, Novina. 2014. „Störung der Gemeinschaft, Grenzen der Erzählung: Die Figur des autistischen Kindes." *Jahrbuch der Psychoanalyse: Beiträge zur Theorie, Praxis und Geschichte, Themenschwerpunkt: Autistische und autistoide Störungen – Erkennen und Behandeln* 68: 17–34.

———. 2019. „Ableistische Hassrede: Greta Thunberg als seelenloser Cyborg." *Frankfurter Allgemeine Zeitung*, 12. August. Letzter Zugriff am 26. Februar 2019. https://www.faz.net/aktuell/feuilleton/debatten/greta-thunberg-als-seelenloser-cyborg-ableistische-hass-rede-16325690.html.

Gratch, Jonathan, Louis-Philippe Morency, Stefan Scherer, Giota Stratou et al. 2013. „User-State Sensing for Virtual Health Agents and TeleHealth Applications." *Studies in Health, Technology, and Informatics* 184: 151–157.

Grewe, Carl Martin und Lisa Schreiber. 2016. „Digitale Bildarchive: Archivierung und Codierung der Gefühle." In *+ultra. gestaltung schafft wissen*, hg. v. Nikola Doll, Horst Bredekamp und Wolfgang Schäffner, 280–285. Leipzig: E. A. Seemann.

Grimm, Harmut. 2000. „Affekt." In *Ästhetische Grundbegriffe: Historisches Wörterbuch in sieben Bänden* I, hg. v. Karlheinz Barck, Martin Fontius, Dieter Schlenstedt, Burkhardt Steinwachs et al., 17–48. Stuttgart/Weimar: Metzler.

Gumbrecht, Hans Ulrich. 2000. „Art. Ausdruck." In *Ästhetische Grundbegriffe: Historisches Wörterbuch in sieben Bänden* I, hg. v. Karlheinz Barck, Martin Fontius, Dieter Schlenstedt, Burkhart Steinwachs et al., 417–431. Stuttgart/Weimar: Metzler.

Haas, Michaela. 2010. „Ein Lügenexperte im Interview: ‚Mir entgeht kein Gesichtsausdruck'." *Süddeutsche Zeitung*, 17. Mai. Letzter Zugriff am 27. August 2019. https://www.sueddeutsche.de/wissen/ein-luegenexperte-im-interview-mir-entgeht-kein-gesichtsausdruck-1.471158.

Häußler, Anne. 2022. *Der TEACCH® Ansatz zur Förderung von Menschen mit Autismus. Einführung in Theorie und Praxis*. Dortmund: Borgmann Media.

Häußler, Anne, Christina Happel, Antje Tuckermann, Mareike Altgassen et al. 2003. *SOKO Autismus: Gruppenangebote zur Förderung SOzialer KOmpetenzen bei Menschen mit Autismus*. Dortmund: Verlag Modernes Lernen.

Hacking, Ian. 2009. „Autistic Autobiography." *Philosophical Transaction: Biological Sciences* 1522 (364): 1467–1473.

Hagner, Michael. 1997. „Zwei Anmerkungen zur Repräsentation in der Wissenschaftsgeschichte." In *Räume des Wissens: Repräsentation, Codierung, Spur*, hg. v. Hans-Jörg Rheinberger, 339–356. Berlin/Boston: Akademie.

Hamilton, Max. 1960. „Hamilton Depression Rating Scale (HAM-D)". Letzter Zugriff am 1. November 2020. https://www.mdcalc.com/hamilton-depression-rating-scale-ham-d.

Hanke, Christiane. 2014. „Wissenschaftsforschung." In *Handbuch Medienwissenschaft*, hg. v. Jens Schröter, 537–547. Stuttgart/Weimar: Metzler.

Hansen, Mark B. N. 2013. „Ubiquitous Sensation: Toward an Atmospheric, Collective, and Microtemporal Model of Media." In *Throughout: Art and Culture Emerging with Ubiquitous Computing*, hg. v. Ulrik Ekman, 63–88. Cambridge, MA: MIT Press.

Hanson, David, Stuart Baurmann, Thomas Riccio, Richard Margolin et al. 2009. „Zeno: A Cognitive Character." *AI Magazine, and Special Proceedings of AAAI National Conference, Chicago*: 9–11.

Hanson, David, D. Massei, Carolyn R. Garver und Danilo de Rossi. 2012. „Realistic Human-like Robots for Treatment of ASD, Social Training, and Research; Shown to Appeal to

Youths with ASD, Cause Physiological Arousal, and Increase Human-to-Human Social Engagement." *PErvasive Technologies Related to Assistive (PETRA)*: 1–7.

Hanson Robotics. 2022a. „Sophia". Letzter Zugriff am 26. August 2022. https://www.hansonrobotics.com/sophia/.

———. 2022b. „Zeno: Research Robot." Letzter Zugriff am 01. November 2022. https://www.hansonrobotics.com/zeno/.

Hassan, Robert. 2003. „The MIT Media Lab: Techno Dream Factory or Alienation as a Way of Life?" *Media, Culture & Society* 25: 87–106.

Haus, Andreas. 2015. „Schwarz-Weiß: Architekturfotografie des ‚Neuen Bauens'." In *Schwarz-Weiß als Evidenz. „With Black and White You Can Keep More of a Distance"*, hg. v. Monika Wagner und Helmut Lethen, 171–190. Frankfurt/Main/New York, NY: Campus.

Heimendahl, Eckart. 1961. *Licht und Farbe: Ordnung und Funktion der Farbwelt*. Berlin: de Gruyter.

Heintz, Bettina und Jörg Huber. 2001. „Der verführerische Blick: Formen und Folgen wissenschaftlicher Visualisierungsstrategien." In *Mit dem Auge denken: Strategien der Sichtbarmachung in wissenschaftlichen und virtuellen Welten*, hg. v. dies., 9–40. Zürich: Edition Voldemeer.

Heller, Piotr. 2020. „Die Pflegeroboter kommen: Navigationshilfe für Empathie." *Frankfurter Allgemeine Zeitung*, 16. März. Letzter Zugriff am 18. März 2022. https://www.faz.net/aktuell/wissen/medizin-ernaehrung/die-pflegeroboter-kommen-eine-navigationshilfe-fuer-empathie-16679061.html.

Herrn, Rainer und Alexander Friedland. 2014. „Der demonstrierte Wahnsinn: Die Klinik als Bühne." *Berichte zur Wissenschaftsgeschichte* 37: 309–331.

Hjortsjö, Carl-Hermann. 1970. *Man's Face and Mimic Language*. Lund: Studentlitteratur.

Holl, Ute. 2006. „Neuropathologie als filmische Inszenierung." In *Konstruierte Sichtbarkeiten: Wissenschafts- und Technikbilder seit der Frühen Neuzeit*, hg. v. Martina Heßler, 217–240. München: Fink.

Holschbach, Susanne. 2006. *Vom Ausdruck zur Pose: Theatralität und Weiblichkeit in der Fotografie des 19. Jahrhunderts*. Berlin: Reimer.

Horwitz, Allan V. und Jerome C. Wakefield. 2007. *The Loss of Sadness: How Psychiatry Transformed Normal Sorrow into Depressive Disorder*. New York, NY: Oxford University Press.

Hunt, William A. 1941. „Recent Developments in the Field of Emotion." *Psychological Bulletin* 38 (5): 249–276.

Ingenkamp, Konstantin. 2012. *Depression und Gesellschaft: Zur Erfindung einer Volkskrankheit*. Bielefeld: transcript.

Janecke, Christian. 2004. „Einleitung: Haar tragen." In *Haar tragen: Eine kulturwissenschaftliche Annäherung*, hg. v. ders., 3–46. Köln/Weimar/Wien: Böhlau.

Joshi, Jyoti, Roland Goecke, Sharifa Alghowinem und Abhinav Dhall. 2013. „Multimodal Assistive Technologies for Depression Diagnosis and Monitoring." *Journal on Multimodal User Interfaces* 7: 1–18.

Joshi, Jyoti, Abhinav Dhall, Roland Goecke und Jeffrey F. Cohn. 2013. „Relative Body Parts Movement for Automatic Depression Analysis." *2013 Humaine Association Conference on Affective Computing and Intelligent Interaction, Geneva, Switzerland*: 492–497.

Joshi, Jyoti, Roland Goecke, Gordon Parker und Michael Breakspear. 2013. „Can Body Expressions Contribute to Automatic Depression Analysis?" *2013 10th IEEE International Conference and Workshops on Automatic Face and Gesture Recognition (FG), Shanghai, China, 2013*: 1–7.

Juckel, Georg. 2013. „Aufschreibeprozesse in Psychiatrie und Psychotherapie." In *Krankheit schreiben: Aufzeichnungsverfahren in Medizin und Literatur*, hg. v. Yvonne Wübben und Carsten Zelle, 176–202. Göttingen: Wallstein Verlag.

Kaerlein, Timo. 2016. „Intimate Computing: Zum diskursiven Wandel eines Konzepts der Mensch-Computer Interaktion." *Zeitschrift für Medienwissenschaft: Technik, Intimität* 15 (8): 30–40.

Kaltheuner, Frederike und Nele Obermüller. 2018. „Diskriminierende Gesichtserkennung: Ich sehe was, was du nicht bist." *Netzpolitik.org*, 10. November. Letzter Zugriff am 25. November 2020. https://netzpolitik.org/2018/diskriminierende-gesichtserkennung-ich-sehe-was-was-du-nicht-bist/.

Kamp-Becker, Inge. 2014. „Autismus-Spektrum-Störung: Eine valide Diagnose?" In *Autismus in Forschung und Gesellschaft*, hg. v. autismus Deutschland e. V. Bundesverband zur Förderung von Menschen mit Autismus, 39–64. Karlsruhe: Loeper Literaturverlag.

Kamp-Becker, Inge und Sven Bölte. 2011. *Autismus*. München: Ernst Reinhardt.

Kanade, Takeo, Jeffrey F. Cohn und Yingli Tian. 2000. „Comprehensive Database for Facial Expression Analysis." *Proceedings of the Fourth IEEE International Conference on Automatic Face and Gesture Recognition, Grenoble, France*: 46–53.

Kanner, Leo. 1943. „Autistic Disturbance of Affective Contact." In *Classical Readings in Autism*, hg. v. Anne M. Donnellan, 11–50. New York, NY/London: Teachers College.

———. 1944. „Early Infantile Autism." *Journal of Pediatrics* 25: 211–217.

Kirchner, Thomas. 1991. *L'expression des passions: Ausdruck als Darstellungsproblem in der französischen Kunst und Kunsttheorie des 17. und 18. Jahrhunderts*. Mainz: von Zabern.

Knorr Cetina, Karin. 2016. *Die Fabrikation von Erkenntnis: Zur Anthropologie der Wissenschaft*. Frankfurt/Main: Suhrkamp.

Könneker, Marie-Luise. 1998. „Das Haar im Ritual." *RL: Zeitschrift für Religionsunterricht und Lebenskunde* 27 (3): 21-23.

Koss, Juliet. 2009. „Über die Grenzen der Einfühlung." In *Einfühlung: Zur Geschichte und Gegenwart eines ästhetischen Konzepts*, hg. v. Robin Curtis und Gertrud Koch, 103–126. München: Fink.

Kraepelin, Emil. 1896. „Der psychologische Versuch in der Psychiatrie." In *Psychologische Arbeiten* I, 1–91. Leipzig: Wilhelm Engelmann.

———. 1904. *Psychiatrie: Ein Lehrbuch für Studierende und Ärzte* II, Klinische Psychiatrie. Leipzig: Johann Ambrosius, Barth.

Künzel, Christine. 2004. „‚So soll sie laufen mit gesträubtem Haare…': Zur Bedeutung der Auflösung der Frisur im Kontext der Darstellung sexueller Gewalt." In *Haar tragen: Eine kulturwissenschaftliche Annäherung*, hg. v. Christian Janecke, 121–138. Köln/Weimar/Wien: Böhlau.

Kuhn, Thomas. 1973. *Die Struktur wissenschaftlicher Revolution*. Frankfurt/Main: Suhrkamp.

Landis, Carney. 1924. „Studies of Emotional Reactions: II. General Behavior and Facial Expression." *Journal of Comparative Psychology* 4 (5): 447–510.

———. 1929. „The Interpretation of Facial Expression in Emotion." *Journal of General Psychology* 2: 59–72.

Latour, Bruno. 1990. „Drawing Things Together." In *Representation in Scientific Practice*, hg. v. Michael Lynch und Steve Woolgar, 19–68. Cambridge/MA: MIT Press.

———. 1997. „Der Pedologenfaden von Boa Vista: Eine photo-philosophische Montage." In *Räume des Wissens: Repräsentation, Codierung, Spur*, hg. v. Hans-Jörg Rheinberger, Bettina Wahring-Schmidt und Michael Hagner, 213–263. Berlin: Akademie.

———. 2002. „Überraschungsmomente des Handelns: *Fakten, Fetische und* Faitiches." In *Die Hoffnung der Pandora: Untersuchungen zur Wirklichkeit der Wissenschaft*, 327–359. Frankfurt/Main: Suhrkamp.

Latour, Bruno und Steve Woolgar. 1979. *Laboratory Life: The Social Construction of Scientific Facts*. Beverly Hills, CA: Sage Publications.

Lavater, Johann Caspar. 1775-1778. *Physiognomische Fragmente, zur Beförderung der Menschenkenntniß und der Menschenliebe* I-IV. Leipzig, Winterthur: Weidmann und Reich, Steiner.

————. 1783. *Physiognomische Fragmente, zur Beförderung der Menschenkenntniß und der Menschenliebe* I. Winterthur: Steiner.

Lawitzke, Stefanie und Marco Fien. 2018. „Autism at Work: Gelebte Inklusion." *Autismus Verstehen* 1. Letzter Zugriff am 07. August 2018. https://news.sap.com/germany/2018/03/autismus-inklusion/.

Le Brun, Charles. 1982. *Méthode pour apprendre à dessiner les passions.* Hildesheim: G. Olms.

Ledebur, Sophie. 2013. „Sehend schreiben, schreibend sehen: Vom Aufzeichnen psychischer Phänomene in der Psychiatrie." In *Krankheit schreiben: Aufzeichnungsverfahren in Medizin und Literatur*, hg. v. Yvonne Wübben und Carsten Zelle, 82–108. Göttingen: Wallstein.

Lethen, Helmut. 2015. „Von der Erkenntniskraft der Unterscheidung und dem Verlust der Oberflächentextur: Eine Einleitung." In *Schwarz-Weiß als Evidenz: „With Black and White You Can Keep More of a Distance"*, hg. v. Monika Wagner und ders., 7–16. Frankfurt/Main/New York, NY: Campus.

Leuzinger-Bohleber, Marianne. 2010. „Fallgeschichte." In *Lexikon Psychologie: Hundert Grundbegriffe*, hg. v. Stefan Jordan und Gunna Wendt, 97–99. Stuttgart: Reclam.

Levaco, Ronald (Hg.). 1974. *Kuleshov on film: Writings of Lev Kuleshov.* Berkely: University of California Press.

Leys, Ruth. 2010. „How Did Fear Become a Scientific Entity and What Kind of Entity Is It?" *Representations* 110 (1): 66–104.

————. 2017. *The Ascent of Affect: Genealogy and Critique.* Chicago: The University of Chicago Press.

Lichtenberg, Georg Christoph. 1778. *Über Physiognomik; wider die Physiognomen: Zur Beförderung der Menschenliebe und Menschenkenntniß.* Göttingen: Dieterich.

Lipps, Theodor. 1906. „Einfühlung und ästhetischer Genuss." *Die Zukunft* 54: 100–114.

Löffler, Petra. 2004. *Affektbilder: Eine Mediengeschichte der Mimik.* Bielefeld: transcript.

Lucey, Patrick, Jeffrey F. Cohn, Takeo Kanade, Jason Saragih et al. 2010. „The Extended Cohn-Kanade Dataset (CK+): A Complete Dataset for Action Unit and Emotion-Specified Expression." *2010 IEEE Computer Society Conference on Computer Vision and Pattern Recognition - Workshops, San Francisco, CA, USA*: 94–101.

Mallonee, Laura. 2018. „Photographing a Robot Isn't Just Point and Shoot." In *Wired*, 29. März. Letzter Zugriff am 4. September 2023. https://www.wired.com/story/photographing-a-robot/

Marcus, Marian, Mohammad Taghi Yasamy, Mark van Ommeren, Dan Chisholm et al. 2012. „Depression: A Global Public Health Concern." In *Depression: A Global Crisis, World Mental Health Day, October 10 2012, World Federation for Mental Health*, 6–8, World Health Organisation. Letzter Zugriff am 24. Mai 2018. http://www.who.int/mental_health/management/depression/wfmh_paper_depression_wmhd_2012.pdf.

Markoff, John. 2011. „M.I.T. Media Lab Names a New Director." *The New York Times*, 25. April. Letzter Zugriff am 23. November 2016. http://www.nytimes.com/2011/04/26/science/26lab.html.

Massumi, Brian. 1995. „The Autonomy of Affect." *Cultural Critique: The Politics of Systems and Environments*, Part II, 31: 83–109.

Matthews, Iain und Simon Baker. 2004. „Active Appearance Models Revisited". *International Journal of Computer Vision* 60: 135–164.

Maye, Harun. 2010. „Was ist eine Kulturtechnik?" *Zeitschrift für Medien- und Kulturforschung* 1 (1): 121–135.

Mazzei, Daniele, Nicole Lazzeri, David Hanson und Danilo De Rossi. 2012. „HEFES: an Hybrid Engine for Facial Expressions Synthesis to Control Human-Like Androids and Avatars."

Proceedings of the IEEE RAS and EMBS International Conference on Biomedical Robotics and Biomechatronics: 195–200.

McQuiggan, Scott W. und James C. Lester. 2007. „Modeling and Evaluating Empathy in Embodied Companion Agents." *International Journal of Human-Computer Studies* 65 (4): 348–360.

Menhard, Esther. 2022. „Ethik der Biometrie: Microsoft gesteht Missbrauchsgefahr von Gesichtserkennung ein." *Netzpolitik.org*, 29. Juni. Letzter Zugriff am 09. Februar 2023. https://netzpolitik.org/2022/ethik-der-biometrie-microsoft-gesteht-missbrauchsgefahr-von-gesichtserkennung-ein/.

Messinger, Daniel S., Leticia Lobo Duvivier, Zachary E. Warren, Mohammad Mahoor et al. 2015. „Affective Computing, Emotional Development, and Autism." In *The Oxford Handbook of Affective Computing*, hg. v. Rafael A. Calvo, Sidney D'Mello, Jonathan Gratch und Arvid Kappas, 516–536. New York, NY: Oxford University Press.

Meuter, Norbert. 2006. *Anthropologie des Ausdrucks: Die Expressivität des Menschen zwischen Natur und Kultur*. München: Fink.

Meyer, Roland. 2019. *Operative Porträts: Eine Bildgeschichte der Identifizierbarkeit von Lavater bis Facebook*. Konstanz: Konstanz University Press.

Monroy, Matthias. 2021. „EU-Projekt iBorderCtrl: Kommt der Lügendetektor oder kommt er nicht?" *Netzpolitik.org*, 26. April. Letzter Zugriff am 06. August 2022. https://netzpolitik.org/2021/eu-projekt-iborderctrl-kommt-der-luegendetektor-oder-kommt-er-nicht/.

Montagu, Jennifer. 1994. *The Expression of the Passions: The Origin and Influence of Charles Le Brun's Conférence sur l'expression générale et particulière*. New Haven/London: Yale University Press.

Mori, Masahiro. 1970. „The Uncanny Valley." *IEEE Robotics & Automation Magazine*, June 2012 19 (2): 98–100.

Mower, Emily, Matthew Black, Edna Lucia Flores, Marian E. Williams et al. 2011. „Rachel: Design of an Emotionally Targeted Interactive Agent for Children with Autism." *Proceedings of the 2011 IEEE International Conference on Multimedia and Expo (ICME), Barcelona, Spain*: 1–6.

Mühlhoff, Rainer. 2019. „Menschengestützte Künstliche Intelligenz: Über die soziotechnischen Voraussetzungen von ‚deep learning'." *Zeitschrift für Medienwissenschaft: Künstliche Intelligenzen* 11 (21): 56–64.

Mühlum, Albert. 2007. „Rehabilitation zwischen ‚Normalisierungsdruck' und ‚Selbstbestimmt Leben': Die Wirklichkeit zwischen Extremen gestalten." *Sozial Extra* 31 (5-6): 37–41.

Müller, Ernst und Falko Schmieder. 2016. „‚Unreine' und vage Begriffe, Metaphern in der Wissenschaftsgeschichte." In *Begriffsgeschichte und historische Semantik: Ein kritisches Kompendium*, hg. v. dies., 609–614. Berlin: Suhrkamp.

Munn, Norman L. 1940. „The Effect of Knowledge of the Situation upon Judgment of Emotion from Facial Expressions." *The Journal of Abnormal and Social Psychology* 35 (3): 324–338.

Nadesan, Majia Holmer. 2005. *Constructing Autism: Unravelling the ‚Truth' and Understanding the Social*. London/New York, NY: Routledge College.

Negroponte, Nicholas. 1995. *Being Digital*. New York, NY: Vintage Books.

Nosthoff, Anna-Verena und Felix Maschewski. 2019. *Die Gesellschaft der Wearables: Digitale Verführung und soziale Kontrolle*. Berlin: Nicolai Publishing & Intelligence GmbH.

———. 2020. „Überwachung der Gesundheit: Fit für die Welt." *Frankfurter Allgemeine Zeitung*, 18. Januar. Letzter Zugriff am 08. April 2020. https://www.faz.net/aktuell/feuilleton/debatten/ueberwachung-der-gesundheit-fit-fuer-die-welt-16576711.html.

Notaro, Laurie. 2017. „Researchers Think Cell Phones Might Help Prevent Suicides." *MedicalExpress*, 14. November. Letzter Zugriff am 29. April 2022. https://medicalxpress.com/news/2017-11-cell-suicides.html.

O'Connell, Michéal. 2017. *Art as 'Artificial Stupidity'*. Falmer, East Sussex: University of Sussex.

Onfray, Michel. 2019. „Greta la science." *MichelOnfray.com*, 23. Juli. Letzter Zugriff am 16. September 2024. https://michelonfray.com/editos/articles/greta-la-science_co289313.

Ott, Michaela. 2010. *Affizierung: Zu einer ästhetisch-epistemischen Figur*. München: Edition Text + Kritik.

Padberg, Thorsten. 2021. *Die Depressions-Falle: Wie wir Menschen für krank erklären, statt ihnen zu helfen*. Frankfurt/Main: Fischer.

Paglen, Trevor. 2017. „Machine-Readable Hito & Holly." *Trevor Paglen*. Letzter Zugriff am 27. Juli 2022. https://paglen.studio/2020/04/09/machine-readable-hito-and-holly/.

Peirce, Charles Sanders. 1998. „Nomenclature and Divisions of Triadic Relations, as Far as They Are Determined." In *The Essential Peirce: Selected Philosophical Writings* II, hg. v. Nathan Houser, 289–299. Bloomington, IL: Indiana University Press.

Petrilowitch, Nikolaus. 1972. „Art. Depression." In *Historisches Wörterbuch der Philosophie*, hg. v. Joachim Ritter, 115. Basel, Stuttgart: Schwabe & Co.

Picard, Rosalind. 1995. „Affective Computing". *M.I.T Media Laboratory Perceptual Computing Section Technical Report* 321: 1–16.

———. 1997. *Affective Computing*. Cambridge, MA: MIT Press.

———. 1999. „Affective Computing for HCI." *Proceedings of HCI International (the 8th International Conference on Human-Computer Interaction) on Human-Computer Interaction: Ergonomics and User Interfaces* 1: 829–833.

———. 2015. „The Promise of Affective Computing." In *The Oxford Handbook of Affective Computing*, hg. v. Rafael A. Calvo , Sidney D'Mello, Arvid Kappas und Jonathan Matthew Gratch, 11–20, New York, NY: Oxford University Press.

Plamper, Jan. 2012. *Geschichte und Gefühl: Grundlagen der Emotionsgeschichte*. München: Siedler.

Porath, Erik. 2007. „Begriffsgeschichte der Naturwissenschaften: die historische Dimension naturwissenschaftlicher Konzepte: Ein Workshop des Zentrums für Literatur- und Kulturforschung." *Weimarer Beiträge* 53 (3): 452–465.

Pratschke, Margarete. 2008. „Interaktion mit Bildern: Digitale Bildgeschichte am Beispiel grafischer Benutzeroberflächen." In *Das Technische Bild: Kompendium zu einer Stilgeschichte technischer Bilder*, hg. v. Horst Bredekamp, Birgit Schneider und Vera Dünkel, 68–81. Berlin: Akademie.

Rajewsky, Irina O. 2014. „Intermedialität, remediation, Multimedia." In *Handbuch Medienwissenschaft*, hg. v. Jens Schröter, 197–206. Stuttgart/Weimar: Metzler.

Rea, Daniel, James E. Young und Pourang Irani. 2012. „The Roomba Mood Ring: An Ambient-Display Robot." *HRI'12: Proceedings of the Seventh Annual ACM/IEEE International Conference on Human-Robot Interaction, Boston Massachusetts USA, March 5–8*: 217–218.

Realeyes. 2020. „About us." Letzter Zugriff am 01. November 2020. https://www.realeyesit. com.

Reed, Lawrence Ian, Michael A. Sayette und Jeffrey F. Cohn. 2007. „Impact of Depression on Response to Comedy: A Dynamic Facial Coding Analysis." *Journal of Abnormal Psychology* 116 (4): 804–809.

Regener, Susanne. 2017. „Psychiatrisches Porträt: Fotografie-wider-Willen." In *Das Gesicht: Bilder – Medien – Formate*, hg. v. Sigrid Weigel, 119–123. Göttingen: Wallstein.

Reisenzein, Rainer, Robert C. Roberts, Giorgio Coricelli, Mateus Joffily et al. 2013. „Emotionen." In *Handbuch Kognitionswissenschaft*, hg. v. Achim Stephan und Sven Walter, 258–274. Stuttgart/Weimar: J. B. Metzler.

Reuter, Markus. 2021. „Künstliche Intelligenz: China testet Gefühlserkennung an uigurischer Minderheit." *Netzpolitik.org*, 27. Mai. Letzter Zugriff am 06. August 2022. https://netzpolitik.org/2021/kuenstliche-intelligenz-china-testet-gefuehlserkennung-an-uigurischer-minderheit/.

Rheinberger, Hans-Jörg. 2006. *Epistemologie des Konkreten: Studien zur Geschichte der modernen Biologie*. Frankfurt/Main: Suhrkamp.

Rheinberger, Hans-Jörg und Michael Hagner. 1993. „Experimentalsysteme." In *Die Experimentalisierung des Lebens: Experimentalsysteme in den biologischen Wissenschaften 1850/1950*, hg. v. dies., 7–27. Berlin: Akademie.

Richardson, Kathleen. 2018. „Critical Autism Studies and Robot Therapy." In *Challenging Sociality: An Anthropology of Robots, Autism, and Attachment*, 121–140. London: palgrave macmillan.

Richtmeyer, Ulrich. 2014a. „Vorwort." In *PhantomGesichter: Zur Sicherheit und Unsicherheit im biometrischen Überwachungsbild*. Schriften des internationalen Kollegs für Kulturtechnikforschung und Medienphilosophie (IKKM) Weimar, Bd. 18, hg. v. ders., 7–9. München: Wilhelm Fink.

———. 2014b. „Einleitung: Zum Programm einer zukünftigen Bildtheorie der Sicherheitstechnik." In *PhantomGesichter: Zur Sicherheit und Unsicherheit im biometrischen Überwachungsbild*. Schriften des internationalen Kollegs für Kulturtechnikforschung und Medienphilosophie (IKKM) Weimar, Bd. 18, hg. v. ders., 11–32. München: Wilhelm Fink.

———. 2014c. „Kriminalistik." In *Bild: Ein interdisziplinäres Handbuch*, hg. v. Stephan Günzel und Dieter Mersch, 397–420. Stuttgart/Weimar: Metzler.

Riva, Giuseppe, Rafael A. Calvo und Christine Lisetti. 2015. „Cyberpsychology and Affective Computing." In *The Oxford Handbook of Affective Computing*, hg. v. Rafael A. Calvo, Sidney D'Mello, Arvid Kappas und Jonathan Matthew Gratch, 547–559, New York, NY: Oxford University Press.

Rizzo, Albert, J. Galen Buckwalter, Eric Forbell, Chris Reist et al. 2013. „Virtual Reality Applications to Address the Wounds of War." *Psychiatric Annals* 43 (3): 123–138.

Robert-Koch-Institut. 2020. „Covid-19 in Deutschland." Letzter Zugriff am 01. November 2020. https://www.rki.de/DE/Content/InfAZ/N/Neuartiges_Coronavirus/Corona-Datenspende.html.

Robins, Ben, Kerstin Dautenhahn, Rene Te Boeckhorst und Aude Billard. 2005. „Robotic Assistant in Therapy and Education of Children with Autism: Can a Small Humanoid Robot Help Encourage Social Interaction Skills?" *Universal Access in the Information Society* 4 (2): 105–120.

Rogers, Sally J., Ian Cook und Adrienne Meryl. 2005. „Imitation and Play in Autism." In *Handbook of Autism and Pervasive Developmental Disorders: Diagnosis, Development, Neurobiology, and Behavior* I, hg. v. Fred R. Volkmar, Rhea Paul, Ami Klin und Donald Cohen, 382–405. New Jersey: John Wiley & Sons.

Russel, James A. 1994. „Is There Universal Recognition of Emotion from Facial Expression? A Review of the Cross-Cultural Studies." *Psychological Bulletin* 115 (1): 102–141.

Samuel, Nina. 2017 „Robotergesicht: Unheimlich menschlich." In *Das Gesicht: Bilder, Medien, Formate*, hg. v. Sigrid Weigel, 131–135. Göttingen: Wallstein.

Sarasin, Philipp. 2005. *Michel Foucault zur Einführung*. Hamburg: Junius.

Saussure, Ferdinand de. 2014. *Cours de linguistique générale: Zweisprachige Ausgabe mit Einleitung, Anmerkungen und Kommentar*, hg. v. Peter Wunderli. Tübingen: narr.

Schäfer, Armin. 2016a. „Psychiatrie." In *Futurologien: Ordnungen des Zukunftswissens*, Trajekte: Reihe des Zentrums für Literatur- und Kulturforschung Berlin, hg. v. Benjamin Bühler und Stefan Willer, 417–429. Paderborn: Wilhelm Fink.

———. 2016b. „Ordnungsversuche im Gebiet des Wahnsinns: Archive, Akten, Biographien." In *Sprachen des Sammelns: Literatur als Medium und Reflexionsform des Sammelns*, hg. v. Sarah Schmidt, 327–343. Paderborn: Fink.

Schilbach, Leonhard. 2019. „Der Fall Greta Thunberg: Wie wir von Autisten mehr Sachlichkeit lernen können." *Frankfurter Allgemeine Zeitung*, 20. Februar. Letzter Zugriff am 02. März

2022. https://www.faz.net/aktuell/wissen/medizin-ernaehrung/greta-thunberg-von-autisten-mehr-sachlichkeit-lernen-16048274.html.

Schmidgen, Henning. 2011. *Bruno Latour zur Einführung*. Hamburg: Junius.

Scholz, O. R. 1998. „Art. Symptom." In *Historisches Wörterbuch der Philosophie* X, hg. v. Joachim Ritter und Karlfried Gründer, 762–767. Basel, Stuttgart: Schwabe & Co AG.

Schott, Heinz und Rainer Tölle. 2006. *Geschichte der Psychiatrie: Krankheitslehren, Irrwege, Behandlungsformen*. München: C. H. Beck.

Schreiber, Lisa. 2016a. „Gefühls-Montagen: Fotografisch-psychologische Praktiken der Aufzeichnung von Emotionen bei Paul Ekman." *Fotogeschichte: Beiträge zur Geschichte und Ästhetik der Fotografie* 36 (140): 49–58.

———. 2016b. „Advanced Wellbeing: Digitale Techniken der Vermessung von Affekten in der Cyberpsychologie." *Mediale Kontrolle unter Beobachtung* 5 (1). http://www.medialekontrolle.de/ausgaben/5-1-2016-privatheit-und-quantifizierbarkeit/.

Schrey, Dominik. 2017. *Analoge Nostalgie in der digitalen Medienkultur*. Berlin: Kulturverlag Kadmos.

Schröter, Jens. 2004. „Analog/Digital: Opposition oder Kontinuum?" In *Analog/Digital: Opposition oder Kontinuum? Zur Theorie und Geschichte einer Unterscheidung*, hg. v. Alexander Böhnke und ders., 7–30. Bielefeld: transcript.

———. 2005. „Archiv – post/fotografisch." *MedienKunstNetz*, Modul „Fotobyte". Letzter Zugriff am 13. April 2020. http://www.medienkunstnetz.de/themen/foto_byte/archiv_post_fotografisch/.

———. 2008. „Das Ur-Intermediale Netzwerk und die (Neu-)Erfindung des Mediums im (digitalen) Modernismus." In *Intermedialität Analog/Digital: Theorien – Methoden – Analysen*, hg. v. Joachim Paech und ders., 579 – 601. München: Wilhem Fink.

Sekula, Allan. 1986. „The Body and the Archive." *October* 39 (Winter): 3–64.

Shahack, Mattan. 2018. „(Aus)tausch der Gefühle: Über die Kommodifizierung von Emotionen in der Psychotherapie." In *Wa(h)re Gefühle: Authentizität im Konsumkapitalismus*, hg. v. Eva Illouz und Axel Honneth, 203–236. Berlin: Suhrkamp.

Shamsuddina, Syamimi, Hanafiah Yussof, Luthffi Idzhar Ismail, Salina Mohamed et al. 2012. „Initial Response in HRI: a Case Study on Evaluation of Child with Autism Spectrum Disorders Interacting with a Humanoid Robot NAO." *Procedia Engineering* 41 (41), 1448–1455.

Shepherd, Michael. 1995. „Two Faces of Emil Kraepelin." *British Journal of Psychiatry* 167: 174–183.

Siegert, Bernhard. 2011. „Kulturtechnik." In *Einführung in die Kulturwissenschaft*, hg. v. Harun Maye und Leander Scholz, 95–118. München: Fink.

Sommer, Robert. 1899. *Lehrbuch der psychopathologischen Untersuchungs-Methoden*, Berlin/Wien: Urban & Schwarzenberg.

Spinoza, Benedictus de. 2003. *Ethik: Abhandlung über die Berichtigung des Verstandes*. Darmstadt: Wissenschaftliche Buchgesellschaft.

Steizinger, Johannes und Sigrid Weigel. 2015. „Schwellenkunde." *Trajekte: Zeitschrift des Zentrums für Literatur- und Kulturforschung Berlin. Schlüsselbegriffe der Kulturwissenschaft* 15 (30): 26–37.

Stenner, Pia. 2021. „Emotionale KI: Berechnete Gefühle." *Netzpolitik.org*, 02. Juli. Letzter Zugriff am 16. September 2024. https://netzpolitik.org/2021/emotionale-ki-berechnete-gefuehle/.

Steyerl, Hito. 2018a. „Ein Meer von Daten: Apophänie und Muster(-miss-)-erkennung." In *Machine Learning: Medien, Infrastrukturen und Technologien der Künstlichen Intelligenz*, hg. v. Christoph Engemann und Andreas Sudmann, 309–321. Bielefeld: transcript.

———. 2018b. „Technology Has Destroyed Reality." *The New York Times*, 05. Dezember. Letzter Zugriff am 03. Oktober 2020. https://www.nytimes.com/2018/12/05/opinion/technology-has-destroyed-reality.html.

Stiegler, Bernd. 2009. „Montage als Kulturtechnik." In *Montagen des Realen: Photographie als Reflexionsmedium und Kulturtechnik*, hg. v. ders., 285–320, München: Fink.

Sudmann, Andreas. 2018a. „Zur Einführung: Medien, Infrastrukturen und Technologien des Maschinellen Lernens." In *Machine Learning: Medien, Infrastrukturen und Technologien der Künstlichen Intelligenz*, hg. v. Christoph Engemann und ders., 9–36. Bielefeld: transcript.

———. 2018b. „Szenarien des Postdigitalen: Deep Learning als MedienRevolution." In *Machine Learning: Medien, Infrastrukturen und Technologien der Künstlichen Intelligenz*, hg. v. Christoph Engemann und ders., 55–73. Bielefeld: transcript.

Sykora, Katharina. 2017. „Totenmaske: Endstation Gesicht?" In *Das Gesicht: Bilder, Medien, Formate*, hg. v. Sigrid Weigel, 160–165. Göttingen: Wallstein.

Tian, Yingli, Takeo Kanade und Jeffrey F. Cohn. 2011. „Facial Expression Recognition." In *Handbook of Face Recognition*, hg. v. Stan Z. Li und Anil K. Jain, 487–519. London: Springer.

Tiedemann, Nicole. 2007. *Haar-Kunst: Zur Geschichte und Bedeutung eines menschlichen Schmuckstücks*. Köln, Weimar, Wien: Böhlau.

Tomkins, Silvan S. 1962. *Affect, Imagery and Consciousness: The Positive Affects* I. New York, NY: Springer.

———. 1963. *Affect, Imagery and Consciousness: The Negative Affects* II. New York, NY: Springer.

Treml, Martin. 2007. „Warburgs Nachleben: Ein Gelehrter und (s)eine Denkfigur". In *Nachleben der Religionen: Kulturwissenschaftliche Untersuchungen zur Dialektik der Säkularisierung*, hg. v. ders. und Daniel Weidner, 23–40. München: Fink.

Treml, Martin und Daniel Weidner. 2007. „Zur Aktualität der Religionen: Einleitung". In *Nachleben der Religionen: Kulturwissenschaftliche Untersuchungen zur Dialektik der Säkularisierung*, hg. v. dies., 7–22. München: Fink.

Tuschling, Anna. 2013a. „Gesichter der Werbung, Gesichter der Wissenschaft: Benettons Beitrag zur Globalisierung des fazialen Affekts." *Zeitschrift für Medienwissenschaft: Werbung* 5 (9): 31–42.

———. 2013b. „Mediale Selbstcodierung zwischen Affekt und Technik." In *Inszenierung und Optimierung des Selbst: Zur Analyse gegenwärtiger Selbsttechnologien*, hg. v. Ralf Mayer, Christiane Thompson und Michael Wimmer, 181–193. München: Springer,

———. 2014. „The Age of Affective Computing." In *Timing of Affect. Epistemologies, Aesthetics, Politics*, hg. v. Marie-Luise Angerer, Bernd Bösel und Michaela Ott, 179–190. Zürich, Berlin: Diaphanes.

———. 2020. „Affective/Emotional Computing." In *Handbuch Virtualität*, hg. v. Dawid Kasprowicz, Stefan Rieger, 373–384. Wiesbaden: Springer VS.

Valstar, Michel F., Maja Pantic, Zara Ambadar und Jeffrey F. Cohn. 2006. „Spontaneous vs. Posed Facial Behavior: Automatic Analysis of Brow Actions." *Applied Physics Letters – APPL PHYS LETT*: 162–170.

Vischer, Robert. 1927. „Über das optische Formgefühl." In *Drei Schriften zum ästhetischen Formproblem*, 1–44. Halle: Niemeyer.

Vogl, Joseph. 2008. „Genealogie." In *Foucault Handbuch: Leben – Werk – Wirkung*, hg. v. Clemens Kammler, Rolf Parr und Ulrich Johannes Schneider, 255–258. Stuttgart/Weimar: J. B. Metzler.

Voigt, Clemens. 2015. „Die gläserne Seele." *Frankfurter Allgemeine Zeitung*, 10. März. Letzter Zugriff am 30 Mai 2023. https://www.faz.net/aktuell/feuilleton/debatten/big-data-und-die-emotionserkennung-in-gesichtern-13439706.html.

Wagner, Birgit. 2016. „Wann ist Trauer eine psychische Erkrankung? Trauer als diagnostisches Kriterium in der ICD-11 und im DSM-5." *Psychotherapeutenjournal* 3: 250–255.

Wagner, Monika. 2015. „Kunstgeschichte in Schwarz-Weiß: Visuelle Argumente bei Panofsky und Warburg." In *Schwarz-Weiß als Evidenz: „With Black and White You Can Keep More of a Distance"*, hg. v. Helmut Lethen und dies., 126–144. Frankfurt/Main, New York, NY: Campus.

Wagner, Monika und Helmut Lethen (Hg.). 2015. *Schwarz-Weiß als Evidenz: „With Black and White You Can Keep More of a Distance."* Frankfurt/Main, New York, NY: Campus.

Wallbott, Harald G. 1990. *Mimik im Kontext: Die Bedeutung verschiedener Informationskomponenten für das Erkennen von Emotionen.* Göttingen/Toronto/Zürich: Verlag für Psychologie, Hogrefe.

Webb, Christian A. und Diego A. Pizzagalli. 2016. „Sadness and Depression." In *Handbook of Emotions*, hg. v. Lisa Feldman Barrett, Michael Lewis und Jeannette M. Haviland-Jones, 859–870. New York, NY/London: The Guilford Press.

Weigel, Sigrid. 2004. „Von der Spur der Affekte in der Geschichte." In *Literatur als Voraussetzung der Kulturgeschichte: Schauplätze von Shakespeare bis Benjamin*, 147–172, München: Wilhelm Fink.

———. 2006. *Genea-Logik: Generation, Tradition und Evolution zwischen Kultur- und Naturwissenschaften*, München: Fink.

———. 2008. „Unmasking the Facial Action Coding System: Wissensformen facialer Ausdrucksgebärden zwischen Messung und Schauspiel." *Trajekte: Zeitschrift des Zentrums für Literatur- und Kulturforschung Berlin* 9 (17): 25–29.

———. 2015. *Grammatologie der Bilder.* Berlin: Suhrkamp.

———. 2017. „The Heterogeneity of Empathy: An Archaeology of Multiple Meanings and Epistemic Implications." In *Empathy: Epistemic Problems and Cultural-Historical Perspectives of a Cross-Disciplinary Concept*, hg. v. Vanessa Lux und dies., 1–23. London: Palgrave Macmillan.

Weiser, Mark. 1991. „The Computer for the 21st Century." *Scientific American* 265 (3): 94–104.

Welzer, Harald. 2019. „Digitalisierung als Kolonialisierung der Lebenswelt: Über die Optimierung von Herrschaft und Knechtschaft." *Magazin der Kulturstiftung des Bundes, Augmented-Reality-Technologie (AR)* 33. Letzter Zugriff am 25. Februar 2020. https:// www.kulturstiftung-des-bundes.de/de/magazin/magazin_33/digitalisierung_als_ kolonialisierung_der_lebenswelt_ueber_die_optimierung_von_herrschaft_und_knecht- schaft.html.

Whitaker, Robert. 2010. *Anatomy of an Epidemic: Magic Bullets, Psychiatric Drugs, and the Astonishing Rise of Mental Illness in America.* New York: Broadway Books.

Wiedemann, Carolin. 2017. „Künstliche Intelligenz: Werden wir für sie wie Katzen sein?" *Frankfurter Allgemeine Zeitung*, 30. November. Letzter Zugriff am 03. Februar 2020. https:// www.faz.net/aktuell/feuilleton/debatten/kuenstliche-intelligenz-maschinen-ueber- winden-die-menschheit-15309705.html.

Willer, Stefan. 2011. „(Art.) Prognostik." In *Historisches Wörterbuch der Rhetorik, Nachtragsband*, hg. v. Gert Ueding, 958–966. Berlin: De Gruyter.

Wing, Lorna. 1981. „Asperger Syndrome: A Clinical Account." *Psychological Medicine* 11 (1): 115–129.

———. 1985. *Autistic Children: A Guide for Parents and Professionals.* London: Routledge.

Wolf, Gary. 2010. „The Data-Driven Life." *New York Times Magazine*, 02. Mai. Letzter Zugriff am 11. Oktober 2019. https://www.nytimes.com/2010/05/02/magazine/02self-measurement-t. html.

Wolfangel, Eva. 2018. „Dein Handy fühlt mit." *Technology Review: Das Magazin für Innovation*, 21. Februar. Letzter Zugriff am 8. März 2018. https://www.heise.de/tr/artikel/Dein-Handy- fuehlt-mit-3973585.html.

Wübben, Ivonne. 2013a. „Einleitung." In *Krankheit schreiben: Aufzeichnungsverfahren in Medizin und Literatur*, dies. und Carsten Zelle, 13–19. Göttingen: Wallstein.

————. 2013b. „Mikrotom der Klinik: Der Aufstieg des Lehrbuchs in der Psychiatrie (um 1890)." In *Krankheit schreiben. Aufzeichnungsverfahren in Medizin und Literatur*, dies. und Carsten Zelle, 149–175. Göttingen: Wallstein.

Zhou, Shuo, Timothy Bickmore, Michael Paasche-Orlow und Brian Jack. 2014. „Agent-User Concordance and Satisfaction with a Virtual Hospital Discharge Nurse." *Intelligent Virtual Agents. IVA 2014. Lectures in Computer Science 8637*: 528–541.

Danksagung

Das Buch ist aus meiner Dissertation hervorgegangen, die ich im Rahmen des Projekts „Epistemische Rückseite instrumenteller Bilder" (2013-2018) des Leibniz-Zentrum für Literatur- und Kulturforschung (ZfL) und des Exzellenzclusters Bild Wissen Gestaltung (BWG) der Humboldt Universität zu Berlin geschrieben haben. Die Dissertation wurde von Friedrich Balke und Sigrid Weigel betreut. Beiden möchte ich für das Vertrauen, das sie mir entgegengebracht haben, und die intensiven Diskussionen sehr herzlich danken. Zudem möchte ich meinen ehemaligen Kolleg*innen Carl Martin Grewe, Nina Samuel, Margarete Vöhringer, Moritz Wehrmann und Stefan Zachow vom ZfL und Zuse-Institute für die Zusammenarbeit danken, die von dem hohen Anspruch, die Denkweise, Sprache und Praxis der anderen Disziplinen zu verstehen, geprägt war. Die Auseinandersetzung mit dem interdisziplinären Gegenstand des vorliegenden Buches wäre in dieser Art nicht ohne die erfolgreiche Kollaboration zwischen Kultur-, Kunst- und Medienwissenschaft sowie Gestaltung und Informatik möglich gewesen.

Des Weiteren danke ich Gregor Kanitz, Denise Reihmann, Eva Schauerte und Anne Schreiber sowie den Mitgliedern des Doktorandenkolloquiums von Friedrich Balke, des ZfLs sowie des Exzellenzclusters für die vielen wertvollen Hinweise. Mein besonderer Dank gilt Violeta Sanchéz, die das Dissertationsmanuskript nicht nur sehr aufmerksam lektoriert, sondern mich auf den letzten Metern beständig motiviert und unterstützt hat. Ich bedanke mich außerdem bei Elisa Barth für das kluge Lektorat des Manuskripts sowie beim Verlag meson press und insbesondere bei Marcus Burkhardt für die angenehme und vertrauensvolle Zusammenarbeit. Für die großzügige finanzielle Förderung der Veröffentlichung bedanke ich mich sehr herzlich beim IKKM und ZfL.

Zuletzt gilt mein Dank meiner Familie für ihre anhaltende Geduld und ihr Verständnis. Meinem Partner Sebastian Steinhof danke ich für das unerschütterliche Vertrauen in meine Arbeit.

Gewidmet ist das Buch Esther und Ruven.

www.ingramcontent.com/pod-product-compliance
Lightning Source LLC
LaVergne TN
LVHW041518170726
843492LV00005B/1560